Andrea Peter-Koop

Das besondere Kind im Mathematikunterricht der Grundschule

Peter Sorger zum 60. Geburtstag gewidmet

Mildenberger

Die Deutsche Bibliothek – CIP-Einheitsaufnahme

Andrea Peter-Koop

Das besondere Kind im Mathematikunterricht der Grundschule:
Peter Sorger zum 60. Geburtstag. – Offenburg: Mildenberger, 1998
ISBN 3-619-01480-9

© 1998 Mildenberger Verlag GmbH, Offenburg
Satz: EH-Druck, Haslach i. K.
Druck und Bindung: Franz W. Wesel, Druckerei und Verlag GmbH & Co. KG, Baden-Baden
Bestell-Nr. 140-80
ISBN 3-619-01480-9

Inhalt

Seite

Andrea Peter-Koop: Besondere Kinder im Mathematikunterricht
der Grundschule – Einführung 1

Peter Bardy / Joachim Hrzán: Zur Förderung begabter Dritt- und
Viertklässler in Mathematik 7

Friedhelm Käpnick: Mathematisch begabte Grundschulkinder:
Besonderheiten, Probleme und Fördermöglichkeiten 25

Hans Wielpütz: Das besondere Kind im Mathematikunterricht – Anmerkungen
aus der Sicht einer reflektierten Praxis, Beobachtung und Beratung 41

Jens Holger Lorenz: Das arithmetische Denken von Grundschulkindern 59

Andrea Schulz: Förderung „rechenschwacher" Schüler im Rahmen einer
integrativen Lerntherapie – ein Erfahrungsbericht 81

Petra Scherer: Kinder mit Lernschwierigkeiten –
„besondere" Kinder, „besonderer" Unterricht 99

Wilhelm Schipper: „Schulanfänger verfügen über hohe mathematische
Kompetenzen." Eine Auseinandersetzung mit einem Mythos 119

Hermann Maier: Zur Interpretation textlicher Eigenproduktionen
von Schülern 141

Bernd Wollring: Robert zeichnet und baut 155

Autorinnen und Autoren 164

Andrea Peter-Koop

Besondere Kinder im Mathematikunterricht der Grundschule – Einführung

Neulich sah mir der siebenjährige Patrick (2. Klasse) beim Kopieren eines Arbeitsblattes für meinen Vertretungsunterricht im vierten Schuljahr neugierig zu und bemühte sich die Aufgabenstellung zu erlesen: „Die schwierigste Aufgabe, die ich kenne und schon rechnen kann." Seine Mathematiklehrerin, die gerade vorbei kam, schlug vor, ich solle mir doch einmal Patricks schwierigste Aufgabe aufschreiben lassen. Begeistert ging er an die Arbeit. Er überlegte eine Weile und schrieb dann folgende Aufgabe: 899 x 4 = . Wieder überlegte er und schrieb dann das Ergebnis 3596 dahinter. Dann kam er zu mir herüber, zeigte mir sein Blatt und sagte, bevor ich eine Bemerkung machen konnte: „Eigentlich ist das gar nicht die schwerste Aufgabe. Die schwerste Aufgabe ist mit 7 hinten." Worauf er eine weitere Aufgabe schrieb: 587 x 2 = .
Wiederum überlegte er einen Moment und schrieb dann das Ergebnis 1174 hinter das Gleichheitszeichen. Stolz zeigte er mir seine Aufgaben und freute sich sichtlich an meiner Verblüffung. Wie er das gerechnet habe, wollte ich von ihm wissen, worauf er antwortete: „Na im Kopf!" Auf meine Frage, ob er gerne Mathe mache, antwortete er: „Ja, nur in der Schule ist das ein bisschen langweilig." Seine Lehrerin, die unsere Unterhaltung mit angehört hatte, nickte verständnisvoll und bemerkte auf seine beiden Aufgaben zeigend: „Das ist typisch für ihn." Mit einem Schulterzucken ergänzte sie: „Wenn ich nur wüsste, was ich im Unterricht mit ihm machen soll?!"

Kinder wie Patrick kennt sicher jede Grundschullehrerin und jeder Grundschullehrer und viele von ihnen können sich mit der von Patricks Lehrerin formulierten Frage nach dem Umgang mit solchen Schülern im Unterricht identifizieren. Wie Patricks Antwort und die Reaktion seiner Lehrerin bereits nahe legen, können nicht nur die schwachen sondern u. U. auch mathematisch besonders begabte Kinder im Mathematikunterricht der Grundschule für die Lehrerin bzw. den Lehrer zum Problem werden. Diesen Kindern und ihren besonderen Fähigkeiten gerecht zu werden und sie zu fördern, ist nach Ansicht vieler Pädagogen und Didaktiker besondere Aufgabe der Grundschule[1]. Hier setzt der Beitrag von *Peter Bardy* und *Joachim Hrzán* an. Ausgehend von den Ergebnissen einer 1998 durchgeführten Befragung von Grundschullehrerinnen und -lehrern in Sachsen-Anhalt, die neben der Einschätzung der Fördermöglichkeiten begabter Kinder im normalen Unterricht auch die individuellen Erfahrungen mit solchen Kindern und diesbezügliche Desiderate an die Lehrerbildung thematisierte, befassen sich *Bardy* und

---

[1] Vgl. dazu u. a.: *Christiani*, R. (Hrsg.) (1994). Auch die leistungsstarken Kinder fördern. Frankfurt/Main: Cornelsen Scriptor.

Hrzán zunächst mit dem Begabungsbegriff und beschreiben Fähigkeiten und Verhaltensweisen, die mathematisch begabte Kinder auszeichnen. Sie kritisieren unter Angabe von konkreten Fallbeispielen die immer noch häufig vertretene Auffassung, dass diese Kinder aufgrund ihres hohen individuellen Impulspotentials im Unterricht keine besondere Zuwendung benötigen und entwerfen im Gegenzug konkrete Vorschläge für die Integration mathematisch begabter Kinder in den Mathematikunterricht. Dabei plädieren sie dafür, das übliche Curriculum nicht zu überschreiten und stattdessen diesen Schülern Gelegenheit zu bieten, die schulischen Inhalte vertiefend zu bearbeiten und zu erforschen. Ergänzend dazu werden erste Erfahrungen mit der außerschulischen Förderung begabter Dritt- und Viertklässler in sog. Kreisarbeitsgemeinschaften vorgestellt, da offensichtlich auch die Auseinandersetzung mit ähnlich begabten Gleichaltrigen für den Entwicklungsprozess dieser Kinder wichtig ist.

Auch *Friedhelm Käpnick* widmet sich den Besonderheiten, Problemen und Fördermöglichkeiten mathematisch begabter Grundschulkinder. Dabei setzt er an einigen anschaulich dargestellten Biographien mathematisch besonders begabter Jungen und Mädchen im Grundschulalter an. Es wird deutlich, wie sehr sich diese Kinder hinsichtlich ihrer Fähigkeiten, ihres sozialen Verhaltens sowie ihrer individuellen Eigenarten unterscheiden. Hierin liegen zugleich auch die praktischen Schwierigkeiten in Bezug auf ihre individuelle Förderung, für die es aufgrund „der Komplexität der Begabungsproblematik einerseits und der Spezifik jedes begabten Kindes andererseits" keine Pauschalrezepte gibt und geben kann. Unter Rückgriff auf seine langjährigen Erfahrungen im Umgang mit mathematisch hochbegabten Kindern und seine Ausführungen zum Leistungspotential begabter Grundschulkinder formuliert *Käpnick* abschließend jedoch einige hilfreiche allgemeine Orientierungen für einen angemessenen Umgang mit diesen besonderen Kindern und ihre individuelle Förderung.

Die gesamte Bandbreite kindlicher Begabungen, Fähigkeiten und Leistungen in Bezug auf das Mathematiklernen thematisieren *Wielpütz* und *Lorenz* in ihren jeweiligen Beiträgen. *Hans Wielpütz* reflektiert anhand eigener Unterrichtserfahrungen sowie langjähriger Beobachtungen fremden Unterrichts (als Fachleiter, Schulleiter und Schulrat) Lernbedingungen von Kindern mit „besonders günstigen bzw. besonders ungünstigen Lernvoraussetzungen" und greift dabei u. a. auch auf schriftliche Unterrichtsvorbereitungen von Grundschullehrer(innen) und Lehramtsanwärter(innen) zum Aspekt besondere Kinder im Lernbereich Mathematik zurück. Bezüglich seiner Erfahrungen mit sog. lernschwachen Kindern im Mathematikunterricht geht er der Frage nach, ob und inwieweit nicht auch ein Zusammenhang zwischen *Lern*schwäche und *Lehr*schwäche besteht. Veränderungsbedarf sieht *Wielpütz* auch hinsichtlich der Förderung begabter Schülerinnen und Schüler im Mathematikunterricht und plädiert für die Aufnahme von „deutlich anspruchsvolleren Aufgaben" in die Schulbücher, um diese Kinder nicht schon u. a. rein äußerlich vom ‚normalen' Unterricht auszugrenzen. Überlegungen zur Überwindung des von *Wielpütz* identifizierten „unvermeidlichen Zielkonflikts Differenzierung vs. Integration" in Bezug auf die angemessene schulische Förderung aller Kinder schließen diesen Beitrag ab.

Jens Holger Lorenz stellt in seinen Ausführungen das arithmetische Denken von Kindern mit unterschiedlichen Fähigkeiten in den Mittelpunkt der Betrachtung und gibt diesbezüglich wichtige Einblicke in die Ergebnisse internationaler englischsprachiger Forschungsarbeiten. In seiner eigenen Arbeit mit als ‚rechenschwach' eingestuften Grundschulkindern wurde deutlich, dass diese Kinder offensichtlich nur einen gering ausgeprägten Zahlensinn haben. Doch was genau ist ‚Zahlensinn'? Die Auswertung US-amerikanischer Untersuchungen der mentalen Fähigkeiten begabter Rechner hat zu einer Auflistung von Verhaltensweisen geführt, die auf einen ausgeprägten Zahlensinn schließen lassen. Wie jedoch kann man diese Erkenntnisse auf den mathematischen (Anfangs-)Unterricht übertragen, um die Ausbildung von Rechenschwäche zu minimieren bzw. Rechenschwäche evtl. sogar vorzubeugen? Zu diesem Zweck analysierte *Lorenz* den Einsatz von Veranschaulichungsmaterialien bei rechenschwachen Kindern und resümiert (durchaus in Übereinstimmung mit *Wielpütz*), dass das Denken von Kindern bei arithmetischen Operationen in erheblichem Maß und durchaus auch in negativem Sinn durch den Unterricht beeinflusst wird.

Im Gespräch mit Grundschullehrerinnen und -lehrern über ihre ‚Sorgenkinder' im Mathematikunterricht hört man häufig Aussagen wie: „Ein Kind aus meinem dritten Schuljahr kann Aufgaben wie 85 – 34, wenn überhaupt, immer noch nur zählend lösen. Ich weiß nicht, was ich noch tun soll." Ein solches Kind ist auch der von seinen Lehrern als rechenschwach eingestufte Oliver, dessen zunehmende Probleme im Mathematikunterricht *Andrea Schulz* anschaulich beschreibt und analysiert. Zahlreiche authentische Beispiele lassen Olivers arithmetische Schwierigkeiten lebendig und somit vergleichbar zu anderen Kindern mit ähnlichen Problemen werden. Bevor *Schulz* sich mit Möglichkeiten der Therapie solcher Rechenschwierigkeiten auseinandersetzt, betont sie zunächst den vorschulischen Einfluss auf das Mathematiklernen und liefert eine differenzierte Beschreibung mathematischer Anforderungen im Anfangsunterricht. Parallel zu *Lorenz* setzt sie sich dabei ebenfalls kritisch mit dem (gut gemeinten) Einsatz von Anschauungsmitteln auseinander. Zahlreiche und in der eigenen Praxis leicht nachvollziehbare Übungen zur Analyse der Lernausgangslage bei Lernanfängern sind wichtige Faktoren bei der Vorbeugung der Entstehung von Rechenschwierigkeiten. Bei Oliver war dies offensichtlich leider versäumt worden. Ihm konnte jedoch in einer gezielten schulbegleitenden integrativen Lerntherapie, die weit außerhalb des Mathematikunterrichts ansetzt, dabei geholfen werden, selbst aktiv Mathematik zu lernen.

Der Förderung von Kindern mit mathematischen Lernschwächen und -behinderungen ist auch der Beitrag von *Petra Scherer* gewidmet. In Ergänzung zu den Ausführungen von *Schulz* geht *Scherer* davon aus, dass die Förderung lernschwacher Kinder nicht nur in Form von Therapien, Einzelförderung o. Ä. zu realisieren ist, sondern dass auch der alltägliche Unterricht Fördermöglichkeiten eröffnet, und sie propagiert einen ‚besonders guten' Unterricht für alle Kinder. Beide Autorinnen betonen die Bedeutung der Eigenaktivität von Kindern bei ihrem Mathematiklernen, das auf keinen Fall als rein auf Belehrung und Reproduktion basierender passiver Prozess verstanden werden darf. *Scherer* beklagt in diesem Zusammenhang die häufig zu beobachtende Ausgrenzung sog. rechenschwacher Schüler und Schülerinnen in Bezug auf allgemein für den Grundschulunterricht akzeptierte Unterrichtsprinzipien wie ‚Entdeckendes Lernen', Lernen ‚in komplexen Umgebungen' und ‚auf eigenen Wegen' aus (unberechtigter?) Angst vor einer Überforderung dieser Kinder. Anhand zahlreicher auf natürlicher Differenzierung basierender Unterrichtsbeispiele liefert *Scherer* praktische Anregungen für die Förderung aller Kinder und stellt dabei die besonderen Lernchancen für lernschwache und lernbehinderte Kinder überzeugend heraus. Die interessierte Leserin und der interessierte Leser werden angeregt, die vielfältigen Lernchancen für alle Kinder in Bezug auf den Einsatz von ‚offenen Aufgaben', ‚operativem Üben', ‚Veranschaulichungen nicht nur als Rechenhilfe' u. v. m. in ihrem eigenen Unterricht zu entdecken. Erklärtes Ziel dabei ist „die Sensibilisierung für Fördermöglichkeiten im alltäglichen Mathematikunterricht, unter alltäglichen Rahmenbedingungen".

Besonderen Kindern begegnen wir im Mathematikunterricht jedoch nicht nur an den beiden bislang schwerpunktmäßig thematisierten Gegenpolen in Bezug auf ihre besonderen mathematischen Begabungen sowie besonderen Lernschwächen bzw. -behinderungen. Wie u. a. *Scherer* und *Wielpütz* zu Beginn ihrer Beiträge ausdrücklich betonen, ist *jedes* Kind mit seinen individuellen Fähigkeiten, Erfahrungen, Vorlieben, Interessen, Bedürfnissen und Ängsten auch ein *besonderes* Kind. Besondere Fähigkeiten und Kenntnisse offenbaren sich zum Beispiel häufig bereits zu Beginn der Schullaufbahn hinsichtlich des mathematischen Ausgangswissens sowie im Laufe der Schuljahre in den Eigenproduktionen von Kindern, die uns individuelle Einblicke und Einsichten in ihr Mathematikverständnis und Mathematiklernen geben. Auch diese besonderen Kinder, deren Fähigkeiten im Mathematikunterricht nicht unbedingt an den genannten Extremen angesiedelt sind, sollen im vorliegenden Buch Berücksichtigung finden.

Wilhelm Schipper setzt sich in seinem Beitrag mit dem Mythos von den vermeintlich hohen mathematischen Kompetenzen von Schulanfängern und der in den letzten Jahren in zunehmendem Maß formulierten Forderung nach einem ganzheitlichen Anfangsunterricht, der vom ersten Schultag an die Zahlen bis 20 und darüber hinaus thematisiert, auseinander. Studien zu den mathematischen Vorkenntnissen von Schulanfängern haben bereits eine über hundertjährige Tradition und verfolgen, wie *Schipper* darlegt, i. W. zwei Motive, das *Anknüpfungsmotiv* (besseres Anknüpfen an die Vorkenntnisse der Kinder) und das *Motiv der curricularen Innovation* (Reform eines als nicht mehr angemessen verstandenen Curriculums). *Schippers*

Analyse der Ergebnisse zahlreicher internationaler aktueller wie auch älterer Studien, die von vielen Beispielen getragen wird (und Lehrerinnen und Lehrer erster Klassen sicher dazu motiviert, die Ausgangskompetenzen *ihrer* Kinder zu untersuchen), kommt zu dem Schluss, dass „nicht die allgemein hohe mathematische Kompetenz, sondern die hohe Leistungsheterogenität der Schulanfänger das wesentliche Kennzeichen ist" und betont besonders die extrem hohe Leistungsdifferenz zwischen einzelnen Schulklassen. Die Untersuchung der Lösungswege der Kinder ergibt weiter, dass richtige Lösungen i. W. zählend gewonnen werden, also einem Verfahren unterliegen, von dem die Kinder in den ersten beiden Schuljahren ja gezielt weggeführt werden sollen, da ein Verhaften an dieser Strategie in den weiteren Schuljahren zu großen Problemen im Sinne der von *Wielpütz, Lorenz, Scherer* und *Schulz* differenziert beschriebenen mathematischen Lernschwierigkeiten führt. Ausgehend von diesen Erkenntnissen plädiert *Schipper* für eine andere Interpretation von ‚ganzheitlichem Lernen', um den besonderen, äußerst heterogenen Fähigkeiten aller Schulanfänger besser gerecht zu werden, d. h. ihre Unter- oder Überforderung zu vermeiden.

Wenn wir mehr über das Denken von Kindern beim Mathematiklernen erfahren wollen, sind wir darauf angewiesen, Einblicke in ihr individuelles „universe of thought[2]" zu gewinnen. Besondere individuelle Fähigkeiten, Einsichten und mathematische Erfahrungen werden gerade bei den sog. stillen Schülern, die sich kaum oder nur wenig mündlich am Unterricht beteiligen, für die Lehrerin bzw. den Lehrer häufig erst in ihren textlichen Eigenproduktionen über ihr Mathematiklernen deutlich und greifbar. *Hermann Maier* stellt diesen in Deutschland noch wenig bekannten und systematisch praktizierten Unterrichts- wie Forschungsansatz vor und spannt ein Handlungs- und Reflexionsfeld auf, das weit über die Grundschulzeit hinaus für das Mathematiklernen von Bedeutung ist. Nun mag man sich fragen, warum man über die üblichen und notwendigen mathematischen Notationsformen bei der Lösung von Aufgaben hinaus die Kinder im Mathematikunterricht zum Schreiben anregen sollte. *Maiers* Begründung, bei der er sich auf Ergebnisse internationaler Forschungsarbeiten stützt, ist ebenso einfach wie überzeugend: Zum einen regt die Notwendigkeit mathematische Sachverhalte sprachlich darzustellen den *Schüler* dazu an, sich diese in besonderer Weise bewusst zu machen, sie zu analysieren und verstehend zu durchdringen. Zum anderen verschaffen die ausführlichen eigensprachlichen Darstellungen der Kinder dem *Lehrer* die Möglichkeit, sich gründlicher als sonst über ihr individuelles Wissen und ihre Verstehensprozesse zu informieren. Ich werde nie den entsetzten Gesichtsausdruck einer australischen Lehrerin vergessen, die ihren Drittklässlern die Hausaufgabe gegeben hatte, aufzuschreiben und zu erklären, was sie in dieser Woche im Mathematikunterricht gelernt hatten, und die beim Lesen des Textes eines von ihr als guten Schüler eingeschätzten Jungen ausrief: „But he got it all

---

[2] *Trognon, A.* (1993). How does the process of interaction work when two interlocutors try to resolve a logical problem? Cognition and Instruction, H. 3/4, S. 325-345.

wrong! He did not understand at all!" Womit wir gleich bei einem praktischen Problem im Umgang mit den textlichen Eigenproduktionen seitens der Lehrkräfte sind. *Maiers* Untersuchungen in bayerischen Hauptschulklassen belegen, dass den beteiligten Lehrkräften die Analyse der Schülertexte ausnahmslos schwer fiel. Vor diesem Hintergrund entwickelt er Kriterien, an denen die Interpretationen von textlichen Eigenproduktionen der Schüler durch ihre Lehrerinnen und Lehrer orientiert sein sollten, um ihr Potential für das Mathematiklernen und -lehren optimal ausschöpfen zu können. *Maier* betont diesbezüglich wie wichtig es ist, textliche Eigenproduktionen bereits in der Grundschule, spätestens ab dem zweiten Schuljahr, einzuführen und „zu einer immer wieder geübten Aktivität" zu machen. Die Tatsache, dass ihr Einsatz im Mathematikunterricht der Grundschule bislang in Deutschland noch vernachlässigt wurde, hat m. E. durchaus einen Aufforderungscharakter für alle am Mathematiklernen von Kindern interessierten Lehrer(innen), Lehramtsanwärter(innen), Studierenden des Lehramtes Primarstufe und Hochschullehrer(innen), dieses wichtige Medium in ihren Unterricht, ihre (schulpraktischen) Studien und Forschungsprojekte einzubeziehen und seinen Einsatz zu reflektieren, um bislang unentdeckten besonderen Fähigkeiten aber auch Schwierigkeiten von Kindern auf die Spur zu kommen und mehr über den individuellen Prozess des Mathematiklernens zu erfahren.

Besondere Fähigkeiten und individuelle Vorstellungskraft offenbaren sich auch in geometrischen Eigenproduktionen von Kindern, bei denen im Gegensatz zu arithmetischen oft nur auf eine sehr wenig ausgebaute Sprache zurückgegriffen werden kann. *Bernd Wollring* konstatiert in seinem Beitrag, dass geometrische Sprache meist erst in der Auseinandersetzung mit entsprechenden Problemen konstituiert wird. Neben gesprochenen oder schriftlichen (wie z. B. bei *Maier*) sind gezeichnete Eigenproduktionen von besonderem Interesse bei der Analyse von Lernprozessen im Bereich der Geometrie in der Grundschule. *Wollring* skizziert diesbezüglich Ergebnisse aus einer Fallstudie, in der sich Robert und Pascal, zwei Schüler einer dritten Klasse, mit Rekonstruktionen von Bauwerken aus Fröbel-Steinen anhand eigener Zeichnungen befassen und dabei erstaunliche Leistungen zeigen. Roberts besonderes Leistungsvermögen wird jedoch in Bezug auf den schulischen Mathematikunterricht offensichtlich durchaus divergent beurteilt – auch er ist sicherlich ein besonderes Kind. Doch das mögen interessierte Leserinnen und Leser bei der Lektüre von *Wollrings* Beitrag selbst herausfinden.

Mir verbleibt nach diesem Aufriss der komplexen Darstellungsformen besonderer Kinder im Mathematikunterricht der Grundschule nur, allen an diesem Thema interessierten Leserinnen und Lesern eine spannende und anregende Lektüre der vielseitigen Beiträge dieses Buches zu wünschen und sie ausdrücklich zu Eigenaktivitäten auf dem einen oder anderen Gebiet aufzufordern, um mehr über das einzelne und für sich immer besondere Kind und sein Mathematiklernen zu erfahren. Nur so wird uns eine verbesserte Förderung aller Kinder im Mathematikunterricht gelingen.

Peter Bardy / Joachim Hrzán

Zur Förderung begabter Dritt- und Viertklässler in Mathematik

Vorbemerkungen

In vielen Bundesländern sind in den letzten Jahren vielfältige Maßnahmen zur individuellen Förderung von Kindern zum festen Bestandteil der pädagogischen Arbeit in den Grundschulen geworden. Die Grundschule als erste und zugleich gemeinsame Schule für alle Kinder orientiert sich dabei an den aktuellen Lernerfordernissen sowie den Handlungs- bzw. Erkenntnisinteressen und den zunehmend differenzierter werdenden Bedürfnissen der Kinder. Hierbei ist zu berücksichtigen, dass die Grundschulklassen stärker als früher durch große Heterogenität der Interessen und Begabungen, der Verhaltensweisen und sozialen Herkunft der Kinder gekennzeichnet sind. Die individuelle Förderung als vorrangige Aufgabe der Grundschule wurde insbesondere als Förderung benachteiligter und lernschwacher Kinder praktiziert. Viele Grundschullehrerinnen und -lehrer sehen gerade darin eine ihrer Hauptaufgaben. Unerlässlich sind aber auch anspruchsvolle und vielfältige Angebote für leistungsstarke Kinder bzw. Kinder mit besonderen Begabungen, wenn man sichern will, dass sich auch diese Kinder in einem persönlich angemessenen Maße weiterentwickeln können und sich nicht nur Durchschnittsnormen mehr oder weniger anpassen. Deshalb sollten solche Kinder einen auf ihre Bedürfnisse ausgerichteten Unterricht in Form von Differenzierung erhalten.

Individualisierende Maßnahmen brauchen jedoch flexible Organisationsformen und vor allem Lehrerinnen und Lehrer, die sich für die Identifikation und Förderung begabter Kinder engagieren und selbst über das dazu erforderliche Wissen, über ein hohes Maß an Kreativität und Flexibilität sowie über die Bereitschaft zu zusätzlichen Vorbereitungen verfügen.

Mit einer im Jahr 1998 durchgeführten Befragung von Grundschullehrerinnen und -lehrern im Land Sachsen-Anhalt[1] sollte deshalb herausgefunden werden, wie gegenwärtig Lehrerinnen und Lehrer Notwendigkeit und Möglichkeit der Förderung begabter Kinder im „normalen" Unterricht der Grundschule einschätzen, welche prinzipiellen Erfahrungen sie bei der Identifikation und Förderung (mathematisch) begabter Grundschulkinder haben und welcher Handlungsbedarf hierbei in Bezug auf die Grundschullehrerausbildung bzw. im Rahmen von Lehrerfort- und -weiterbildung besteht. Aus einer Vorbefragung an 24 Schulen mit 37 Rückmeldungen von Grundschullehrerinnen und -lehrern sowie den ersten 100 eingegangenen Rückmeldungen aus

---

[1] Die Veröffentlichung der Ergebnisse dieser Befragung ist für 1999 unter dem Titel „Lassen sich (mathematisch) begabte Grundschulkinder im normalen (Mathematik-)Unterricht fördern? – Ergebnisse einer Befragung von Grundschullehrerinnen und -lehrern in Sachsen-Anhalt" geplant (Autor: *J. Hrzán*).

der Hauptbefragung (die Hälfte aller etwa 800 Grundschulen Sachsen-Anhalts wurden angeschrieben) lässt sich folgendes erstes (und damit relativ grobes) Meinungs- und Situationsbild skizzieren:

- Bis auf drei Ausnahmen halten alle Befragten eine frühzeitige gezielte Förderung von begabten Grundschulkindern für notwendig. Jedoch meinen mehr als 85% der Befragten, dass diese Förderung im „normalen" Unterricht nur teilweise möglich ist, weil (dies sind die häufigsten Nennungen) die Klassen zu groß sind, die Förderung leistungsschwacher Kinder oft Priorität hat, geeignetes Material zur Differenzierung fehlt und nicht selten ungünstige äußere Bedingungen an den Schulen existieren.

- Fast drei Viertel der Befragten plädieren vorrangig für eine gleichzeitige Förderung im „normalen" Unterricht der Grundschule und in Arbeitsgemeinschaften an bzw. außerhalb der Schule.

- Etwa 20% der Befragten geben an, dass sie in der Lage sind, Begabungen von Grundschulkindern auf verschiedenen Gebieten zu erkennen; die übrigen meinen, dass dies nicht immer gelingt. Etwa 80% der Lehrerinnen und Lehrer wünschen Hilfe und Unterstützung bei der Identifikation begabter Kinder.

- Zwei Drittel der Befragten verfügen über Erfahrungen bei der Förderung begabter Grundschulkinder, die sie vorwiegend im „normalen" Unterricht, in gelegentlich aus dem Klassenverband herausgelösten Kleingruppen oder außerhalb des Unterrichts in Arbeitsgemeinschaften sammeln konnten. Ausführlich werden Merkmale und Besonderheiten beschrieben, durch welche die (mathematisch) begabten Kinder während der Förderung aufgefallen sind.

- Schließlich sprechen sich alle Befragten (bis auf eine Ausnahme) für Ausbildungsbestandteile zum Umgang mit begabten Grundschulkindern im Rahmen der Grundschullehrerausbildung aus (etwa drei Viertel wurden weder durch die erste noch durch die zweite Ausbildungsphase auf diese Problematik vorbereitet) und halten Fortbildungsangebote zur Identifizierung und Förderung begabter Grundschulkinder für wünschenswert.

Ausgehend vom Begabungsmodell nach *Mönks* und entsprechenden Kriterien für eine mathematische Begabung sowie diesbezüglichen Merkmalen begabter Grundschulkinder wird in diesem Beitrag vor allem über erste Erfahrungen und Ergebnisse bei der Förderung begabter und leistungsstarker Grundschulkinder in Kreisarbeitsgemeinschaften Mathematik berichtet.

1. Begabungen und der Umgang mit ihnen

Allgemein lässt sich gemäß *Heller* (1996, S.12) Begabung als individuelles, relativ stabiles und überdauerndes Fähigkeits- und Handlungspotenzial, bestehend aus kognitiven, emotionalen, kreativen und motivationalen Bestandteilen, auffassen, die durch bestimmte Einflüsse weiter ausgeprägt werden können und so eine Person in die Lage versetzen, in einem mehr oder weniger eng umschriebenen Bereich besondere Leistungen zu erbringen (zur Problematik des Begabungsbegriffs sei auf *Wegner* 1996 verwiesen, zur Komplexität dieses Begriffs – insbesondere des Begriffs „mathematische Begabung" – auf *Käpnick* 1998). Es liegt also ein gewisser Entwicklungsvorsprung vor, der sich auf den geistig-intellektuellen, den musisch-künstlerischen, den sozialen oder motorischen Bereich beziehen kann. Zu außergewöhnlichen Leistungen (insbesondere auch in der Schule) befähigte Kinder können ihr Fähigkeitspotenzial „nicht nur universell, sondern (öfters) auch bereichsspezifisch" (a. a. O. S. 12) in Erscheinung treten lassen, d. h. sowohl in Bezug auf einzelne oder mehrere Schulfächer als auch auf bestimmte Leistungsbereiche wie Mathematik / Naturwissenschaften, Kunst / Musik / Sport, Sprachen u. a.

In *Renzullis* „Drei-Ringe-Modell" zur Hochbegabung wird von einer glücklichen Fügung aus überdurchschnittlicher Intelligenz, Kreativität und Motivation gesprochen (siehe *Renzulli* 1978). *Mönks* (1992) erweiterte dieses Konzept, in dessen Mittelpunkt das betreffende Individuum steht, um solche Einflussgrößen wie Familie, Peers und Schule. Grundintention dieses Modells ist: Hochbegabungsentwicklung und Hochbegabungsleistung sind ein Produkt aus den Wechselbeziehungen verschiedener Komponenten. Eine zu einseitige Stützung auf das Konzept der Intelligenz, wie dies im Rahmen traditioneller Intelligenztests geschieht, erweist sich als zu begrenzt (siehe dazu auch *Gardner* 1991), u. a. weil es nur den Leistungsaspekt, nicht aber die Möglichkei-

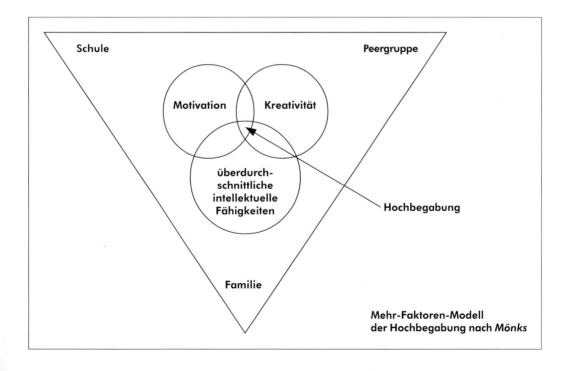

ten der Entwicklung von Begabung beinhaltet. Insgesamt kann man also feststellen, dass die meisten Autoren beim Begriff „Hochbegabung" bzw. bei verschiedenen Erscheinungsformen von Hochbegabung von einer besonders wirksamen Ausprägung der Intelligenz bzw. des geistigen Tätigseins ausgehen. Die Hervorhebung kognitiver Dispositionen und sozialer wie motivationaler Bedingungen enthält auch die Definition von *Geuß* (1981, S. 52): „Hochbegabt ist, wer in der Lage ist oder in die Lage versetzt werden kann, sich für ein Informationsangebot – auch aus seiner Sicht – hohen Niveaus zu interessieren, ihm zu folgen, es zu verarbeiten und zu nutzen."

In der Regel setzt ein hervorragendes mathematisches Leistungspotenzial eine sehr gute allgemeine Intelligenz voraus, sicher aber auch zusätzlich eher spezifische mathematische Fähigkeiten und Kenntnisse. Nach *Wieczerkowski/Wagner/Birx* (1987, S. 223) ist „eine weit überdurchschnittliche Intelligenz vermutlich eine notwendige, nicht aber eine hinreichende Bedingung" für die erfolgreiche Bearbeitung mathematischer Tests. Welche Merkmale sprechen nun für eine besondere mathematische Begabung?

Krutetskii (1976) führte über mehr als ein Jahrzehnt umfangreiche Untersuchungen zur Struktur mathematischer Fähigkeiten in verschiedenen Altersstufen (6 bis 17 Jahre) durch. Unter Anwendung einer großen Methodenvielfalt (u. a. Befragung von und Diskussion mit Eltern, Schülern, Lehrern; Befragung von Didaktikern und bekannten Mathematikern über ihre Vorstellungen zur mathematischen Begabung; Studien zu Biographien bekannter Mathematiker; Fallstudien zu extrem hochbegabten Schülern; Erprobung von umfangreichem Aufgabenmaterial im Unterricht, welches sich nach Schwierigkeitsgrad und Komplexitätsniveau unterscheidet) kam er zu folgenden grundlegenden Komponenten, durch deren sehr hohe Ausprägung sich mathematisch begabte Kinder auszeichnen:

1. formalisierte Wahrnehmung mathematischer Strukturen, d. h. die Fähigkeit, von Inhalten zu abstrahieren und nur die formale Struktur eines gegebenen mathematischen Problems zu erfassen;
2. Verallgemeinerung mathematischer Problemstellungen, d. h. ein konkretes Problem wird als Spezialfall eines allgemeinen Problems erkannt;
3. Verkürzung eines Gedankenganges und das Denken in übergeordneten Strukturen;
4. Flexibilität bei geistigen Prozessen, die ein leichtes und schnelles Umschalten von einer Denkoperation zu einer anderen gestattet;
5. Reversibilität (Umkehrbarkeit) geistiger Prozesse (insbesondere beim mathematischen Beweisen);
6. Streben nach Klarheit, Einfachheit und auch Eleganz einer Lösung;
7. schnelles und dauerhaftes Erinnern mathematischen Wissens;
8. kaum auftretende Ermüdungserscheinungen bei der Beschäftigung mit mathematischen Fragestellungen.

Im Hinblick auf das Mathematiklernen lassen sich nach *Radatz* (1995, S. 377) bei Grundschulkindern u. a. weitere Besonderheiten nennen, die über die klassischen Kriterien wie Lernbedürfnis, Neugier, gut entwickeltes Gedächtnis, Abstraktionsfähigkeit, Ausdauer beim Problemlösen, erhöhtes Arbeitstempo, logisches Denkvermögen, überdurchschnittliche Selbstständigkeit u. a. hinausgehen:

- Lösungsstrategien in der Arithmetik: Leistungsstärkere Grundschüler sind danach sehr viel besser in der Lage, das zählende Rechnen zu überwinden und heuristische Strategien zu verwenden.

- Lösungsstrategien bei schwierigen Aufgabenstellungen: *Käpnick* (1996) hat bei leistungsstarken Kindern Lösungsstrategien beobachtet, die beim Bearbeiten unterschiedlicher Probleme angewendet werden und relativ stabil sind. Dazu gehören u. a. hartnäckiges Probieren, abwechselndes Überlegen und Probieren, intuitives Vortasten, systematisches Vorgehen.

- Vorstellungen von mathematischen Begriffen und Operationen: Leistungsstärkere Schüler haben flexible und konkrete Vorstellungen zu den ihnen bekannten mathematischen Begriffen und Beziehungen entwickelt und können diese in konkrete Problemsituationen einbringen. Dabei zeigt sich, dass sie im Gegensatz zu leistungsschwachen Schülern in der Lage sind, zwischen den Repräsentationsebenen flexibel umzuschalten und zu übersetzen.

Nicht selten wurde früher die Auffassung vertreten, dass Kinder mit Hochbegabungen keine besondere Zuwendung benötigen, da ihr hohes individuelles Impulspotenzial keine zusätzlichen Aktivitäten der Institution Schule verlange. Mit dieser Auffassung wurde akzeptiert, dass diese Kinder den Schulunterricht als ständige Unterforderung erleben. Andererseits gibt es ausreichend Belege dafür, dass Unterforderung (ebenso wie Überforderung) katastrophale Folgen für die Persönlichkeitsentwicklung solcher Kinder haben kann. Nach *Heller* (1996, S. 13) lässt sich darüber hinaus durch neuere empirische Befunde belegen, „dass es die Kreativität – genauso wenig wie die Intelligenz – nicht gibt. Wahrscheinlicher sind vielmehr (in der Mehrzahl der Fälle) bereichsspezifische individuelle Kreativitätsschwerpunkte und -unterschiede, auch wenn dies im Grundschulalter auf der Leistungsebene häufig noch nicht so deutlich in Erscheinung treten mag."

Von großer Bedeutung ist deshalb die Aktivierung des Fähigkeitspotenzials, um überhaupt Begabungen zu erkennen. Geschieht das nicht, ist in der Regel auch keine angemessene Förderung der Begabungen möglich, was gleichzeitig eine optimale Persönlichkeitsentwicklung verhindert. Mit anderen Worten: das besondere Fähigkeitspotenzial stellt also nur eine notwendige Bedingung für zu manifestierende außergewöhnliche Leistungen dar, denn Umgebungseinflüsse verschiedenster Art (positive wie negative) können von ausschlaggebender Bedeutung für die weitere Entwicklung sein. Hierzu lassen sich insbesondere im Sozialisierungsumfeld die vielfältigen Einflussmöglichkeiten von Familie, Schule, Freundeskreis und Gleichaltrigen anführen. Entscheidend ist also die Qualität der Verflechtung von a priori vorhandenem Fähigkeitspotenzial und der gesamten Umwelt.

Sind diese Beziehungen zur Umwelt gestört, kann es zu Verhaltensauffälligkeiten bei begabten Kindern kommen. Häufiges Melden solcher Kinder oder ihr Vorwegnehmen und Nennen von Ergebnissen, die erst im Verlauf des Unterrichts erarbeitet werden sollen (weil sie ja schon vieles wissen und neugierig sind), wird z. B. nicht selten von Lehrerinnen und Lehrern als „Störung" des Unterrichts empfunden. Andere machen sich dadurch unbeliebt, dass sie häufig alles kommentieren oder ergänzen müssen. Wird dieses Verhalten so sehr eingeschränkt, dass das Kind kaum noch eine Möglichkeit hat, bei den Mitschülern Anerkennung zu finden, kann aus dem aufgeweckten, neugierigen Kind ein am Unterricht lustlos teilnehmendes werden.

Problematisch ist auch, wenn bestimmte kreative Leistungen begabter Kinder nicht erkannt oder sogar als unsinnig abgetan und damit ignoriert werden. Beispielsweise könnte nach einer Fortsetzung der Zahlenreihe 2, 4, 6, 8, _ _ _ _ gefragt werden. Nach „schulischer Prägung" kommt wohl i. Allg. nur als Lösung die Fortsetzung 10, 12, 14, 16 in Frage. Was aber, wenn ein Schüler eine Fortsetzung der Art 1, 3, 7, 9 angibt? Er wird möglicherweise belächelt, und einige Mitschüler und/oder die Lehrerin bzw. der Lehrer machen ihm sehr schnell klar, wie die gewünschte Lösung auszusehen hat. Dabei hat sich jedoch der Schüler mit der Struktur der Zahlenreihe wie folgt auseinander gesetzt und durchaus eine kreative Fortsetzung der gegebenen Zahlenreihe gefunden:

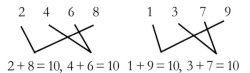

$2 + 8 = 10, \ 4 + 6 = 10 \quad 1 + 9 = 10, \ 3 + 7 = 10$

Deshalb müssen Lehrerinnen und Lehrer als „Diagnostiker" und Vermittler von Kenntnissen, Fertigkeiten und Kompetenzen noch sensibler gemacht werden oder aber mehr Toleranz gegenüber gewissen disharmonischen Entwicklungen zeigen. Das ist für die Grundschule besonders wichtig, weil frühe ungünstige Einflüsse meistens schwerwiegender als spätere sind.

Bei Wertung und Umgang mit solchen Auffälligkeiten kommt der Familie (als am längsten und intensivsten wirkender Sozialisationsfaktor) bei der Persönlichkeitsentwicklung von Kindern eine besonders wichtige Rolle zu. In diesem Zusammenhang schreibt *Stapf* (1988, S. 89): „Das wichtigste hemmende Moment scheint eine unsichere, zweifelnde Haltung der Eltern in bezug auf die Leistungsfähigkeit des Kindes zu sein, wobei die schwankende Akzeptanz der Eltern und ein eher permissiver Erziehungsstil das Selbstkonzept und die Leistungseinstellung des Kindes negativ beeinflußt." Zu beachten sind hierbei auch bestimmte Lebensereignisse im Vor- und Grundschulalter wie Eintritt in den Kindergarten, Entscheidung zur Einschulung, Schulbeginn, Entscheidung über weiterführende Schulen und damit über die weitere Schulbildung, welche sich auch für begabte Kinder als kritische Ereignisse im Leben erweisen können.

Zusammenfassend sei *Mönks* (1996, S. 15 f.) zitiert: „Entwicklung ist ein derartig komplexer Interaktionsprozeß von Anlage- und Umweltfaktoren, daß jedes sich entwickelnde Kind Unterstützung und Anerkennung braucht, damit es sich entsprechend seinen Fähigkeiten und Neigungen entwickeln kann. Daher ist eine Verbindung von Identifikation und Erziehung der richtige Ansatz: das Feststellen von Hochbegabung bei einem Kinde oder Jugendlichen muß einhergehen mit der entsprechenden Förderung. Identifikation muß als diagnostischer Schritt die Grundlage für Fördermaßnahmen bilden."

2. Zur Identifikation begabter Grundschülerinnen und -schüler

Die Identifikation besonders begabter Schülerinnen und Schüler sollte insbesondere der Erfassung ihrer individuellen Lernbedürfnisse dienen, um daraus entsprechende Fördermaßnahmen ableiten zu können. Wie kann man derartige Grundschülerinnen und -schüler erkennen?

Von *Heller* (1996, S. 12) wird in diesem Zusammenhang auf entsprechende Merkmalskataloge für Grundschullehrerinnen und -lehrer hingewiesen, die z. B. verweisen auf:
- „ausgeprägte Leseinteressen und selbstinitiierte Freizeitaktivitäten;
- im Vergleich zur Altersgruppe deutlich vergrößerten Wortschatz und elaborierten sprachlichen Ausdruck;
- breites Wissensspektrum;

- hohe intellektuelle Denkfähigkeiten, die sich z. B. in Mathematik oder allgemein bei formal-logischen Denkanforderungen zeigen;
- besonders kreative Fähigkeiten, z. B. Ideenvielfalt und Originalität der Ideenproduktion oder der Lösungsmethode;
- hohes Lerntempo und hervorragendes Gedächtnis (für besonders interessierende Gegenstände und Lerninhalte);
- kognitive Neugier und Erkenntnisstreben, ‚Wissensdurst' und Fragelust, ausgeprägte Interessen;
- aufgabenorientierte (intrinsische) Lern- und Leistungsmotivation;
- Selbstwirksamkeitsüberzeugung und außergewöhnliche Selbstständigkeit im Urteil;
- hohe Eigenverantwortlichkeit und Freude an intellektuell herausfordernden Aktivitäten usw."

Dabei ist zu beachten, dass solche Kataloge stets unvollständig sind, weil begabte Kinder ein Bild ausgeprägter Individualität vermitteln. Einschätzungen, die auf solcher Grundlage ermittelt wurden, müssen durch zielgerichtete Beobachtungen im Unterricht sowie durch Gespräche mit Eltern und Freunden des begabten Kindes ergänzt bzw. vertieft werden.

Möchte man sich mit Bezug auf solche Merkmale auf mathematisch begabte Grundschulkinder einschränken, so ist festzustellen, dass es gegenwärtig kaum praktikable Diagnoseverfahren in Form von Tests gibt (über ein bereits praktiziertes Diagnoseverfahren zur Auswahl von Viertklässlern für ein Spezialgymnasium berichten *Jüling/ Lehmann* 1997).

Zitate in alter Rechtschreibung

3. Möglichkeiten der Förderung begabter Grundschulkinder

Krichbaum (1996, S. 9) schreibt: „Im Bereich der Hochbegabtenförderung gibt die Schule ... nach wie vor ein ganzes Feld ihrer Zuständigkeit an außerschulische Institutionen und Vereine ab, häufig kommerzieller Art, die sich der besonderen Belange hochbegabter Kinder annehmen. Da kommt es dann u.U. zur isolierten Einzelförderung, die soziale Aspekte des Miteinanderlernens in gemischten Lerngruppen vernachlässigt. Diese wären aber gerade fruchtbar zu machen für die Lernschwächeren ebenso wie für die besonders Begabten."

In Veröffentlichungen der letzten Jahre wird verstärkt auch für eine Begabtenförderung in der Grundschule plädiert. Hieraus darf nicht der Schluss gezogen werden, dass innerhalb einer Grundschulklasse starr nach Leistungspotenzial zu differenzieren sei. Vielmehr sollte ein differenzierender Mathematikunterricht in der Grundschule durch folgende Aspekte gekennzeichnet sein (vgl. *Radatz* 1995, S. 378):

- gemeinsames Lernen in einem breiten, inhaltlichen Basisbereich für alle Schüler;
- Anbieten herausfordernder Aufgabenstellungen für alle Grundschulkinder;
- Leistungsanforderungen stellen, die den Schülern adäquat sind sowie Leistungsbereitschaft, Neugier und Interesse an mathematischen Aufgabenstellungen zumindest nicht mindern;
- Schaffung von Möglichkeiten für das selbstgesteuerte und soziale Lernen.

Verschiedene Modelle (wie z. B. das „Schleifenmodell" von *Radatz*, in dem zwar alle Kinder gemeinsam verschiedene Basisveranstaltungen im Klassenverband besuchen, sonst aber in entsprechenden homogenen Lern- bzw. Fördergruppen arbeiten) wurden dazu entwickelt.

Heller (1996, S. 13) versteht Begabtenförderung als Optimierung individueller Entwicklungschancen, die offene und reichhaltige Lernumwelten, wie sie z. B. entdeckendes Lernen (siehe dazu *Winter* 1991 und *Winter* 1987) bietet, zur Stimulierung begabter Kinder verlangt. Darüber hinaus impliziert die wachsende Heterogenität in den Grundschulklassen (insbesondere auch mit Blick auf Interessen und Begabungen) umfangreiche Differenzierungsmaßnahmen, unter denen sich nach *Heller* (a. a. O. S. 14) folgende integrative Förderansätze bewährt haben:

a) Individualisierung des Unterrichts (Verdichtung von Basiswissen und Schaffung von zusätzlicher Lernzeit für vertiefende Inhalte durch erhöhtes Arbeitstempo);
b) Vermittlung effektiver Arbeitstechniken (Befähigung zum selbstständigen Lernen, nachdem das reguläre Basiscurriculum in kürzerer Zeit bewältigt wurde);
c) flexible Unterrichtsorganisation (z. B. projektorientierter, lernbereichsübergreifender Unterricht; insbesondere ab Klasse 3/4, um kreative Lernumwelten anzubieten); Akzelerationsmaßnahmen „sanfter Art" (zeitweiliges Arbeiten in homogenen Lerngruppen).

Förderansätze bzw. -modelle werden i. Allg. aus speziellen intellektuellen Bedürfnissen abgeleitet, die durch den regulären Unterricht nicht abgedeckt werden können. Wenn man von Fällen außergewöhnlicher Hochbegabung absieht, so lehnen wir Förderprogramme ab, die auf dem Konzept der Akzeleration beruhen (Beschleunigung des Lernprozesses, z. B. Bruchrechnung für Drittklässler). Wir plädieren eher für Enrichment (das übliche Schulcurriculum wird nicht entscheidend verlassen, Themen werden vertiefend bearbeitet; siehe dazu auch 4.1).

Die von uns (mit Unterstützung durch das Kultusministerium des Landes Sachsen-Anhalt) in Köthen und Halle eingerichteten Kreisarbeitsgemeinschaften für Mathematik bzw. Mathematik/Naturkunde (vorwiegend für Dritt- und Viertklässler) verstehen wir im Rahmen unserer Entwicklungsarbeit als eine zeitlich begrenzte Maßnahme zur Förderung begabter bzw. leistungsstarker Kinder. Nach ausreichend langer Erfahrung sollen die Erkenntnisse und Ergebnisse in die Lehreraus- und -fortbildung integriert werden, um eine entsprechende Förderung begabter Kinder im „normalen" Mathematikunterricht zu ermöglichen.

4. Erste Erfahrungen bei der Förderung begabter Dritt- und Viertklässler

4.1 Erfahrungen aus Kreisarbeitsgemeinschaften

Die Förderung mathematisch interessierter und begabter Grundschulkinder sollte ihrer bisherigen kindlichen Persönlichkeitsentwicklung angepasst sein. Ohne diese Prämisse würde es wohl kaum gelingen, solche Zielstellungen wie

- Bewahrung und Erhöhung von Freude und Spass beim Umgang mit und beim Lösen von mathematischen Problemstellungen,
- Entwicklung intellektueller Neugier und Vertiefung bestehender Interessen,
- Pflege und Weiterentwicklung von für diese Lern- und Arbeitsprozesse förderlichen sozialen Beziehungen unter den Kindern

zu realisieren.

Die Gestaltung der Förderstunden erfolgt in der Regel so, dass herausfordernde Situationen in Form konkreter mathematischer Problemstellungen angeboten werden, die im Allgemeinen auch selbstständig bearbeitet werden können. Dabei werden entsprechende Hilfen zum Selbstfinden der Lösungen (falls erforderlich) gegeben. Das Prinzip des aktiv-entdeckenden Lernens sollte hier weitestgehend berücksichtigt werden.

Bewusst wird auch bei komplizierteren Aufgabenstellungen in Gruppen gearbeitet (die die Kinder selbst bilden), um auch die Bedeutung und Vorteile von Teamarbeit deutlich werden zu lassen.

Bei einer Aufgabe, bei der die Kinder keinen rechten Zugang zur Lösung gefunden hatten (was wohl auch am Umfang des Aufgabentextes lag), wurde unter Angabe weniger Hinweise eine kollektive Lösung angestrebt und auch gefunden, auf die schließlich alle Beteiligten stolz waren. Dabei handelte es sich um folgende Aufgabe:

> Ein Müller hinterließ nach seinem Tod seinen drei Söhnen 24 Goldmünzen und hatte verfügt, dass jeder seiner Söhne so viele Münzen erhalten sollte, wie er vor fünf Jahren an Lebensjahren gezählt hatte.
>
> Der jüngste der Brüder, ein helles Köpfchen, schlug folgenden Tausch vor: „Ich behalte nur die Hälfte der Münzen, die ich vom Vater bekommen habe und verteile die übrigen an euch zu gleichen Teilen. Mit der nun neuen Verteilung der Münzen soll auch der mittlere Bruder und am Ende (nach wieder neuer Verteilung) der älteste Bruder in gleicher Weise verfahren." Die Brüder stimmten dem Tausch ohne Argwohn zu und hatten alle danach die gleiche Anzahl von Münzen. Bestimme das Alter der Brüder!

Zunächst wurde folgender Ansatz erarbeitet, um sicher zu gehen, dass die Aufgabe auch verstanden wurde:

J: Anzahl der Münzen des Jüngsten, die er vom Vater bekommen hatte,
M: entsprechende Anzahl der Münzen des Mittleren,
Ä: entsprechende Anzahl der Münzen des Ältesten.

(Dabei kam der Vorschlag zur abkürzenden Bezeichnung der betreffenden Anzahlen vom Leiter der Kreisarbeitsgemeinschaft, die Buchstaben selbst nannten die Kinder.)

Wenn die Aufteilung nach Lebensalter vor fünf Jahren erfolgt, so erkannten die Kinder, muss $J < M < Ä$ und $J + M + Ä = 24$ gelten. Es wurden dann die Kinder nach einem Vorschlag zur Aufteilung gefragt, der mit $6 + 8 + 10 = 24$ angegeben wurde.

Nach dem Aufteilungsvorschlag des Jüngsten sollten schließlich alle Brüder die gleiche Anzahl an Münzen haben, nämlich 8.

Die Kinder wurden dann aufgefordert, diese Aufteilung auf das Beispiel anzuwenden. Dabei merkten fast alle Kinder, dass der Jüngste zwar die Anzahl von 6 Münzen halbieren kann, um sich die Hälfte zu nehmen, eine weitere Aufteilung von 3 Münzen zu gleichen Teilen an die beiden anderen Brüder jedoch nicht möglich ist. Also kann die vorgeschlagene Lösung nicht richtig sein.

Florian fand dann auch recht schnell, dass die Anzahl J zweimal halbierbar sein muss und schlug $J = 4$ vor. Hendrik meinte, dass auch $J = 8$ diese Eigenschaft besitzt.

Florian bemerkte dann nach kurzer Überlegung, dass 8 nicht in Frage kommen könne, weil sonst $J < M < Ä$ nicht mehr gelten würde.

Danach wurde als weitere Hilfestellung folgendes Schema erarbeitet:

	J	M	Ä
	4	?	?
			$-M+1$
Aufteilung	2	$+1$	$+1$

Auf die Frage, was M für eine Zahl sein müsste, damit M+1 wieder nach Vorschrift aufgeteilt werden könne, antwortete Tina als Erste mit der Feststellung, dass M selbst eine ungerade Zahl sein müsse und dafür z. B. 5 oder 7 in Frage käme. Hendrik bemerkte, dass aber 5 + 1 = 6 nicht zweimal halbierbar ist, also 5 ausscheidet und so M = 7 sein müsse.

Auf die Frage, warum nicht auch 11 eine solche gesuchte Zahl sein könne, erkannte Florian, dass dann für J + M = 4 + 11 = 15 gelten würde und so für den Ältesten nur 9 Münzen übrig bleiben würden, was der Aufteilung nach dem Alter widerspricht.

Nun war allen klar, dass für Ä nur noch 13 in Frage kommen könne und das Alter der Brüder 9, 12 und 18 betragen müsse. Abschließend wurde zur Kontrolle noch einmal vollständig der Aufteilungsvorschlag des Jüngsten durchgeführt und gezeigt, dass danach alle Brüder die gleiche Anzahl an Münzen hatten.

Nachdem sich in einer anderen Kreisarbeitsgemeinschaft alle Kinder einzeln mit dieser Aufgabe beschäftigt hatten, meldete sich Dominik und schlug vor, die Aufgabe durch „Rückwärtsmachen" zu lösen (man denke an die Strategie des Rückwärtsarbeitens bei *Pólya* 1967). Gemeinsam wurde dann die folgende Tabelle entwickelt und somit die Aufgabe auf sehr einfache Weise gelöst:

Anzahl der Goldmünzen	Sohn C	Sohn B	Sohn A
am Ende des Tausches	8	8	8
unmittelbar vor Verteilung durch Sohn A	4	4	16
unmittelbar vor Verteilung durch Sohn B	2	8	14
unmittelbar vor Verteilung durch Sohn C	4	7	13

Bei der Auswahl der mathematischen Aufgabenstellungen wird darauf geachtet, dass keine wesentlichen Inhalte des schulischen Curriculums vorweggenommen werden; vielmehr soll der bereits vermittelte Stoff vertieft und angereichert werden, das bedeutet Rechnen in den betreffenden Zahlenräumen, Größen und Sachrechnen sowie geometrische Inhalte (wobei hier die Raumgeometrie im Mittelpunkt steht). Diese Inhalte können dabei auch in Form von kombinatorischen Aufgabenstellungen zu „figurierten Zahlen" (siehe z. B. „Dreieckszahlen" bei *Bardy* 1988, S. 201 f.) oder „Zahlenfiguren" (z. B. magische Figuren und Körper) sowie in Form von Denk- und Knobelaufgaben angeboten werden. Ein Problem besteht gelegentlich im Stellen gemeinsamer Aufgaben für Dritt- und Viertklässler, das jedoch durch entsprechende Differenzierung gelöst werden kann.

Die meisten Kinder werden durch Aufgaben abgeschreckt, deren Text sehr umfangreich ist. So werden i. Allg. aus einer Sammlung von Aufgaben solche mit wenig Text ausgewählt, wobei der Inhalt bzw. die formulierte Problemstellung zunächst nicht ausschlaggebend ist.

Welche Eigenschaften bzw. Einstellungen, die zum Lösen mathematischer Aufgabenstellungen besonders förderlich sind, sollten entwickelt bzw. geschult werden?

1. *Herausbildung von Ausdauer und Beharrlichkeit beim Lösen von Aufgaben, die nicht sofort zu einem Lösungsweg führen oder die das Ermitteln zahlreicher Lösungen verlangen*
   Viele Aufgaben aus dem „normalen" Unterricht – so sind das die Kinder gewöhnt – liefern einfache Lösungen in relativ kurzer Zeit.

2. *Training zum Entwickeln von Lösungsstrategien*
   Hier geht es darum, die Kinder anzuhalten, bei bestimmten Aufgaben nicht ausschließlich zu probieren, sondern über den Weg des logisch-analytischen Denkens zur systematischen Lösungsfindung zu kommen.

3. *Entwicklung und Schulung des räumlichen Vorstellungsvermögens*
   Leider kommen Aufgabenstellungen hierzu in der Schule (nicht nur in der Grundschule, sondern auch in höheren Schuljahresstufen) nur selten vor, obwohl diese für die Umweltorientierung der Kinder so bedeutsam sind. Selbst bei Studierenden sind in dieser Hinsicht beachtliche Defizite festzustellen.

4. *Aktivierung und Förderung von Kreativität und Phantasie*
   Für die Förderung von Kreativität kommt der Arbeitsatmosphäre in der Arbeitsgemeinschaft eine besondere Rolle zu; d. h. es ist eine Atmosphäre zu sichern, die für die Entwicklung und Darstellung kreativer Gedanken günstig ist. Durch gezielte Aufgabenstellungen, die gleichzeitig einen relativ großen Spielraum für das Finden von Lösungen und das Schaffen von Querverbindungen zu anderen Wissensaspekten ermöglichen, können dann solche wesentlichen Eigenschaften kreativen Denkens wie Flexibilität, Originalität und Einfallsreichtum weiter ausgeprägt werden. Besonders wichtig ist, danach den Kindern die Möglichkeit zur Darstellung, Auseinandersetzung und zum Verstehen kreativer Lösungsgedanken zu geben.

5. *Förderung von Eigenproduktionen der Kinder beim Aufgabenlösen in Bezug auf die Wahl des Lösungsweges und der Darstellung der Ergebnisse sowie die Wahl der den Lösungsprozess unterstützenden Hilfsmittel*
   Hierbei halten wir es für bedeutsam, dass Kinder regelmäßig die Gelegenheit erhalten, ihre Lösungswege vorzustellen, die Ergebnisse zu begründen und damit zu „verteidigen". Hier und allgemein beim Lösen mathematischer Probleme ist auffällig, dass bei Grundschulkindern häufig ein Umgang in spielerischer und phantasiereicher Form mit Zahlen und Figuren festzustellen ist. Dabei kommen Kinder nicht selten zu Lösungswegen, die von den von uns erwarteten Lösungsmustern erheblich abweichen. Aus diesem Grunde sollten Aufgaben auch so gestaltet sein, dass sie auf natürliche Weise diesen spielerischen und phantasiereichen Umgang anregen.

Hierzu kann folgendes Beispiel angeführt werden:

Nach einer einführenden Beschäftigung mit Zahlenbändern und Zahlenkreuzen folgten Aufgabenstellungen zu magischen Figuren, wobei schrittweise von magischen Dreiecken zu Vielecken und anderen Zauberfiguren übergegangen wurde. In diesem Zusammenhang wurden den Kindern auch zwei Möglichkeiten zur Selbstherstellung magischer Quadrate (3x3-Quadrat, 4x4-Quadrat) aufgezeigt. Beim 3x3-Quadrat geht man wie folgt vor:

(1) Man trägt die ungeraden Zahlen 1, 3, 5, 7, 9 der Reihe nach in die Kreuzform ein.

8	1	6
3	5	7
4	9	2

(2) Die geraden Zahlen werden dann von rechts unten nach links oben eingetragen.

Dann ist die Summe in allen Zeilen, Spalten und Diagonalen jeweils 15.

Eine Woche später wurde folgende Aufgabe aus *Schnauder* (1980, S. 52) gestellt:

Die Zahlen 1 bis 9 sollen auf die Kreise an den Eckpunkten der sechs Quadrate verteilt werden. Tragen sie so ein, dass die Summe an den Ecken eines jeden Quadrates 20 beträgt!

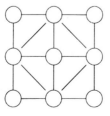

Obwohl bereits bei ähnlichen Aufgaben über entsprechende Lösungsstrategien gesprochen wurde, probierten die meisten Kinder. Ein Kind fand dann (wohl mehr zufällig) eine Lösung durch Probieren.

Hauke dagegen teilte einen originellen Lösungsweg mit, der von dem zu erwartenden erheblich abweicht:

„Ich habe mich an die Herstellung des 3x3-Quadrates erinnert und wollte ebenso verfahren, indem ich die ungeraden Zahlen von 1 bis 9 in das Kreuz eintrage. Da das nicht geklappt hat, habe ich das Kreuz gedreht – es entstand ein X. Dann ließ sich die Vorschrift zum Eintragen der ungeraden und geraden Zahlen genauso anwenden."

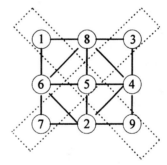

4.2 Eine Fallstudie

Im Rahmen der Betreuung eines Mathematischen Korrespondenzzirkels (für Dritt- und Viertklässler im Regierungsbezirk Dessau) fiel uns Felix[2] durch teilweise sehr originelle Lösungsideen auf. U. a. hat er die folgende Aufgabe[3] bearbeitet:

---

[2] Name geändert

[3] Zum Problem selbst siehe *Meschkowski* 1978 (S. 53) und *Laugwitz* 1978 (S. 169), zur Einkleidung (Tafel Schokolade) siehe *Sztrókay* 1997 (S. 487).

> Bei einer Tafel Schokolade mit 3 x 6 Stücken findet sich folgende Besonderheit: Geht man davon aus, dass die Einzelstücke quadratische Form haben, so gilt: Die Maßzahlen des Flächeninhalts und des Umfangs sind gleich (18 Flächeneinheiten bzw. 18 Längeneinheiten). Finde <u>alle</u> Rechtecke (mit ganzzahligen Seitenlängen), bei denen die Maßzahlen von Flächeninhalt und Umfang jeweils übereinstimmen! Begründe, dass Du alle Rechtecke gefunden hast!

Felix schickte uns folgende Lösung ein (im Mai 1997, zu dieser Zeit war er 8 J. 10 Mo. alt):

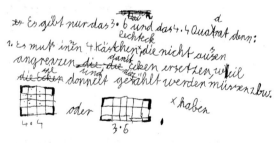

Im Übrigen haben wir erfahren, dass es für manche Primarstufenstudierende nicht einfach ist, eine solche Eigenproduktion vollständig zu verstehen und zu erkennen, dass das gestellte Problem von Felix völlig richtig (mit Begründung) gelöst wurde.

Die von Felix präsentierten Ideen im Rahmen des Mathematischen Korrespondenzzirkels und einer Kreisarbeitsgemeinschaft in Mathematik waren für uns Anlass, durch Gespräche mit der Mutter, der Klassen- und der Mathematiklehrerin sowie durch teilnehmende Unterrichtsbeobachtung mehr über ihn zu erfahren: geboren im Juni 1988, einziges Kind, Mutter Erzieherin in einer Sonderschule, Vater Brückenbauingenieur.

a) Informationen aus einem Gespräch mit der Mutter (April 1998):

Im Baby- und Kleinkindalter weist die Entwicklung von Felix keine Besonderheiten auf. Jedoch hatte er schon immer ein geringes Schlafbedürfnis, sein Schlaf ist aber sehr tief.

Bereits seit Ende der Kinderkrippe (etwa im Alter von 3 Jahren) fällt Felix dadurch auf, dass er seinen Eltern sehr viele Fragen zu allen Dingen des Lebens stellt. Dabei lässt er sich nicht mit unzureichenden Antworten abspeisen. Felix kann sehr genau beobachten und besitzt ein sehr gutes Gedächtnis. Bereits vor der Einschulung spielte er u. a. Schach und Skat und fiel dabei durch sein logisches Denkvermögen auf.

Seit dem Kindergarten ist sein Sprachvermögen in Menge, Vokabular und Satzbau dem der gleichaltrigen Kinder überlegen. Jedoch hat er wegen gewisser sozialer Schwierigkeiten wenig gesprochen; aber wenn, dann in vollständigen Sätzen.

Unmittelbar nach dem Schulanfang konnte er innerhalb von acht Wochen lesen. Fehlende Kenntnisse hat er sich selbst angeeignet oder sie von den Eltern bzw. der Oma, die ihn fast täglich zur Schule bringt und dort wieder abholt, erfragt. Seit dieser Zeit liest er sehr viel, um Antworten auf ihn bewegende Fragen zu finden. Gelegentlich müssen ihn die Eltern von Büchern trennen, weil er zu viel und zu lange liest. Hierbei wird auch deutlich, dass Felix sich sehr lange konzentrieren kann. Gleichzeitig zeichnet er sich durch eine ungewöhnlich starke Phantasie aus. Seine Schulaufsätze, die stets zu den besten gehören, belegen das.

Im Umgang mit gleichaltrigen Kindern fällt es Felix schwer, Kontakte zu knüpfen. Offensichtlich ist bei ihm eine diesbezügliche Barriere vorhanden. Wenn einmal Kontakte innerhalb einer Kindergruppe geknüpft sind, nimmt er im Spiel recht schnell die Führungsrolle ein. Wegen gewisser sozialer Probleme und Rhythmikstörungen wurde zunächst seitens der Eltern an eine spätere Einschulung gedacht, die auch durch Kinderärztin und Kindergarten befürwortet wurde. Von Seiten der Grundschule wurde dies jedoch abgelehnt. Die Rhythmikstörungen konnten insbesondere in den letzten drei Jahren durch musiktherapeutische Maßnahmen abgebaut werden. Seit dieser Zeit spielt Felix Flöte.

Ein Überwechseln in ein Spezialgymnasium ab Klasse 5 kommt für die Eltern nicht in Frage, da sie ihr Kind die ganze Woche über in ein Internat geben müssten.

b) Ergebnisse eines Gesprächs mit der Klassenlehrerin (Juli 1997, Ende der dritten Klasse):

Felix wird als typischer Einzelgänger eingeschätzt, der sich meist abseits vom Geschehen bewegt. Er ist zurückhaltend und bescheiden. Insbesondere bei der Lösung von Sachaufgaben findet Felix eigene und interessante Lösungswege, mit denen er jedoch nie prahlt. Meist ist er jedoch sehr ernst, kaum lustig, fröhlich oder ausgelassen.

Felix wird als typisches „Oma-Kind" bezeichnet. Es besteht der Eindruck, dass die Erziehung von Felix zum großen Teil von der Oma übernommen wird. Sie betreut ihn täglich viele Stunden, spricht offen über alle Probleme und äußert sich z. T. sehr negativ über die Eltern. Außer in Sport und Musik (jeweils Note 2) hat er in allen Fächern die Note 1. Obwohl er musikalisch ist und Flöte spielt, schämt er sich, vor der Klasse zu singen. Im Fach Deutsch fällt er durch kreative Äußerungen und originelle Erzählungen auf. Einen festen Freund im Klassenverband hat er noch nicht.

c) Einige Eindrücke aus Unterrichtsbeobachtungen (Mai 1998, Klasse 4):

Während andere Kinder sich in den kleinen Pausen aktiv bewegen, Gespräche führen und Meinungsverschiedenheiten auch durch körperliche Kontakte austragen, sitzt Felix meist ruhig auf seinem Platz und hat anscheinend nichts mit dem Treiben der anderen Kinder zu tun. Selbst ein „Schaukampf" zweier Schüler, für den sich die gesamte Klasse interessierte und der zu Anfeuerungsrufen der Schülerinnen und Schüler führte, beeindruckte Felix offensichtlich nicht besonders.

In einer Übungsphase, in der Aufgaben zur schriftlichen Multiplikation in Vorbereitung auf eine Klassenarbeit gelöst wurden, war Felix meist als erster fertig. Jedoch meldete er sich nicht, als nach den Lösungen der Aufgaben gefragt wurde. Träumend schaute er vor sich hin.

In einem anderen Unterrichtsabschnitt, in dem die Kinder gefragt wurden, wie man an die Lösung von Sachaufgaben herangeht, meldete sich Felix als erster. Vor allem, so meinte er, sei es wichtig, den Text so oft zu lesen, bis der Inhalt der Aufgabenstellung verstanden sei. Gleichzeitig, so Felix, müsse man auf bestimmte Zahlenangaben oder Worte wie mal oder minus achten, und manchmal sei es sinnvoll, eine Skizze zu machen.

Zur Lösung konkreter Sachaufgaben benannte die Lehrerin in diesem Unterrichtsabschnitt fünf Kinder (darunter Felix), die sich selbst eine Gruppe von Kindern aus der Klasse auswählen sollten, mit denen sie gemeinsam die Aufgaben lösen wollten. Felix organisierte seine Gruppe sehr schnell (offensichtlich wusste er sofort, mit welchen Kindern er zusammenarbeiten wollte) und konnte mit dieser zuerst mit der Arbeit beginnen. Vorher hatte er aus dem umfangreichen Aufgabenangebot der Lehrerin ebenfalls sehr schnell eine Aufgabe für die Arbeitsgruppe ausgewählt, die ihm offenbar interessant und anspruchsvoll genug erschien. Felix las dann den anderen Kindern zuerst die Aufgabenstellung vor und entwickelte sogleich erste Gedanken in Bezug auf den Lösungsweg. Die anderen Kinder griffen seine Vorschläge auf und führten danach entsprechende Rechnungen aus. Anschließend fragten sie ihn nach der Richtigkeit ihrer Ergebnisse und freuten sich, wenn er diese bestätigte. Offensichtlich wurde er bei der Einnahme dieser Führungsrolle von den anderen Kindern voll akzeptiert. Sie vertrauten auch sofort auf die Richtigkeit aller seiner Aussagen.

d) Bemerkungen zu einem Gespräch mit der Mathematiklehrerin, das den Unterrichtsbeobachtungen folgte (Mai 1998):

Die Klasse von Felix wird als sehr leistungsschwach eingeschätzt. In den beiden anderen vierten Klassen der Schule befinden sich fast alle guten Schüler. Erst jetzt kamen wieder fünf Kinder mit LRS-Schwächen in seine Klasse. Außer Felix gibt es noch zwei bis drei Kinder mit einem Leistungsstand von 1 bis 2 im Fach Mathematik. Fast alle anderen Kinder bewegen sich zwischen 3 und 6. Felix (und das wird von der Mathematiklehrerin gefördert) unterstützt leistungsschwache Kinder. Für die Lehrerin nimmt er gewissermaßen die Rolle einer zweiten Lehrperson ein. Das macht Felix gern und erhält dafür von allen Kindern Anerkennung und Achtung.

Besonders anspruchsvolle Aufgaben, die seinem Leistungsstand entsprechen würden, erhält er in der Schule nicht. Dadurch würde er – so die Meinung der Lehrerin – in eine stärkere Isolierung geraten.

Felix fühlt sich (und ist) in dieser Klasse verloren. Er hat jetzt jedoch einen Freund, der ein relativ leistungsschwacher Schüler ist. Gründe für diese Freundschaft sind der Lehrerin noch nicht bekannt.

Zu weiteren Fallstudien siehe *Bardy* 1988 und *Käpnick* 1998.

Literatur

Bardy, P. (1988): Zur Förderung begabter Grundschüler in Mathematik. – In: Europäische Konferenz „Begabungen gefragt!" (Hrsg.), „Begabungen gefragt!" Offizieller Konferenzbericht. Salzburg, S. 200-204.

Gardner, H. (1991): Abschied vom IQ: Die Rahmentheorie der vielfachen Intelligenzen. Stuttgart: Klett-Cotta.

Geuß, H. (1981): Zur Problematik der Identifikation von Hochbegabung. – In: *Wieczerkowski, W./Wagner, H.* (Hrsg.), Das hochbegabte Kind. Düsseldorf: Schwann, S. 52-67.

Heller, K. A. (1996): Begabtenförderung - (k)ein Thema in der Grundschule? Grundschule, H. 5, S. 12-14.

Jüling, I./Lehmann, W. (1997): Zur Auswahl von Schülern für ein Gymnasium mit mathematisch-naturwissenschaftlich-technischem Profil. Psychologie in Erziehung und Unterricht, Jg. 44, S. 44-56.

Käpnick, F. (1996): Erfahrungen mit einem Projekt zur Förderung mathematisch interessierter und potentiell begabter Grundschüler. – In: *Kadunz, G. u. a.* (Hrsg.), Trends und Perspektiven (Schriftenreihe Didaktik der Mathematik, Band 23). Wien: Hölder-Pichler-Temsky, S. 231-238.

Käpnick, F. (1998): Mathematisch begabte Kinder: Modelle, empirische Studien und Förderungsprojekte für das Grundschulalter. Frankfurt/M.: Lang.

Krichbaum, G. (1996): Kinder mit besonderen Begabungen. Grundschule, H. 5, S. 8-9.

Krutetskii, V. A. (1976): The psychology of mathematical abilities in school children. Chicago: University of Chicago Press.

Laugwitz, D. (1978): Merkwürdige Zahlen an Rechtecken und Quadern. Praxis der Mathematik, H. 6, S. 169-171.

Meschkowski, H. (1978²): Richtigkeit und Wahrheit in der Mathematik. Mannheim: Bibliographisches Institut.

Mönks, F. J. (1992): Ein interaktionales Modell der Hochbegabung. – In: *Hany, E. A./Nickel, H.* (Hrsg.), Begabung und Hochbegabung. Bern: Huber, S. 17-23.

Mönks, F. J. (1996): Hochbegabung. Grundschule, H. 5, S. 15-17.

Pólya, G. (1967): Vom Lösen mathematischer Aufgaben: Einsicht und Entdeckung, Lernen und Lehren. Band 2. Basel: Birkhäuser.

Radatz, H. (1995): Leistungsstarke Grundschüler im Mathematikunterricht fördern. – In: *Müller, K. P.* (Hrsg.), Beiträge zum Mathematikunterricht. Bad Salzdetfurth: Franzbecker, S. 376-379.

Renzulli, J. S. (1978): What makes giftedness? Re-examining a definition. Phi Delta Kappan H. 11, S. 180-184, 261.

Schnauder, J. (1980): Lernspiele zur neuen Mathematik in Grund- und Hauptschule. Ansbach: Proegel.

Stapf, A. (1988): Die Entwicklung hochbegabter Kinder im Vorschul- und Schulalter, oder: Warum es für viele Hochbegabte nach der 4. Klasse schon zu spät ist. – In: Europäische Konferenz „Begabungen gefragt!" (Hrsg.), „Begabungen gefragt!" Offizieller Konferenzbericht. Salzburg, S. 86-92.

Sztrókay, V. (1997): Was alles kann man mit einer Tafel Schokolade – außer sie zu essen – beginnen? Problemlösung in der Lehrerausbildung und in der Schule. – In: *Müller, K. P.* (Hrsg.), Beiträge zum Mathematikunterricht. Hildesheim: Franzbecker, S. 486-489.

Wegner, R. (1996): Zur Problematik des Begabungsbegriffs. Grundschule, H. 5, S. 18-20.

Wieczerkowski, W./Wagner, H./Birx, E. (1987): Die Erfassung mathematischer Begabung über Talentsuchen. Zeitschrift für Differentielle und Diagnostische Psychologie, H. 3, S. 217-226.

Winter, H. (1987): Mathematik entdecken: Neue Ansätze für den Unterricht in der Grundschule. Frankfurt/M.: Cornelsen.

Winter, H. (1991^2): Entdeckendes Lernen im Mathematikunterricht: Einblicke in die Ideengeschichte und ihre Bedeutung für die Pädagogik. Braunschweig: Vieweg.

Friedhelm Käpnick

Mathematisch begabte Grundschulkinder: Besonderheiten, Probleme und Fördermöglichkeiten

1. Einleitung

In diesem Beitrag möchte ich Kinder vorstellen,

- die Mathematik in der Schule „mit links machen" und die deshalb von ihren Lehrern[1] häufig „links liegen gelassen" werden,

- die in Mathematik „einsame Spitze" sind, die sich aber ansonsten auch oft einsam fühlen,

- die ständig neue und schwierige Aufgaben einfordern und die zugleich Schwierigkeiten haben, einfache Normen und Regeln des Verhaltens wie auch des Schreibens und Rechnens einzuhalten,

- die wie alle Kinder neugierig, spontan, begeisterungsfähig und manchmal übermütig sind und die die Gemeinschaft mit Gleichaltrigen wie auch die Zuneigung und Anerkennung von anderen brauchen.

Mit dieser polemischen Einleitung möchte ich voranstellen, dass besonders begabte Kinder durchaus ernsthafte Probleme haben bzw. haben können und dass es deshalb, aber auch aufgrund von Unkenntnis, von Missverständnissen oder von Vorurteilen vielfach Schwierigkeiten im Umgang mit diesen Kindern gibt.

Um hier zwei mögliche Missverständnisse von vornherein zu vermeiden:

a) Ich negiere nicht, dass viele mathematisch begabte Kinder[2] schulische Anforderungen wie auch Anforderungen des täglichen Lebens sicher ohne nennenswerte Probleme meistern und sich dabei schnell und flexibel auf unterschiedliche Situationen einstellen können.

b) Mathematisch begabte Kinder fasse ich nicht etwa als eine spezielle „Elitegruppe" von Schülern auf, die mit anderen gleichaltrigen Kindern wenig Gemeinsames haben und deshalb evtl. von anderen getrennt oder gar ausgegrenzt werden sollten. Vielmehr betrachte ich mathematisch begabte Grundschulkinder als eine zur Gruppe aller sechs- bis etwa zehnjährigen Schulkinder gehörende „Teilgruppe".

---

[1] In diesem Artikel verwende ich die Begriffe „Lehrer" bzw. „Schüler" als Kurzform für „Lehrerin" bzw. „Schülerin".

[2] Prinzipiell vertrete ich den Standpunkt, dass i. Allg. jedes Kind eine gewisse mathematische Grundbegabung besitzt, die auf der Basis vorhandener Erbanlagen und in Wechselwirkung eines Kindes mit seiner Umwelt eine individualtypische Ausprägung erhält. Mit der Bezeichnung „mathematisch begabte Grundschulkinder" kennzeichne ich hier grob die Gruppe der Grundschulkinder, die ein überdurchschnittliches mathematisches Begabungspotential haben, was mit großer Wahrscheinlichkeit im Jugend- und Erwachsenenalter eine hohe mathematische Leistungsfähigkeit erwarten lässt.

Diese Sichtweise schließt ein:
Wenn Didaktiker und Lehrer über Verbesserungen der mathematischen Fähigkeitsentwicklung bei allen Grundschülern nachdenken, dann müssen sie in ihren Überlegungen auch die mathematisch begabten Kinder einbeziehen. Ich glaube, dass genauere Kenntnisse über Leistungen bzw. Leistungspotentiale und über Verhaltensweisen begabter Grundschüler sogar unverzichtbar sind, um Spezifika des Lernens von Mathematik bei Grundschulkindern erfassen zu können, einschließlich des Wissens darüber, zu welchen mathematischen Leistungen Grundschüler überhaupt in der Lage sind. Diesbezüglich zeigten z. B. Untersuchungen von *Radatz* (1995), *Selter* und *Spiegel* (1997) oder eine Reihe von Untersuchungen der letzten Jahre zu mathematischen Vorkenntnissen von Schulanfängern, dass wir das Fähigkeitsniveau der Kinder zum Teil unterschätzen, in mancher Beziehung die Kinder aber auch überschätzen oder falsch beurteilten. Das ist ein schwerwiegendes und zugleich sehr bedauerliches Forschungsdesiderat vor dem Hintergrund der Tatsache, dass der prozentuale Anteil von Leistungsversagern, d. h. aus verschiedenen Gründen nicht zur Entfaltung gelangenden begabten Kindern und Jugendlichen sehr hoch ist. Expertenschätzungen gehen – so *Häuser* und *Schaarschmidt* – von etwa 50 % der potentiell begabten Kinder eines jeden Jahrgangs aus (vgl. *Häuser/Schaarschmidt* 1991, S. 146). *Stapf* (1988) und *Häuser* (1989) vermuten, dass zumindest ein Teil der Ursachen in Entwicklungen während der frühen Lebensabschnitte, insbesondere während der Grundschulzeit, zu suchen ist.

Zum angesprochenen Forschungsdesiderat gehört auch, dass die mathematische Begabungsentwicklung im Grundschulalter ein in der Wissenschaft (und im Übrigen ein ebenso in der Schulpraxis) bisher weitestgehend vernachlässigtes Thema ist. Gegenwärtig ist unter Mathematikdidaktikern und Begabungsforschern sogar umstritten, ob im Grundschulalter eine spezifische mathematische Begabung bestimmbar ist. Ich gehe von der prinzipiellen Möglichkeit des Bestimmens spezieller Merkmale für mathematisch begabte Grundschulkinder aus und werde im Folgenden – ausgehend von Fallstudien zu Kindern und von Analysen zu Lösungen anspruchsvoller Aufgaben – versuchen, besondere Merkmale dieser Kinder aufzuzeigen und hieraus Vorschläge für eine angemessene Förderung der Kinder zu entwickeln. Empirische Basis sind hierfür etwa fünfjährige Untersuchungen, die ich im Rahmen eines von mir geleiteten Projektes zur außerunterrichtlichen Förderung mathematisch interessierter und begabter Dritt- und Viertklässler (vgl. *Käpnick* 1996) durchführte.

2. Besonderheiten in Biographien mathematisch begabter Grundschulkinder

Um nicht von vornherein einseitige und damit zu stark vereinfachende Antworten auf Fragen der Begabtenproblematik zu geben, gehe ich bei der Kennzeichnung von Besonderheiten in Biographien mathematisch begabter Grundschüler bewusst von der kindlichen Gesamtpersönlichkeit aus. Dabei kann ich aus Platzgründen hier natürlich nur jeweils einige ausgewählte Besonderheiten oder Auffälligkeiten einzelner Kinder vorstellen.

Felix

Felix zählte in unserem Förderprojekt zu den aktivsten und leistungsstärksten Schülern. Er erfasste mathematische Sachverhalte meist sehr schnell und entwickelte dann oft spontan originelle Lösungsansätze. Felix war zugleich ein sehr temperamentvoller und begeisterungsfähiger Schüler. Wenn ihn eine Aufgabe packte, konnte man an seinem Gesicht erkennen, wie seine Gedanken sprühten.

In seiner Klassenstufe gehörte Felix ebenfalls zu den leistungsstärksten Schülern der Schule. Außer auf mathematischem Gebiet zeigte er eine überdurchschnittliche musische und künstlerische Begabung. Um seine Interessen auch auf diesen Gebieten befriedigen zu können, nutzte er außerhalb des normalen Unterrichts neben der Mitarbeit am Mathematikförderprojekt noch die Möglichkeit zur Teilnahme an einem Malzirkel und am Klavierunterricht. Die umfangreichen Belastungen meisterte er leicht. Er empfand seine unterrichtlichen und außerunterrichtlichen Verpflichtungen gar nicht als Belastung, er suchte vielmehr ständig neue Herausforderungen.

Nur: Im täglichen Schulunterricht langweilte er sich oft, weil er unterfordert war. Der „Verdammung zur Inaktivität" entzog er sich, indem er sich eigene Erlebnisbereiche verschaffte. Er las unter der Bank Sachbücher zur Geschichte, zur Geographie oder zur Biologie, er knobelte an selbstausgedachten Aufgaben oder entwarf Comicfiguren. Den üblichen Unterrichtsstoff bewältigte er problemlos nebenbei. Felix konnte seine eigenen Leistungspotenzen relativ gut einschätzen. Er wusste, dass er seinen Mitschülern auf geistigem Gebiet überlegen war. Aber er litt darunter, dass er seine Fähigkeiten im Unterricht selten zeigen konnte und dass er weder von der Lehrerin noch von den Mitschülern eine seines Erachtens angemessene Wertschätzung erhielt. Für die anderen Jungen der Klasse hatte der Sport, insbesondere das Fußballspiel, den höchsten Stellenwert[3]. Für dieses Hobby hatte Felix aber kein Interesse, und so konnte er unter den Jungen auch nicht „mitreden". Felix war zudem körperlich kleiner und schwächer als die meisten anderen Jungen seiner Klasse. Um aus der von ihm „zum Verzweifeln" empfundenen Situation herauszukommen, entwickelte er die „Strategie", im Unterricht den Klassenclown zu spielen. Er wollte durch witzige Zwischenrufe auf sich aufmerksam machen und die Anerkennung seiner Mitschüler gewinnen. Seine „Strategie" ging jedoch nicht auf. Von der Lehrerin wurde er wegen seines „*vorlauten und frechen Verhaltens*" gerügt, seine Mitschüler reagierten mit Unverständnis und werteten sein Auftreten als überheblich. Somit blieben Felix' Signale unverstanden und es bestand die

---

[3] Dies ist offenbar eine typische Wertorientierung unter Grundschulkindern. *Nickel* führt sie darauf zurück, dass Körperkraft und psychomotorische Leistungsfähigkeit in diesem Alter einen sehr bedeutsamen Zuwachs erfahren. Typisch ist für Kinder dieses Alters z. B., dass sie beginnen, erstmals ihre Kräfte und Geschicklichkeit mit anderen zu messen (vgl. *Nickel* 1981, S. 85).

Gefahr, dass ernsthafte Schwierigkeiten in seiner Persönlichkeitsentwicklung, wie z. B. eine oppositionelle Haltung gegenüber der Schule oder Isolierung von Gleichaltrigen, nicht auszuschließen waren. Zudem drohte Felix' ursprünglich vorhandenes großes Interesse für mathematische Knobeleien ins Gegenteil, in Desinteresse, umzuschlagen, da Beschäftigung mit Mathematik für ihn die als langweilig empfundene „Schulmathematik" bedeutete.

Mathias

Noch problematischer als Felix' bisherige Entwicklung ist der kindliche Werdegang des achtjährigen Mathias, den ich über eine Lokalzeitung kennen lernte, an die sich Mathias' hilflose Mutter wandte. *„Mathias gab in der 1. Klasse nur eine Stippvisite, wechselte schon nach sechs Wochen in die 2. Klasse und knobelt jetzt in der 3. Klasse schon mit Schülern aus vierten Klassen montags in einem Mathezirkel. Im März nahm er an der zweiten Runde des Rektorpokals für Mathematik der Universität Greifswald[4] teil.*

Die Erzieherinnen im Kindergarten hatten der Mutter ... den Rat gegeben, mit dem Jungen einen Psychologen aufzusuchen. Grund dafür war sein widersprüchliches Verhalten. Einerseits konnte er als Dreijähriger Wörter in Großbuchstaben lesen und Zahlen bis zehn sicher addieren. Andererseits benahm er sich wieder wie ein Baby, konnte sich nicht mehr allein an- und ausziehen oder die Schuhe zubinden. Unterforderung war der Grund für Mathias' Verhalten. Von nun an wurde er während der Kindergartenzeit schulpsychologisch begleitet. Die Mutter hatte Mathias auf die Schule vertröstet, *als er bat, die Kleinbuchstaben zu lernen. Er tat es dennoch, mit der Fibel seiner älteren Schwester. Mit vier Jahren rechnete er auf dem Weg in den Kindergarten lieber die Hausnummern zusammen, als den Spatzen im Gebüsch zuzuschauen. Mit fünf Jahren konnte er die Schulausgangsschrift lesen, kurze Sätze in Großbuchstaben schreiben, beherrschte die vier Grundrechenarten im negativen Bereich. Er konnte etwas mit Mark und Pfennig, Kilometern und Metern anfangen und begann erste Versuche in der Bruch- und Prozentrechnung.*

Als Mathias eingeschult wurde, langweilte er sich. Deshalb gestattete die Lehrerin, dass Mathias im Unterricht Selbstgewähltes las. Er wählte als Selbstbeschäftigung das Buch 'MS-DOS mühelos' und das Englischbuch der Schwester. Schließlich der Wechsel in die 2. Klasse.

Schule wird ihm immer langweilig, wenn wiederholt wird. Er verweigert die Arbeit bei Routinearbeiten. Er arbeitet wieder mit, wenn ein neues Thema bearbeitet wird. Zu Hause überraschte er die Mutter kürzlich mit einem Alarmton, als sie abends Licht in seinem Zimmer machte. Er hatte eine Alarmanlage mit Fotoelement gebaut. Der Computer ist sein Lieblingsspielzeug. Aber ebenso fährt er mit seinem Freund Fahrrad auf dem Hof. Seine beste Freundin allerdings wohnt in Halle. Mit ihr tauscht er Knobelaufgaben aus." (zitiert aus der „Ostseezeitung" vom 6.7.1994)

In dieser Schilderung werden mehrere Besonderheiten von Mathias angesprochen, die bereits zu ernsthaften Problemen führ-

---

[4] An diesen Wettbewerb für mathematisch begabte Schüler der dritten bis sechsten Klassenstufe beteiligen sich jährlich mehrere hundert Schüler aus zehn verschiedenen Kreisen Mecklenburg-Vorpommerns.

ten: In der Schule erlebt er wie Felix häufig den Widerspruch zwischen „Wollen" (einer außergewöhnlichen Wissbegier) und „Können" einerseits und „Nichtdürfen" bzw. „Nichtgefordertsein" andererseits. Hierunter leidet er sehr, wie mir seine Mutter glaubhaft versicherte. In einem Gespräch erklärte mir Mathias selbst seine zunehmend ablehnende Haltung gegenüber der „*langweiligen Schule*".

Weiterhin ist Mathias wiederum ebenso wie Felix unglücklich darüber, dass er in seiner Klasse keine richtigen Freunde hat und dass seine Interessen für Mathematik und für Computer von anderen gleichaltrigen Kindern nicht geachtet werden.

Schließlich ist bei Mathias ein Widerspruch zwischen seiner offensichtlichen geistigen Hochbegabung und seinem Unvermögen, übliche soziale Normen und Verhaltensweisen einzuhalten, auffällig. So konnte ich mit Mathias nachmittags nicht zusammenarbeiten, weil er nicht in der Lage war, zu einem bestimmten Zeitpunkt an einem vereinbarten Treffpunkt zu sein. Er hat nach Aussage seiner Lehrerin generell Schwierigkeiten, morgens pünktlich in der Schule zu sein, da er ständig „vor sich hinträumt". So ist auch Mathias' Lehrerin ratlos. Die Mutter versucht nun, ihren Sohn auf bessere individuelle Fördermöglichkeiten ab dem fünften Schuljahr zu vertrösten. Somit ist insgesamt gesehen Mathias' Situation unbefriedigend. Meines Erachtens besteht sogar die Gefahr, dass sich Mathias' Begabung nicht entfalten kann und u. U. die genannten Widersprüche in seiner Persönlichkeitsstruktur sich noch weiter verschärfen.

Kirsten

Kirsten gehörte vom ersten Schultag an im Fach „Mathematik" zu den leistungsstärksten Schülern ihrer Klasse. In unserem Förderprojekt arbeitete sie sehr aktiv mit und bewies vielfach ihre hohe mathematische Leistungspotenz. So erreichte sie beispielsweise in einem von mir entwickelten „Indikatoraufgaben-Test" (vgl. *Käpnick* 1998a und Abschnitt 2) einen Spitzenwert. Demgegenüber schätzte ihre Klassenlehrerin Kirstens Leistungen im Fach „Deutsch" nur mit der Note „3" ein. Insbesondere ihr sprachliches Ausdrucksvermögen war mangelhaft. So hatte sie Schwierigkeiten, in vollständigen Sätzen zu sprechen. Beim Erzählen unterliefen ihr viele grammatikalische Fehler. Im Endergebnis dieser großen Diskrepanz zwischen mathematischen und sprachlichen Fähigkeiten waren sich die Eltern und die Klassenlehrerin darüber sehr lange unschlüssig, ob Kirsten ab der fünften Klassenstufe an einem Gymnasium lernen könne.

An unserem Förderprojekt nahmen mehrere Kinder mit ähnlich gravierenden Unterschieden zwischen der mathematischen und der sprachlichen Leistungsfähigkeit teil. Die Beispiele belegen, dass die Annahme eines Generalfaktors der Intelligenz offenbar nicht auf alle Kinder zutrifft. Vielmehr bestätigen sie *Schaarschmidts* und *Häusers* Untersuchungen, wonach es schon in früher Kindheit Indizien für eine bereichsspezifische Begabungsentwicklung gibt (vgl. *Häuser/Schaarschmidt* 1991). Um Ursachen und Zusammenhänge dieser Leistungsdiskrepanz zu klären, könnten Annahmen der Hirnforschung hilfreich sein:

Kirsten ist Linkshänderin, und eine Analyse zeigte auf, dass sie viele der Eigenschaften besaß, die Kognitionspsychologen und Mediziner Linkshändern aufgrund der Annahme, dass die Händigkeit Ausdruck einer bestimmten Lokalisation geistiger Fähigkeiten im menschlichen Gehirn ist, zuweisen. So dominieren nach *Wendel* oder *Sattler* bei Linkshändern häufig synthetisches, ganzheitliches und vernetztes Denken sowie räumliches Wahrnehmungsvermögen, während demgegenüber sprachliche Kompetenzen oft weniger ausgeprägt sind (vgl. *Wendel* 1993, S. 63; *Sattler* 1994, S. 120). Dementsprechend wies Kirsten während der Projektarbeit nach, dass sie ein hervorragendes räumliches Wahrnehmungs- und Vorstellungsvermögen besitzt. Weiterhin konnte sie schnell und tiefgründig Beziehungen zwischen verschiedenen Aufgabenbedingungen erfassen und diese in komplexe Zusammenhänge einordnen oder bekannte Lösungsmuster auf neuartige Probleme übertragen. Die Annahme über Beziehungen zwischen der Händigkeit und der funktionellen Hemisphärenasymmetrie ist jedoch in der Hirnforschung gegenwärtig umstritten. Auch ich kann aus unseren Projektgruppen Beispiele dafür anführen, dass es auch rechtshändige Kinder gibt, deren Leistungen auf mathematischem Gebiet bedeutend besser sind als die im sprachlichen Bereich. Insofern kann ich hier lediglich konstatieren, dass es mehrere mathematisch begabte Dritt- und Viertklässler mit auffällig schwächeren sprachlichen Leistungen gibt. Die theoretischen Erklärungen für dieses Phänomen sind z. Z. jedoch noch unzureichend.

Ron

Rons besonderes Interesse für Mathematik zeigte sich schon ab seinem dritten Lebensjahr. Seitdem ist er von Zahlen fasziniert. Das Vorwärtszählen lernte er schnell und betrieb es immer wieder mit Leidenschaft. Während im Kindergarten andere Kinder im Sandkasten spielten, zog er es oft vor, sich allein auf eine Bank zu setzen und unentwegt zu zählen. Am Ende merkte er sich jeweils die letzte Zählzahl und zählte beim nächsten Mal von dieser Zahl ab weiter. Bis zum Ende seiner Kindergartenzeit kam Ron auf diese Weise bis zu einer sechsstelligen Zahl. Als er in die erste Klasse kam, konnte er schon einen Großteil der Lehrplanforderungen für den Mathematikunterricht des ersten Schuljahres und teilweise des zweiten und dritten Schuljahres problemlos erfüllen. Seit dem Grundschulalter ist sich Ron sicher, dass er als Erwachsener den Beruf eines Mathematikers ausüben will. Wenn im Mathematikunterricht anspruchsvolle Problemaufgaben gelöst werden sollen, zeigt Ron sein erstaunliches mathematisches Leistungspotential. Während sich andere Kinder noch um das Verstehen der Aufgaben-

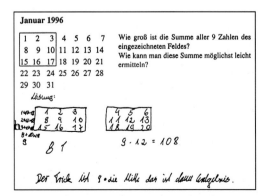

Abb. 1: Rons Lösung zur „Kalenderblatt-Aufgabe" (aus: *Käpnick* 1998 b, S. 15)

bedingungen bemühen, hat Ron meist schon eine oder mehrere erfolgreiche Lösungsstrategien probiert. Ihm gelingt es, schon in der Phase der ersten Informationsaufnahme einer mathematischen Aufgabe wesentliche Strukturen zu erkennen und Beziehungen zu Bekanntem herzustellen. Selbstständig und schnell entwickelt er dann in fast allen Fällen richtige und z. T. anspruchsvolle Lösungsideen (vgl. Abb. 1). Hierbei kommt ihm sicher auch zugute, dass er sich außerhalb des Unterrichts intensiv mit Mathematik beschäftigt. Andererseits ist er im Mathematikunterricht häufig unterfordert. Außerdem leidet er – wie Felix – darunter, dass seine besonderen mathematischen Leistungen und Interessen, auf die er sehr stolz ist, im Denken und Handeln seiner Mitschüler nur einen relativ geringen Stellenwert einnehmen. Hinsichtlich der von seinen meisten Mitschülern (vor allem von den Jungen) hoch angesehenen Bereiche „Sport" und „Basteln" kann Ron aber nicht mit den „besten" Schülern seiner Klasse mithalten. Es verwundert und bedrückt ihn, anders als andere Kinder zu sein. Traurig analysiert er für sich selbst: *„Alle haben Freunde, die im Sport gut sind. Dass ich in Mathe so gut bin, ist für sie unwichtig."*

Ich halte es für bemerkenswert, dass Ron als Grundschulkind fähig war, aus seiner eigenen Analyse heraus ein durchaus vernünftiges und für ihn erfolgreiches Selbstkonzept zu entwickeln: Er „passte" sich zum einen in gewisser Weise seinen Mitschülern an, spielte mit ihnen Fußball und sammelte ebenso Fußballbilder, die er mit anderen Jungen tauschte. Hieran hatte er nach anfänglicher Skepsis auch durchaus Spass, und er lernte dabei, die Interessen der anderen Kinder zu verstehen und sie zu akzeptieren. Andererseits beschäftigte er sich außerhalb des Unterrichts nach wie vor am liebsten mit mathematischen Aufgaben. Er nahm mit Freude an unserem Förderprojekt teil und lernte hier Kinder kennen, die ein ähnliches Interesse an der Mathematik wie er hatten. Der Gedankenaustausch mit diesen Kindern über mathematische Knobeleien wie auch über Interessen und damit zugleich Wertorientierungen war m. E. für sein eigenes Selbstwertgefühl wichtig. Darüber hinaus war es für ihn bedeutsam, von den Lehrern und den Eltern Anerkennung zu erhalten. Dies geschah vermutlich in zumindest einem solchen Maße, dass Ron mit seiner spezifischen sozialen Situation im Grundschulalter insgesamt relativ gut umgehen konnte.

Mike

Mike ist, wie Felix, ein sehr temperamentvoller, äußerst aktiver, vielseitig interessierter und begabter Schüler. Im täglichen Mathematikunterricht und in unseren Förderstunden fielen darüber hinaus vor allem zwei Besonderheiten auf. *Zum einen* löste Mike Problemaufgaben bevorzugt intuitiv und erhielt auf diese Weise oft verblüffend schnell Lösungen, die zudem meist originell waren. Er schätzte selbst ein: *„Ich probiere es nicht. Man muss die Lösung sehen. Wenn ich verstehe, was gemeint ist, dann finde ich die Lösung meist sofort. Das kann ich gut."* Auf diese Weise fand er z. B. zur „Einstein-Aufgabe"[5]

---

[5] Die „Einstein-Aufgabe" entnahm ich aus: *Lehmann* 1980, S. 63

(vgl. Abb. 2) innerhalb von etwa drei Minuten eine richtige Lösung, während demgegenüber die meisten anderen Kinder unseres Projektes hierfür etwa 30 Minuten benötigten. *Zum anderen* hatte er eine „chaotische" Heftordnung. Lösungswege oder Zwischenergebnisse schrieb er meist gar nicht auf (was aufgrund seines Denkstils auch nicht möglich war). Mike änderte seinen Denk- und Arbeitsstil bis zur vierten Klasse nicht, obwohl ihm hierdurch immer wieder Fehler unterliefen, ihm bei Kontrollarbeiten Punkte für nicht notierte Zwischenschritte abgezogen wurden, und obwohl seine Lehrerin ihn regelmäßig kritisierte.

> Auch dann, als A. Einstein (1879 bis 1955) schon in der ganzen Welt berühmt war, hat er nicht aufgehört, den Lesern der „Frankfurter Zeitung" mathematische Probleme zu stellen, wie z. B. das Folgende:
> Die neun abgebildeten Kugeln stellen Eckpunkte von vier kleinen und drei großen gleichschenkligen Dreiecken dar. Man soll die Ziffern 1 bis 9 in die einzelnen Kugeln so einschreiben, dass die Summe in jedem von diesen sieben Dreiecken immer die gleiche ist.
>
>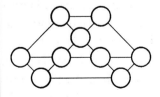

Abb. 2: „Einstein-Aufgabe"

Inzwischen geht Mike in die siebte Klasse eines Gymnasiums. Seinen Denk- und Arbeitsstil beim Lösen mathematischer Problemaufgaben hat er beibehalten, was letztlich zu einer weiteren Verschärfung seiner besonderen Problematik führte. In dem von ihm besuchten Mathematikunterricht, der vor allem auf eine systematische Stoffvermittlung und auf den Erwerb sicherer Rechenfertigkeiten zielt, kann er seine kreativen „Stärken" kaum zur Geltung bringen. Demgegenüber werden seine „Schwächen" hart bestraft [6]. So werden ihm bei Klassenarbeiten regelmäßig viele Punkte abgezogen, weil Zwischenergebnisse fehlen. Hierunter leidet der Junge sehr. Sein großes Interesse an der Mathematik ging in der Zwischenzeit verloren. Im Unterricht fühlt er sich „gegängelt". Obwohl er meist nur noch durchschnittliche Noten erreicht, ist er nicht willens, sich dem „Unterrichtsstil" der Lehrerin anzupassen. Stattdessen hofft er auf einen Lehrerwechsel. Seine zweifellos vorhandene spezifische mathematische Begabung droht zu verkümmern.

Ein Gespräch mit mir nahm er zum Anlass nachzufragen, ob er auch noch als Siebtklässler an unserem Förderprojekt teilnehmen könne. Die Entwicklung von Mike zeigt insgesamt, dass der von ihm erlebte Schulunterricht und seine spezifische Begabungsausprägung offenbar nicht „zusammenpassen".

---

[6] Den Terminus „bestraft" verwende ich in diesem Zusammenhang bewusst, weil m. E. in dem von Mike besuchten Mathematikunterricht ein *„Lernen durch Belehren"* (vgl. *Winter* 1989, S. 4-5) dominiert. Die Lehrerin versucht offenbar, wie *Winter* diesen Unterricht kennzeichnet, *„nach Kräften, das Auftreten von Schülerfehlern zu unterbinden"*, anstatt mit (vermeintlichen) Fehlern konstruktiv umzugehen.

Zusammengefasst verdeutlichen die beschriebenen Besonderheiten in Biographien mathematisch begabter Grundschulkinder, dass es nicht einen Einheitstyp, sondern verschiedene Ausprägungen mathematisch begabter Kinder gibt. Häufig weisen diese Kinder sogar seltene individuelle Eigenarten auf, die somit nur schwer begrifflich zusammengefasst werden können (vgl. auch *Heller* 1990). Aus der Unkenntnis über Besonderheiten und dem Vorurteil „Um Begabte brauche man sich nicht zu kümmern, da diese Kinder sowieso schon bevorteilt seien und ohnehin ihren Weg allein gehen würden." (vgl. *König* 1986) resultiert dann vielfach ein unangemessener Umgang von Lehrern und von Mitschülern mit dem Anderssein der Begabten. Im Ergebnis entstehen nicht selten soziale Probleme.

In dieser Hinsicht gilt die Faustregel: Je höher die Begabung, desto mehr Schwierigkeiten haben die Kinder, in ihrem sozialen Leben einen angemessenen Platz zu finden (vgl. *Roedell* 1989, S. 15). Dabei zeigen sich immer wieder insbesondere zwei Probleme: Erstens bevorzugen mathematisch hochbegabte Kinder im Unterschied zu anderen gleichaltrigen Kindern, die ein breites Spektrum von (Spiel-)Tätigkeiten präferieren, oft bereits im Vorschulalter tendenziös geistige Tätigkeiten wie Lesen oder Knobeln mit Zahlen und Formen. Sie interessieren sich mitunter einseitig für spezielle mathematische, geographische, biologische oder historische Themen. Da sie wegen ihrer kognitiven Akzeleration selten adäquate Spielkameraden finden, sind sie oft schon frühzeitig auf sich selbst angewiesen (vgl. *Rost/Hanses* 1994, S. 215).

Ein zweites Problem des besonderen Tätigkeitsprofils extrem hochbegabter Kinder besteht offenbar darin, dass sich bei den Kindern eine große Diskrepanz zwischen dem Niveau ihrer intellektuellen Fähigkeiten und ihrer physischen Entwicklung herausbilden kann (vgl. *Roedell* 1989, S. 15). Im Seattle Projekt stieß man z. B. auf Vorschulkinder, die zwar schon wie Viertklässler lesen, aber noch nicht mit Papier und Bleistift umgehen konnten (vgl. ebenda).

3. Zum mathematischen Leistungspotential begabter Grundschulkinder

Während sich die im zweiten Abschnitt beschriebenen Fallstudien vor allem auf Besonderheiten in der allgemeinen Persönlichkeitsentwicklung mathematisch begabter Grundschulkinder (Entwicklung sozialen Verhaltens, Ausprägung von Einstellungen und Interessen, Temperamentseigenschaften ...) beziehen, werden in diesem Abschnitt exemplarisch prägnante Besonderheiten ihres mathematischen Leistungspotentials aufgezeigt. Die hier dargestellten Ergebnisse stammen aus dem Einsatz eines „Indikatoraufgaben-Tests" zur Erfassung des mathematischen Leistungspotentials mathematisch begabter Dritt- und Viertklässler (vgl. *Käpnick* 1998 a). In dieser Untersuchung wurden die Leistungen von 110 ausgewählten mathematisch potentiell begabten Dritt- und Viertklässlern mit den Leistungen gleichaltriger Kinder[7] zweier

---
[7] Diese Kinder werden im Folgenden als „Vergleichsschüler" bezeichnet.

kompletter Schulklassen, einer dritten und einer vierten Klasse, verglichen. Die Auswertung der Ergebnisse erfolgte mit Hilfe mathematisch-statistischer Methoden (Sicherung der Homogenität der Daten bzgl. Geschlecht, Alter, Klassenstufe und Ort; Testung auf signifikante Leistungsunterschiede; Diskriminanzanalysen, um eine „optimale Trennung" zwischen den Leistungen beider Schülergruppen zu ermitteln). Um nicht den Gefahren, die aus Unzulänglichkeiten und Einseitigkeiten statistischer Prozeduren resultieren können, „ausgeliefert" zu sein, wurden zugleich informelle Diagnoseverfahren (Beobachtungen, komplexe Analysen zu Schülerlösungen, Gespräche mit Kindern und Lehrern, einschließlich von Interpretationen entsprechender Transkripte und Videoaufnahmen) durchgeführt.

Erste Besonderheit

Fähigkeit zum Speichern (visuell oder akustisch gegebener) mathematischer Sachverhalte im Kurzzeitgedächtnis unter Nutzung erkannter mathematischer Strukturen

In der Untersuchung zeigte sich, dass mathematisch begabte Dritt- und Viertklässler Informationen zu mathematischen Sachverhalten schon in der unmittelbaren Phase der ersten Aufnahme und Speicherung der Informationen im Kurzzeitgedächtnis anders vorgehen als weniger begabte gleichaltrige Kinder. Während die Vergleichsschüler gegebene Informationen zunächst hauptsächlich „unsortiert" aufnehmen und sich dann schrittweise um Einsichten in mathematische Inhalte und Zusammenhänge bemühen, strukturieren mathematisch begabte Dritt- und Viertklässler die Sachverhalte meist sofort nach bestimmten mathematischen Gesichtspunkten. Auf diese Weise gelingt es den begabten Schülern, sich mehr Sachverhalte als andere Kinder und diese zugleich in einer höheren Qualität einzuprägen. Die begabten Schüler verschaffen sich damit schon in dieser Phase des Bearbeitens einer mathematischen Aufgabe einen wesentlichen Vorsprung gegenüber anderen gleichaltrigen Kindern.

Ein repräsentatives Beispiel hierfür ist die Art und Weise, wie sich Ron die Zahlen der Indikatoraufgabe 1c einprägte. In dieser Aufgabe hatten die Kinder 20 Sekunden Zeit, sich das folgende „Zahlenbild"[8] einzuprägen.

2	6	4	3
5		7	11
10	9	1	8

Abb. 3: Indikatoraufgabe 1c

Rons Kommentar zeigt exemplarisch, wie die meisten mathematisch begabten Dritt- und Viertklässler hierbei vorgingen:

---

[8] Das „Zahlenbild" wurde jedem Kind auf einem Blatt gegeben. Die Anforderung der Aufgabe bestand darin, sich jede Zahl und den jeweiligen Platz der Zahl einzuprägen und anschließend die Zahlen korrekt in ein leeres formgleiches Raster wieder einzutragen.
Diese Aufgabe kann als eine sehr anspruchsvolle Aufgabe zum Einprägen von Zahlen eingeschätzt werden, da im Ergebnis zahlreicher psychologischer Untersuchungen festgestellt wurde, dass man nur etwa sieben bis acht Items im Kurzzeitgedächtnis speichern kann (vgl. z. B. *Anderson* 1989, S. 134)

Ron: *„Ich habe es mir einfach gemerkt. Also ich hab' mir bei jeder Reihe so'n kleines System gemacht.* (Ron spricht jetzt sehr schnell) *Also hier waren 2, 6, 4, 3, und da habe ich mir gemerkt 2, 3, 4 und 5 auslassen und 6 hinschreiben. Und bei der zweiten Reihe habe ich mir 5 plus 2 gemerkt, ist 7. Und 7 plus das Doppelte von 5 plus 2 plus 2 ist ... 7, ist 11. Und bei der letzten Reihe: 10, dann 9 und dann blieben ja nur noch 1 und 8 übrig."*

Zweite Besonderheit

„Mathematische Phantasie" basierend auf einer ausgeprägten Sensibilität für Zahlen, geometrische Figuren und operative Verknüpfungen und verbunden mit der Fähigkeit zum Strukturieren

Mathematisch begabte Dritt- und Viertklässler „spielen" wie offenbar die meisten Kinder dieses Alters (vgl. *Käpnick* 1998a, S. 255-258) gern mit Zahlen und geometrischen Formen. Sie sind im Vergleich zu weniger begabten gleichaltrigen Kindern aber weitaus fähiger, vielfältige phantasiereiche Muster bzw. Strukturen zu gegebenen Figuren- oder Zahlenanordnungen zu entwickeln. Als Beispiel sollen hierfür die Lösungen der Kinder für die Indikatoraufgabe 4a dienen[9].

---
[9] Bei der Aufgabeninstruktion wurde den Kindern zum besseren Verständnis der Aufgabenanforderungen eine Beispiellösung vorgegeben.

Im untenstehenden Dreieck kann man Besonderheiten in der Anordnung der Zahlen entdecken.

Welche Besonderheiten erkennst du in der Anordnung der Zahlen? Gib für 3 erkannte Besonderheiten Zahlenbeispiele an und beschreibe die Besonderheit jeweils in einem Satz!

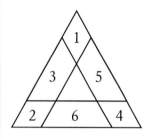

Abb. 4: Indikatoraufgabe 4a

Die Auswertung erbrachte, dass etwa zwei Drittel der Vergleichsschüler keine sinnvolle mathematische Struktur in der gegebenen Dreiecksanordnung erkannten. Die Aufgabe erwies sich auch für die mathematisch potentiell begabten Kinder als anspruchsvoll, gleichwohl etwa 80 % dieser Kinder zumindest eine sinnvolle Zahlenstruktur und mehr als 20 % mindestens zwei Zahlenstrukturen richtig angeben konnten.

Kennzeichnend für die vielfältige mathematische Phantasie der begabten Kinder sind die folgenden, insgesamt zehn verschiedenen erkannten Strukturen, die diese Kinder für die Aufgabe nannten:

— Wenn man die beiden „Eckzahlen" einer Dreiecksseite addiert, erhält man stets die „Mittezahl" der Dreiecksseite als Summe.

– Addiert man zu einer „Eckzahl" einer Dreiecksseite die „Mittezahl" der gegenüberliegenden Dreiecksseite, dann erhält man stets die gleiche Summe (bei den vorgegebenen Zahlen die Summe 7).

– Die Summe der drei „Eckzahlen" ist stets gleich der Summe aus der Zahl einer Ecke und der „Mittezahl" von der der Ecke gegenüberliegenden Seite.

– Im Dreieck ist die Summe der drei „Mittezahlen" doppelt so groß wie die Summe der drei „Eckzahlen".

– Auf der unteren Dreiecksseite sind drei gerade Zahlen, die oberen drei Zahlen sind ungerade Zahlen.

– Wenn man alle drei Zahlen einer Dreiecksseite addiert, erhält man stets eine gerade Zahl.

– Im Dreieck ist die Summe der beiden links gelegenen Zahlen 5, die Summe der beiden in der Mitte liegenden Zahlen 7, und die Summe der beiden rechten Zahlen beträgt 9. Die Summen ergeben von links nach rechts gelesen eine Folge von ungeraden Zahlen: 5, 7, 9.

– Die Differenz der beiden unteren „Eckzahlen" ist gleich der Differenz der beiden darüberliegenden „Mittezahlen". (In der vorgegebenen Zahlenanordnung ist diese Differenz jeweils 2.)

– Die Summe der beiden unteren „Eckzahlen" ist 6, die Summe aus der dritten „Eckzahl" und der „Mittezahl" der unteren Dreiecksseite ist 7, die Summe der beiden restlichen „Mittezahlen" ist 8. Die drei Summen vergrößern sich jeweils um 1.

– Die Folge der drei „Eckzahlen" (gelesen in der kreisförmigen Anordnung entgegen dem Uhrzeigersinn) ist: 1, 2, 4. Jedes nachfolgende Glied ergibt sich durch Verdoppeln des vorherigen Gliedes.

Beim Lösen weiterer Aufgaben zeigte sich dann immer wieder, dass es den mathematisch begabten Dritt- und Viertklässlern aufgrund ihrer ausgeprägten mathematischen Phantasie und ihrer Fähigkeit zum Strukturieren sehr häufig gelingt, verschiedene originelle Lösungsideen zu entwickeln, aus denen nicht selten sehr effektive Lösungsstrategien resultieren (vgl. *Käpnick* 1998 a).

Insgesamt zeigte die Auswertung des „Indikatoraufgaben-Tests", dass sich mathematisch begabte Dritt- und Viertklässler von weniger begabten gleichaltrigen Kindern vor allem hinsichtlich folgender Fähigkeiten signifikant voneinander unterschieden:

– Fähigkeit zum Speichern mathematischer Sachverhalte im Kurzzeitgedächtnis unter Nutzung erkannter mathematischer Strukturen,

– mathematische Phantasie,

– Fähigkeit im Strukturieren mathematischer Sachverhalte,

– Fähigkeit im selbstständigen Transfer erkannter Strukturen,

– Fähigkeit im selbstständigen Wechseln der Repräsentationsebenen und

– Fähigkeit im selbstständigen Umkehren von Gedankengängen beim Bearbeiten mathematischer Aufgaben.[10]

Anzumerken ist, dass diese Merkmalskennzeichnung tendenziösen und hypothesengenerierenden Charakter hat. Zugleich konnte ich hinsichtlich der genannten mathematischen Fähigkeiten feststellen, dass es unter den Grundschulkindern schon verschiedene individuelle Begabungsausprägungen gibt (vgl. *Käpnick* 1998 a, S. 200-209).

4. Empfehlungen für eine angemessene Förderung mathematisch begabter Grundschulkinder

Aufgrund der Komplexität der Begabungsproblematik einerseits und der Spezifik jedes begabten Kindes andererseits ist es nicht möglich, allgemeine Empfehlungen im Sinne von „Rezepten" für die Förderung dieser Kinder zu formulieren. Die folgenden „Empfehlungen" sind deshalb lediglich als einige tendenziöse Orientierungen für einen angemessenen Umgang mit mathematisch begabten Grundschulkindern aufzufassen.

---

[10] Damit entspricht diese Kennzeichnung in etwa Merkmalslisten, die *Krutetskii* (1976) und *Kießwetter* (1985) für mathematisch begabte Schüler im Sekundarstufenalter aufstellten.

1. In den Fallbeispielen ist mehrfach deutlich geworden, dass sich mathematisch begabte Kinder vielfältige Kontakte zu Gleichaltrigen wünschen. Diese Kontakte sind sogar unverzichtbar, um verschiedene Einstellungen, Interessen und Wertvorstellungen kennen und achten zu lernen, und um von dieser Sicht aus das eigene „Ich" besser verstehen zu können. Deshalb sollten mathematisch begabte Kinder möglichst viel mit anderen gleichaltrigen Kindern gemeinsam lernen. Dabei sollten ihnen aber auch Möglichkeiten eingeräumt werden, ihre speziellen Leistungspotenzen zu entwickeln und diese für das gemeinsame Lernen in der Klasse zu nutzen. Hierfür bieten sich z. B. kleine Vorträge zu einem anspruchsvollen Thema oder das Vorstellen einer anspruchsvollen Knobelaufgabe im Rahmen einer „Hobbymesse" an, auf der jedes Kind über seine Hobbys berichten kann. Unter Umständen wäre es auch möglich, in Übungsphasen oder bei einer Projektarbeit besonders leistungsstarken Kindern die zeitweilige Leitung einer Lerngruppe zu übertragen. Bezüglich der genannten Vorschläge konnte ich im Rahmen unseres Förderprojektes sehr positive Erfahrungen sammeln. Hierzu gehörte, dass sich die anfängliche Skepsis einiger Grundschullehrer gegenüber dem Förderprojekt bald legte, und sich die Zusammenarbeit mit den Lehrern inzwischen sehr konstruktiv entwickelte.

2. Um jedes Kind entsprechend seinen Möglichkeiten angemessen fördern zu können, bedarf es einer vorhergehenden

und einer prozessbegleitenden gründlichen Diagnose. Da mathematisch begabte Kinder oft seltene individuelle Eigenarten aufweisen, sind solche Diagnosen für diese Kinder häufig kompliziert. Einschätzungen auf der Basis von Klassenarbeiten oder von unterrichtlichen Beobachtungen reichen meist nicht aus – auch, weil ein einzelnes Diagnoseverfahren generell unzulänglich ist. Empfehlenswert erscheint deshalb eine Synthese mehrerer verschiedener Verfahren wie spezieller Tests zur Erfassung mathematischer Fähigkeiten und zur Erfassung allgemeiner Intelligenz, Unterrichtsbeobachtungen sowie Einschätzungen zur gesamten Persönlichkeitsentwicklung eines Kindes. Gegebenenfalls sollte ein Lehrer hierbei einen Psychodiagnostiker, einen Entwicklungspsychologen oder einen Mathematikdidaktiker zu Rate ziehen.

3. Die Förderung der mathematischen Begabung eines Kindes sollte stets mit einer entsprechenden Entwicklung der gesamten kindlichen Entwicklung einhergehen. Diese Grundorientierung begründet sich darauf, dass es oft zu erheblichen Problemen in der gesamten kindlichen Entwicklung kommen kann, wenn Wechselbeziehungen zwischen mathematischer Begabungsentwicklung und gesamter Persönlichkeitsentwicklung zu wenig beachtet werden (vgl. hierzu z. B. die Entwicklung von Mathias).

4. Das Problem der permanenten Unterforderung mathematisch begabter Kinder im Unterricht ist offenbar zu einem großen Teil auf ein traditionelles kleinschrittiges Lernen mit allen Kindern einer Klasse zurückzuführen. Um der vermutlich zukünftig noch weiter zunehmenden Leistungsheterogenität im Grundschulunterricht entsprechen zu können, bedarf es deshalb einer veränderten Unterrichtskultur. Kinder sollten generell nicht länger als Objekte der Stoffvermittlung und Belehrung behandelt werden, sondern sie müssen sich als Subjekte ihres Lernens selbst verwirklichen können. Mathematisch begabte Kinder brauchen dabei – wie alle Kinder – prinzipiell Freiräume für das „Einbringen" ihrer Vorkenntnisse, für das Ausprobieren eigener Wege und für das Entwickeln individueller Denk- und Arbeitsstile.

5. Wenn mathematisch begabte Kinder im täglichen Mathematikunterricht nur in einem begrenzten Umfang individuell gefördert werden können, sollten – wie in anderen Begabungsbereichen – zusätzliche Fördermaßnahmen angeregt werden. Hierfür bieten sich ggf. Teilnahmen an einer mathematischen Arbeitsgemeinschaft und an einem Schülerwettbewerb an. Aufgrund der mehrfach angesprochenen Wechselbeziehungen zwischen der Förderung der mathematischen Begabung und der Entwicklung der gesamten Persönlichkeit sind m. E. aber Einzelunterricht, spezielle „Mathematikförderklassen" (auch „D-Zug-Klassen" genannt) sowie das Überspringen einer Klassenstufe in einzelnen Fächern (z. B. in den Fächern „Mathematik", „Deutsch" und „Sachunterricht",

während in den übrigen Fächern der Unterricht mit gleichaltrigen Kindern erfolgt) kritisch einzuschätzen.

Im Rahmen unseres Projektes habe ich bisher durchweg gute Erfahrungen hinsichtlich einer stärkeren Einbeziehung mathematisch begabter Kinder im täglichen Unterricht (im oben beschriebenen Sinne) sowie hinsichtlich der regelmäßigen Teilnahme der Kinder an einem außerunterrichtlichen Förderprojekt gesammelt. Weil m. E. die Kinder auf vielfältige Weise gefordert wurden und Möglichkeiten hatten, ihre Potenzen im Förderprojekt und im Unterricht stärker „einzubringen", zeigten sich *zum einen* auch vielfach positive Auswirkungen auf ihre gesamte Persönlichkeitsentwicklung. Die Kinder wirkten meist zufriedener, und wir registrierten, dass es ihnen zunehmend besser gelang, ihr eigenes Leistungsvermögen realistisch einzuschätzen, mit eigenen Misserfolgen angemessen umzugehen wie auch Leistungen von Mitschülern anzuerkennen. *Zum anderen* berichteten uns mehrere Lehrerinnen, dass die Kinder mit der Vielfalt ihrer Ideen den gesamten Unterricht bereicherten, wovon letztlich alle Beteiligten profitieren konnten.

Deutlich ist allen Beteiligten jedoch ebenso geworden, dass die Förderung mathematisch begabter Kindern ein hohes Maß an mathematischer, psychologischer und soziologischer Sensibilität und Kompetenz erfordert. Um in der Schulpraxis diesbezüglich insgesamt Fortschritte erreichen zu können, bedarf es m. E. einer noch stärkeren Berücksichtigung dieser Thematik in der Lehreraus- und Lehrerfortbildung, aber auch einer breiteren, von Vorurteilen freien Diskussion unter Lehrern und Eltern.

Literatur

Anderson, J. R. (1989^2): Kognitive Psychologie: Eine Einführung. Heidelberg: Spektrum-der-Wissenschaft-Verlagsgesellschaft.

Häuser, D. (1989): Zu Grundlagen der Sprachentwicklung im Vorschul- und frühen Schulalter. Berlin: Akadaemie der Pädagogischen Wissenschaften (unveröffentlichte Habilitationsschrift).

Heller, K. A. (1990): Die Münchner Längsschnittstudie zur Hochbegabung und einige Folgeprojekte. – In: *Wagner, H.* (Hrsg.), Begabungsforschung und Begabtenförderung in Deutschland 1980 – 1990 – 2000. Bad Honnef: Bock, S. 34-45.

Käpnick, F. (1996): Mathematisch interessierte und begabte Grundschulkinder. Das Neubrandenburger Projekt. Zentralblatt für Didaktik der Mathematik, H. 5., S. 136-142.

Käpnick, F. (1998a): Mathematisch begabte Kinder. Frankfurt/M.: Lang.

Käpnick, F. (1998b): Mathematisch begabte Kinder: Bewundert, beneidet, mißverstanden und häufig „links liegen gelassen". Grundschulunterricht, H. 6, S. 14-17.

Kießwetter, K. (1985): Die Förderung von mathematisch besonders begabten und interessierten Schülern – ein bislang vernachlässigtes sonderpädagogisches Problem. Der mathematische und naturwissenschaftliche Unterricht (MNU), H. 5, S. 300-306.

König, G. (1986): Begabung und Begabungsförderung – ein Literaturüberblick über neuere Erkenntnisse unter besonderer Berücksichtigung der mathematischen Begabung Zentralblatt für Didaktik der Mathematik, H. 3, S. 81-98.

Krutetskii, V. A. (1996): The psychology of mathematical abilities in school children. Chicago: University of Chicago Press.

Lehmann, J. (1980): Kurzweil durch Mathe. Leipzig: Verlag für populärwiss. Literatur.

Nickel, H. (1981³): Entwicklungspsychologie des Kindes- und Jugendalters. Bern: Huber.

Radatz, H. (1995): Leistungsstarke Grundschüler im Mathematikunterricht fördern. Hannover (unveröffentlichtes Manuskript).

Roedell, W. C./Jackson, N. E./Robinson, H. B. (1989): Hochbegabung in der Kindheit. Besonders begabte Kinder im Vorschul- und Grundschulalter. Heidelberg: Asanger.

Rost, D. H./Hanses, P. (1994): Besonders begabt: Besonders glücklich, besonders zufrieden? Zum Selbstkonzept hoch- und durchschnittlich begabter Kinder. Zeitschrift für Psychologie, H. 4, S. 379-399.

Sattler, B. (1994⁴): Das linkshändige Kind in der Grundschule. Donauwörth: Auer.

Selter, Ch./Spiegel, H. (1997): Wie Kinder rechnen. Leipzig: Klett.

Stapf, A. (1988): Die Entwicklung hochbegabter Kinder im Vorschul- und Schulalter, oder: Warum es für viele Hochbegabte nach der 4. Klasse schon zu spät ist. – In: Europäische Konferenz „Begabungen gefragt!" (Hrsg.), „Begabungen gefragt!" Offizieller Konferenzbericht. Salzburg, S. 86-92.

Wendel, S. (1993): Möglichkeiten der differenzierten Erziehung mathematisch besonders befähigter Schüler im mittleren Schulalter. Frankfurt/M: Lang.

Winter, H. (1989): Entdeckendes Lernen im Mathematikunterricht. Braunschweig: Vieweg.

Hans Wielpütz

Das besondere Kind im Mathematikunterricht – Anmerkungen aus der Sicht einer reflektierten Praxis, Beobachtung und Beratung *

> *Wir wissen heute soviel mehr vor allem*
> *über das einzelne Grundschulkind.*
> Peter Sorger 1991

1. Einleitung

Ist es möglich, Mathematik zu unterrichten? So hat *André Revuz* einmal gefragt und schließlich wie folgt geantwortet: „Ich bin sicher, es ist unmöglich, Mathematik zu unterrichten. In gewissem Sinne kann man Mathematik ernsthaft nur sich selbst beibringen. Sie anderen zu unterrichten, kann nur bedeuten, günstige Bedingungen zu schaffen, damit sie sie sich selbst aneignen können."

Wenn diese Einschätzung zutrifft, muss man dann schlussfolgern, dass besondere Kinder besonders günstige Bedingungen benötigen? Wie könnten solche Bedingungen aussehen: in personeller, in inhaltlich-materialer, methodischer, interaktiver, in zeitlicher Hinsicht? Sind solche Bedingungen denkbar? Sind sie auch erfüllbar?

Gibt es in der Schule überhaupt ein Bewusstsein für die Tragweite des Zitats schon hinsichtlich der Kinder, die wir gemeinhin nicht zu den besonderen zählen? Zum Attribut „besonders" notiert der DUDEN (Bd. 10, S. 136) u. a.: deutlich besser, deutlich schlechter als sonst üblich. Bezogen auf unsere Thematik hieße das etwa: Kinder mit besonderen, mit besonders guten oder mit besonders ungünstigen Lernvoraussetzungen.

Rheinberg findet solche üblicherweise in Untersuchungen beschriebenen Kinder schon fast etwas langweilig. Interessanter erscheinen ihm z. B. Schüler, die trotz *unter*durchschnittlicher Testintelligenz nahezu durchschnittliche Schulleistungen schaffen, keinerlei Lernbeeinträchtigungen oder gar Anstrengungsvermeidung zeigen, sondern statt dessen Spass an den Unterrichtsfächern haben, sich einiges zutrauen und (schulischen) Belastungssituationen handlungsorientiert begegnen (*Rheinberg* 1997, S. 220).

„Besonders" ließe sich auch so deuten, dass Kinder mit besonders originellen Einfällen, Vorstellungen oder Lösungswegen gemeint sind oder Kinder, die, wie Lehrerinnen und Lehrer mitunter berichten, in Verbindung mit geometrischen Fragestellungen deutlich bessere Leistungen zeigen als in der Arithmetik.

---

* *Überarbeitete Fassung eines Vortrags vor dem Arbeitskreis „Grundschule" in der GDM am 9. 11. 1997 in Tabarz/Thüringen*

Unter gewissen anthropologischen und pädagogischen Gesichtspunkten wird man möglicherweise proklamieren, dass jedes Kind ein besonderes sei. Und einer solchen normativen Auffassung wird man im Grundsatz kaum widersprechen können. „Günstige Bedingungen für *alle* Kinder zu schaffen" und damit für jedes einzelne, ist im Sinne des Eingangszitates eine überzeugende Leitvorstellung.

Richtlinien und Lehrpläne unterstreichen deshalb auch, dass jedes Kind ein Recht auf Förderung (konkret auch im Förderunterricht) hat. § 8 (2) der Ausbildungsordnung Grundschule (NRW) führt dazu aus:

„Der Förderunterricht soll grundsätzlich allen Schülerinnen und Schülern zugute kommen. Er trägt *insbesondere* dazu bei, dass auch bei Lernschwierigkeiten die grundlegenden Ziele erreicht werden. Darüber hinaus unterstützt er die Entwicklung *besonderer* Fähigkeiten und Interessen" *(Jehkul/Brabeck/ Scheffler* 1998, S. 106, Hervorhebung *H. W.).*

Ohne die eine oder andere Deutung gering zu schätzen, möchte ich das Thema so verstehen, dass besondere (individuelle) Lernbedingungen im Zentrum der Überlegungen stehen. Mithin konzentriere ich mich auf Kinder mit besonders günstigen bzw. besonders ungünstigen Lernvoraussetzungen.

Die leistungsmäßige Einordnung erscheint dabei eher vordergründig. Stattdessen wird man bei besonderen Kindern vor allem an *besondere Erfordernisse und Formen der Verständigung* denken, an Probleme inhaltlicher, sozialer und zeitlicher Passung, in negativer Ausprägung an die Gefahr kognitiver Vernachlässigung, vielleicht sogar an Einsamkeit.

Verständnis ist eine, wenn nicht *die* zentrale Kategorie in einem Mathematikunterricht, der vom Kind *und* vom Fach aus gedacht und entworfen wird.

Verstehen des Verstehbaren sei ein Menschenrecht, haben *Wittenberg* und *Wagenschein* stets betont. Und (der nicht nur lustige) *Christian Morgenstern* hat einmal klassisch formuliert, man sei nicht nur daheim, wo man seinen Wohnsitz habe, sondern da, wo man verstanden werde.

Wie beschreibt die Wissenschaft diese (besonderen) Kinder? Und wie – zum Vergleich – beschreiben sie Lehrerinnen und Lehrer, z. B. in Unterrichtsvorbereitungen oder in Gesprächen? Zu diesen Fragen möchte ich versuchen, Stellung zu nehmen. Die im Titel akzentuierte Sichtweise resultiert aus dem Nachdenken über eigenen und fremden Unterricht, aus Erfahrungen in der Aus- und Fortbildung sowie aus der Beratungstätigkeit als Schulleiter und Schulrat.

2. Besondere Kinder im unteren Leistungsbereich

Von Lernschwierigkeiten ist meist die Rede bei Wahrnehmung eines deutlichen Missverhältnisses zwischen Leistungen und Leistungserwartungen *(Zielinski* 1996, S. 369). Ohne dass man von einer homogenen Klasse von Phänomenen sprechen könnte, werden z. B. folgende Bedingungen gewichtet: mangelndes Instruktionsverständnis, mangelnde aufgabenspezifische Vorkenntnisse, wenig strukturiertes bereichsspezifisches Wissen, strategische Defizite, Gedächtnisprobleme, mangelnde Lernmotivation, nicht ausreichende Lernzeit, mangelnde Unterrichtsqualität, ungünstiges soziales Umfeld. *Grissemann* und *Weber* (1990, S. 29) sprechen u. a. von

– Schwächen in den kognitiven Stützfunktionen

– konkret-logischen Strukturierungsschwächen

– kulturtechnischen Störfaktoren

– Mängeln im rechnerischen Repertoire

– speziellen Rechenmotivationsstörungen

– Störungen im emotionalen Persönlichkeitsbereich.

In einem anderen theoretischen Modell (*Bauersfeld* 1993, S. 246) beruht neben der Interaktivität der Wissenskonstitution (also der sozialen Dimension) die Qualität interner kognitiver Prozesse auf der

– Vielfalt (Anzahl) und Differenziertheit verfügbarer subjektiver Erfahrungsbereiche,

– individuell verschiedenen Flüssigkeit des Aktivierungswechsels von einem subjektiven Erfahrungsbereich zu einem anderen und auf der

– Leichtigkeit des Bildens neuer subjektiver Erfahrungsbereiche durch das Herstellen von Beziehungen zwischen Elementen verschiedener vorhandener subjektiver Erfahrungsbereiche.

Diese Prozessqualität wäre dann bei lernschwachen Kindern spürbar beeinträchtigt oder eingeschränkt.

Lorenz und *Radatz* (1993) haben den Forschungsstand für den Mathematikunterricht ausgewertet, konkretisiert und an ausgewählten Beispielen Diagnose- und Fördermöglichkeiten in einem sehr gut lesbaren Handbuch zusammengestellt.

Ich wünschte und wünsche diesem Buch viele Leserinnen und Leser. Gleichwohl treffe ich in der Praxis auf Lehrerinnen und Lehrer mit solchen Kenntnissen und Förderkonzeptionen eher im Ausnahmefall. An Fortbildungsveranstaltungen zu dieser Thematik nehmen in Köln weniger als 10 % der Grundschullehrerinnen teil (Köln heißt: 150 Grundschulen, 40 000 Kinder, 2 000 Lehrerinnen und Lehrer).

Zweifellos haben Lehrerinnen und Lehrer ihre Sorgenkinder. Darüber schreiben sie in ihren Unterrichtsvorbereitungen und darüber sprechen sie sehr engagiert. Im Regelfall äußern sie sich jedoch weniger differenziert zu den *fachlichen* Aspekten. Sie haben offensichtlich andere und vergleichsweise größere Sorgen, wie die nachstehenden Beispiele zeigen (es handelt sich dabei um Auszüge aus schriftlichen Unterrichtsvorbereitungen zum Aspekt „besondere Kinder" im Lernbereich Mathematik; die Namen der Kinder wurden geändert):

- Als weiteres auffälliges Kind ist *Bastian* zu nennen. Er wiederholte die erste Klasse, hat aber immer noch erhebliche Probleme, auch nur den Grundanforderungen zu genügen. Die Ursache liegt vermutlich auch darin, dass er von seinem Elternhaus vernachlässigt wird. Häusliche Förderung, die Bastian dringend nötig hätte, wird ihm trotz mehrfacher und eindringlicher Bitten durch die Klassenlehrerin nicht gewährt. Er versäumt häufig Unterricht, weil er zu spät kommt oder gar nicht erst zur Schule geschickt wird. Außerdem wirkt er stets übermüdet und nicht belastbar (Klasse 2).

- *Philipp* ist ein schwacher Schüler, der Probleme mit der visuellen Wahrnehmung hat. So fällt es ihm schwer, sich auf den Schulbuchseiten zu orientieren. Die Schulung der visuellen Wahrnehmung innerhalb der Werkstatt ist daher für ihn besonders wichtig (Klasse 2).

- *Bülent*, der bereits den Schulkindergarten besuchte, fällt vor allem aufgrund seiner geringen Frustrationstoleranz und seiner unsteten Lernbereitschaft auf. In Phasen der Einzel- bzw. Partnerarbeit muss Bülent ggf. angehalten werden, produktiv alleine bzw. mit seinem Partner zusammenzuarbeiten. Je nach Aufforderung entzieht er sich der Arbeit, kann jedoch je nach Tagesverfassung durch individuelle Zuwendung zur Weiterarbeit angeregt werden. Streitereien am Nachmittag führen tendenziös zu einer Außenseiterrolle in der Klasse (Klasse 2).

- *Ingo* fällt aufgrund seines unkonzentrierten Verhaltens und durch seine hohe Ablenkbarkeit auf. Bedingt durch einen noch stark ausgeprägten Egozentrismus fällt es ihm schwer, sich in das allgemeine Unterrichtsgeschehen bzw. in die Partnerarbeit zu integrieren (Klasse 2).

- *Anja* ist für ihr Alter schon sehr weit entwickelt und zeigt ein vorpubertäres Verhalten, gepaart mit einem deutlichen Interesse am anderen Geschlecht. Da die anderen Kinder der Klasse sich aber vorwiegend noch für andere Dinge interessieren, stößt sie mit ihren Kussversuchen und verbalen Annäherungen bei den meisten Kindern auf Unverständnis. Da diese Dinge für Anja im Moment sehr wichtig sind, fällt es ihr schwer, ihre Aufmerksamkeit auf den Unterricht zu lenken (Klasse 4).

- *Lina* ist als sog. Kann-Kind in die Schule gekommen und scheint immer mehr überfordert zu sein. Die Handhabung einer Schere zum genauen und präzisen Schneiden fällt ihr sehr schwer. Ebenso schafft sie es nicht, Bilder genau auszumalen. Lesen und Schreiben sowie Rechnen im Zahlenraum bis 20 beherrscht sie sicher(!). Die Förderung der visuellen Wahrnehmung, der Motorik und des taktilen Sinns innerhalb der Werkstatt fördern sie hoffentlich in ihren Defiziten (Klasse 2, Hevorhebung *H. W.*).

Handelt es sich um ein Ergebnis offensiver Werbung oder hinterlässt die Schule auch ein Vakuum, das sich außerschulische Beratungsstellen mit teuren Therapieangeboten zunutze machen? In einem zweispaltigen Artikel vom 06. 03. 1997 (WDR 3 sendet präzise am Abend vorher) notiert der Kölner Stadtanzeiger im Fettdruck: Das Rechnen kann immer gelernt werden. In einem neuen Therapiezentrum wird verzweifelten Kindern und Eltern geholfen. Und: Fortbildungsangebote für Lehrer. Diagnose: zwei Stunden, 290 DM, monatliche Kosten 440 DM für einmal Training pro Woche, Gesamtdauer der Therapie ca. 2 Jahre. Gehört das besondere Kind ins Therapiezentrum?

In Übereinstimmung mit entsprechenden Befunden (z. B. *Sander* 1997, S. 262 ff.) kann ich beobachten:

Die Ziele, die Lehrerinnen und Lehrer verfolgen, richten sich in erster Linie auf die Unterrichtsregie und Unterrichtskontrolle sowie auf eine Beeinflussung des Arbeits- und Sozialverhaltens, bei meist jüngeren Lehrerinnen und Lehrern darüber hinaus auf (aus ihrer Sicht) attraktiven offenen Unterricht in Form von Wochenplanarbeit, Stationen- und Werkstattlernen. Dabei gilt das Arrangement bisweilen mehr als der Inhalt. Aus der Distanz nehmen Lehrerinnen und Lehrer zwei Klassen von Schülern wahr: gute und schlechte, ggf. noch eine Kategorie der „mittleren". Sie halten relativ stabil an ihrem Urteil fest. Die Ursache für Erfolg und Misserfolg wird vorrangig auf Begabung oder Anstrengung zurückgeführt.

Meist wird auch das Milieu als mitverantwortlich bezeichnet.

Mitleid und unterstützendes Verhalten gilt mehr dem Schulversagen, das man auf mangelnde Begabung zurückführt. Ärgerliche Reaktionen beziehen sich meist auf Kinder, die offensichtlich unter ihren Möglichkeiten bleiben (er könnte, wenn er wollte) oder, und das vor allem, auf Kinder, die den Unterricht stören.

Man kann an dieser Stelle generell feststellen, dass erzieherische Fragen, Probleme des Sozialverhaltens, der Umgang mit Störungen und anderen Widrigkeiten des Alltags einen großen Teil der Aufmerksamkeit und Kraft einer Lehrerin beanspruchen. *Vierlinger* bezeichnet im Handbuch Grundschule (*Haarmann* 1991, Bd. 1, S. 172) „gestörte Disziplin" als „Damoklesschwert über dem Lehrer".

Für nicht oder wenig zu beeinflussen halten Lehrerinnen und Lehrer geistige Fähigkeiten und das Milieu, aus dem die Kinder stammen. Für beeinflussbar hingegen halten sie Aspekte wie Arbeits- und Sozialverhalten, Anstrengungsbereitschaft und Interesse am Unterricht.

Insbesondere Lehrerinnen und Lehrer, die von der Wirksamkeit ihrer Lehrmethoden überzeugt sind, suchen die Ursache für störende Lernschwierigkeiten vornehmlich beim Kind und neigen dazu, sich von der Verantwortung für die weitere Förderung zu distanzieren. Dass Lernschwäche auch als Lehrschwäche, als fehlende oder unzureichende Passung von Lernangebot und Lernvoraussetzung gedeutet werden könnte, dringt kaum ins Bewusstsein.

Die erforderliche Zuversicht sowie eine tendenziell optimistische Einstellung zum Lernen findet man am ausgeprägtesten bei jüngeren Kolleginnen und Kollegen. Im Laufe ihrer Dienstzeit erfahren Lehrerinnen und Lehrer aufgrund der psycho-physischen Belastungen zum Teil erhebliche Einbrüche, die nur selten angemessen aufgearbeitet werden.

Arno Combe, der im Rahmen berufsbiographischer Fallstudien die Belastungserfahrungen von Lehrpersonen erforscht, führt hierzu aus, „daß auch „ambitionierte" Lehrkräfte an jenen Umschlagpunkt kommen, wo sie etwas verlieren, was die motivische Grundlage pädagogischer Professionalität auszumachen scheint: nämlich ein genuines, lebendig gehaltenes Interesse an Entwicklungsmöglichkeiten und auch Entwicklungsnöten von Kindern" (1996, S. 511). Zur Erläuterung zitiere ich aus einem kommentierten Interview mit einer 52-jährigen Grundschullehrerin:

„Manchmal am Ende der Ferien kommt es vor, daß ich mich wieder freue auf einen neuen Anfang." Aber schnell kommt es dann wieder zu einem Ausgezehrtsein der Kräfte und guten Vorsätze. „Dann", so sagt sie, „habe ich nur noch den Gedanken, nee, nicht nochmal alles von vorn. Mit diesen quirligen Kindern. Manchmal kann ich, ehrlich gesagt, Kinder nicht mehr riechen."

Was heißt das (fragt *Combe*): „Nicht nochmal alles von vorn?" Das heißt (so fährt er fort),

„daß sich diese Lehrerin kaum mehr in der Lage fühlt, sich auf die Herausforde-rung, ja das Abenteuer einzulassen, das eine ständig neue Einstellung auf neue Kinder bedeutet. ... Nicht nochmal alles von vorn, die immer wieder neue Zuständigkeit und Verantwortlichkeit für die Entwicklung von Kindern, nicht immer wieder die latente Angst, ob sie alle schließlich auf wunderbare und geheimnisvolle Weise Lesen lernen. Aber die Kinder sind ihr auch zu quirlig, zu aufmüpfig, zu unterschiedlich. ...
Diese Lehrerin kommt mit der Unterschiedlichkeit von Kindern nur schwer zurecht, mit einer Unterschiedlichkeit, die sich durch bloße Unterdrückung nicht mehr regulieren läßt. Was wir hier sehen ist pädagogischer Alltag, ein Ausdruck der Zuspitzung der Belastungssituation, die sich nicht auf irgendeine neurotische Disposition der Lehrerin als Person zurückführen läßt" (1996, S. 509 f.).

Nun sind Differenzerfahrungen von Pädagogen historisch ein Phänomen von erstaunlicher Kontinuität. Krisendiagnosen lassen sich in der Geschichte gleichsam als „basso continuo" nachweisen, wie *Tenorth* einmal formuliert hat (1992, S. 130). Es geht hier aber nicht einfach um Jammerkultur, um eine gemeinhin anzutreffende „pädagogische Klage- oder Krisenrhetorik". Und es geht auch nicht primär um *fachliche* Unterstützung.

Berufserfahrung geht potentiell einher mit einem schleichenden Verlust an Motivation und Engagement. Die Wahrnehmungen

---

Zitate in alter Rechtschreibung

sind zunehmend festgefahren. Und vieles spricht dafür, dass festgefahrene Wahrnehmungen die wahrnehmende Person selbst am meisten verändern. Jemand, der sich belastet oder zunehmend überlastet fühlt, sieht immer nur dasselbe.

Im BLK-Modellversuch „Elementare Schriftkultur" (*Dehn u. a.* 1996, S. 36 ff.) wird diesem Phänomen besondere Aufmerksamkeit gewidmet. Wenn Lernen sich nicht erschöpft in einer solistischen Auseinandersetzung mit dem Problem, sondern gebunden ist an die Interaktion mit anderen, so kann man folgern, dass auch Lehrerinnen und Lehrer vom regelmäßigen Austausch mit anderen profitieren: in Kleingruppen etwa, die sich dem annehmen, was als besonders schwierig gilt oder ratlos macht.

Der befürchtete lineare Zusammenhang zwischen dem Leistungsniveau eines Schülers, seinem Selbstwertgefühl und seiner Lernfreude ist möglicherweise (zunächst) nicht so ausgeprägt, wie man gemeinhin annimmt – zumindest scheint das für die Grundschule zuzutreffen. „Der durch schulische Erfahrungen potentiell tangierte Narzissmus des Kindes verhindert, dass schulische Leistungsinformationen direkt in entsprechende Selbstabwertungen münden" (*Fend* 1997, S. 361 ff.). Es gibt deutliche Hinweise auf defensive Prozesse. Offensichtlich verfügen Kinder über wirksame Abwehrstrategien. Gute Schüler meinen z. B., dass leistungsmäßig schwache Kinder traurig sein müssten. Die Attribution „Traurigkeit" findet sich aber in der Beschreibung lernschwacher Schüler durch Lernschwache nicht.

Die bereits erwähnte SCHOLASTIK-Studie von *Weinert/Helmke* u. a. stellt sogar eine allgemeine Tendenz zur Überschätzung der eigenen mathematischen Leistungsfähigkeit fest, die in ihrer Stärke von der dritten zur vierten Klasse abnimmt (1997, S. 381, 465 f.). Im gleichen Zeitraum steigt der Zusammenhang zwischen Schulnote und Selbstkonzept an.

Ferner weist die Studie darauf hin, dass ein offener Unterricht mit Freiheitsspielräumen soziale Vergleichsprozesse erschwert und „Leistungsnischen" schafft, von denen schwächere Schüler profitieren. In Klassen mit stärkerer Lenkung und geringer Differenzierung ist das anders.

Die Symptome und das Spektrum der Verständnisprobleme sind bekannt. Nach meinen Erfahrungen (auch mit schulischen Fördermaßnahmen im Einzelunterricht) sind nahezu alle Kinder hartnäckige „Zähler" mit erheblichen Beeinträchtigungen in den kognitiven Stützfunktionen (vor allem, was das Gedächtnis anbelangt) und einem Entwicklungsrückstand von bis zu drei Jahren (bezogen auf die Jahrgangsanforderungen).

Selbstverständlich sind diese Kinder im normalen Unterricht differenziert förderbar, aber nach meinen Beobachtungen (bei weitem) nicht ausreichend.

Da es hier um diffizile Verständigungsprozesse geht, brauchen diese Kinder nicht nur häufiger Kontakt. Sie benötigen vor allem das *ungestörte* Gespräch mit der Lehrerin/dem Lehrer; d. h. zum einen eine spürbar ruhigere Arbeitsatmosphäre und zum anderen die ungeteilte Aufmerksamkeit der Lehrperson (vgl. *Scherer* 1995, S. 120, 297).

Mitentscheidend ist der diagnostische Anteil (vgl. *Selter/Spiegel* 1997), der Tausch der unterrichtstypischen Rollen: ich möchte von *dir* lernen; sag' mir, wie *du* es machst oder: erst (das Kind) verstehen, dann (selbst) verstanden werden (*Wielpütz* 1998).

Ich weiß um die methodologischen Probleme und Einwände im Umfeld von Fehleranalysen. Gleichwohl nutze ich sie gezielt in Fortbildungsveranstaltungen, um Lehrerinnen und Lehrern zu zeigen, *„welch divergente Schülerkonstruktionen in der unterrichtlichen Interaktion entstehen können und wie bestürzend dauerhaft individuelle Fehlkonzeptionen das Unterrichtsgeschehen unkorrigiert überstehen"* (Bauersfeld 1993, S. 247, Hervorhebung H. W.).

Dazu ein krasses, gleichwohl authentisches Beipiel:

Soviel zunächst zu den besonderen Kindern im unteren Leistungsbereich.

Wie beschreibt nun die Wissenschaft die besonders leistungsstarken, die hochbegabten Kinder? Und wie – zum Vergleich – äußern sich Lehrerinnen und Lehrer in Unterrichtsvorbereitungen und Gesprächen?

3. Besondere Kinder im oberen Leistungsbereich

Besonders begabte Kinder unterscheiden sich (so z. B. *Heller/Hany* 1996, S. 482 f.) von eher durchschnittlich Begabten insbesondere in Bezug auf

- kognitive Neugier und Erkenntnisstreben

- höhere intellektuelle Denkfähigkeiten

- effizientere Informationsverarbeitungs- und Gedächtnisstrategien

- größere Selbstständigkeit im Urteilen und Stabilität der Denkabläufe

- kreative Problemlösungsmethoden, Persistenz beim Problemlösen

- aufgabenorientierte, intrinsische Leistungsmotivation

- internale Kontroll- und Selbstwirksamkeitsüberzeugungen

- realistische Einschätzung des Begabungsselbstkonzepts.

Diskutiert werden zum einen Modelle einer allgemein bzw. generell hohen Intelligenz und Begabung (z. B. bei *Rost* 1993, S. 3). Neuere Intelligenz- oder Begabungstheorien bevorzugen auch domänspezifische Konzeptionen. Als Beispiel sei das sog. multiple Intelligenzmodell von *Gardner* (1991) angeführt.

Varela versteht unter Intelligenz nicht mehr die Fähigkeit des Problemlösens, sondern die Fähigkeit, in eine mit anderen geteilte Welt einzutreten (1993, S. 111).

Anstelle von weiteren Definitionen, Kriterienmodellen und diesbezüglichen Einwänden verweise ich auf ein Stück Empirie, auf einen Erfahrungsbericht von *Bauersfeld* (1993, S. 257 ff.). Vor den Vergleichsfolien der Analysen vieler normaler Mathematikstunden schildert er seine Eindrücke aus dem Hamburger Förderprojekt für hochbegabte Schüler.

Hier wird offenkundig, dass der normale Mathematikunterricht diesen Schülern nicht nur wahrscheinlich keine angemessene kognitive Lernumgebung zu bieten vermag, sondern dass diesen Schülern vor allem der kommunikative Austausch „unter sich" verwehrt ist. „Der einsam konstruierende Lerner entwickelt sich nicht ohne „die Anderen" (*Bauersfeld* ebd., S. 246) – offensichtlich auch nicht ohne „seinesgleichen" (vgl. dazu auch *Sacks* 1985, S. 21).

Unter dem Titel „Gescheit sein" beschreibt *Braitenberg* (1985, S. 8) das Problem auf amüsante, aber auch auf drastische Weise: „Ob sie (gemeint sind die Menschen) es wahrhaben wollen oder nicht, sie rotten sich nach einem gemeinsamen IQ zusammen. Es gibt für jeden Menschen eine Iso-IQ-Schicht, in der er sich wohlfühlt, nach oben und unten abgegrenzt durch Verständigungsbarrieren."

Damit keine Missverständnisse entstehen: ich möchte nur zu bedenken geben, dass diese Schüler *auch* einen solchen Austausch „unter sich" benötigen. Ich plädiere nicht für „D-Zug-Klassen" oder andere separierende Modelle. Das ist auch nicht das Problem. Was den leistungsstarken Kindern in Regelklassen fehlt, ist nicht der Sozialverband in seiner üblichen und auch erforderlichen gesellschaftlichen Breite und Differenziertheit.

Wie äußern sich nun Lehrerinnen und Lehrer aus dem mir zugänglichen Erfahrungsbereich? Bei den nachstehenden Beispielen handelt es sich wiederum um Auszüge aus schriftlichen Unterrichtsvorbereitungen:

– *Marius* hat eine große mathematische Begabung. Er nimmt meist nicht am regulären Mathematikunterricht teil, sondern erlernt bereits das Einmaleins sowie schriftliche Rechenverfahren. Die Mitarbeit in der Geometriewerkstatt ist für ihn freiwillig (Klasse 2).

– *Niklas* ist ein hochbegabter Schüler. Dies zeigt sich insbesondere auch im Mathematikunterricht. Nach kurzem Aufenthalt im ersten Schuljahr ist er bereits in die zweite Klasse gewechselt. Niklas hat ständig viel weiter reichende Fragen und bearbeitet Problemstellungen, die häufig auch von seinen Eltern und Lehrern nicht auf Anhieb beantwortet werden können. Er interessiert sich sehr stark für Physik und darf an gymnasialen Arbeitsgemeinschaften teilnehmen. Niklas hat seinen eigenen „Rhythmus", d. h. es kommt manchmal vor, als trödele er herum. Bei genauerem Hinsehen stellt sich oft heraus, dass er über Dinge nachdenkt, die weit über das Geforderte hinausgehen (Klasse 4).

Nach meinen Beobachtungen gehören besonders leistungsfähige Kinder in der Regel nicht zu den unmittelbaren Sorgenkindern von Lehrerinnen und Lehrern (wie vergleichbar etwa besonders leistungsschwache), weder in kognitiver noch in sozialer Hinsicht. Sie scheinen überwiegend die Lehrerin zu entlasten. „Dass ich mich um ihn oder sie nicht so oft kümmern muss, verschafft mir Zeit und Gelegenheit für andere, die es nötiger haben." Das ist etwa der Tenor, der hin und wieder mit einem etwas unsicheren Bedauern kommentiert wird. Besonders leistungsfähige Kinder lösen ggf. mehr oder schwierigere Aufgaben, so sie zur Verfügung stehen. Bereitwillige unter ihnen werden zeitweise als Helferinnen und Helfer eingesetzt oder beschäftigen sich mit mehr oder weniger anregenden Freiarbeitsmaterialien.

Gelegentlich, das ist nach meiner Erfahrung aber eher die Ausnahme (vgl. dazu *Rost* 1993, S. 131, 155), werden auch Verhaltensauffälligkeiten erwähnt, die mit der Langeweile dieser Kinder, persönlichen Eigenarten, Handicaps oder aber mit sozialen oder kommunikativen Differenzen innerhalb der Lerngruppe erklärt werden. Beispiele:

— *Darius* zeichnet sich durch überdurchschnittliche Leistungen in Mathematik sowie durch ein breites Allgemeinwissen und einen differenzierten Wortschatz aus. Diese Überlegenheit lässt er andere Kinder jedoch häufig spüren, was ihm mittlerweile Schwierigkeiten dabei bereitet, in die Klassengemeinschaft integriert zu werden bzw. einen Partner zur Zusammenarbeit zu finden. Auch hier versuche ich, andere Kinder zu motivieren, mit Darius zusammenzuarbeiten (Klasse 4).

— *Marcel* hat seit seiner Geburt einen Hörfehler und trägt deshalb an beiden Ohren Hörgeräte. Damit er den Unterricht besser verfolgen kann, trage ich zusätzlich ein Gerät, das in Erarbeitungsphasen meine Stimme verstärkt und Nebengeräusche reduziert. In der Regel gleichen die Hörgeräte Marcels Hördefizit aus, und eventuell auftretende Verständnisprobleme werden durch seine rasche Auffassungsgabe ausgeglichen. Mitunter nutzt Marcel aber auch die Möglichkeit, sich durch Ausschalten seines Hörgerätes dem Unterricht zu entziehen. Dies geschieht besonders in Phasen, in denen er nicht selbstbestimmt oder lustbetont arbeiten kann. Marcel ist sehr lernbegeistert, liest viel und teilt seine Erfahrungen gerne anderen mit. Seine Frustrationsschwelle ist jedoch niedrig. Es fällt ihm schwer, sich auch einmal zurückzunehmen (Klasse 4).

Hin und wieder bekennen Lehrerinnen und Lehrer auch, dass sie sich durch Fragen gefordert, wenn nicht gar überfordert fühlen. Denkt man an den Sachunterricht, so sind es wohl nicht nur Fragen zur Arithmetik oder Geometrie, die um „intellektuell redliche" Antworten verlegen machen können. Sie werfen in verstärktem Maße das Problem einer kognitiv und sozial angemessenen Lernumgebung auf.

Eine Möglichkeit wäre die Einrichtung von Arbeitsgemeinschaften, die durch pädagogisch und kognitiv geeignete Tutoren aus der Sekundarstufe II betreut werden. Mit einem solchen Angebot ist indes die Frage nicht geklärt, was denn im regulären Unterricht (von montags bis freitags) förderlich geschieht.

Aus den USA liegen verschiedene pragmatische Modelle vor, die sich den Grundkonzepten „Anreicherung" (Enrichment) oder „Akzeleration" (Beschleunigung) zuordnen lassen (*Heller/Hany* 1996, S. 492 ff.; vgl. auch *Radatz* 1995, *Radatz/Rickmeyer* 1996).

Unter „Anreicherung" werden alle Arten der Ergänzung, Erweiterung und Vertiefung des regulären Curriculums durch neue Sachthemen, Lern- und Denkprozesse sowie Lernformen subsumiert, die besonders begabten Schülern nach oder neben der Bearbeitung des regulären Curriculums angeboten werden und die nicht zu einem beschleunigten Durchlaufen der regulären Schullaufbahn führen.

„Akzeleration" bedeutet hingegen vor allem ein rascheres Durcharbeiten des regulären

Curriculums in direkter Anpassung an das beschleunigte Lerntempo des jeweiligen Schülers/der jeweiligen Schülerin, was u. U. zu einer kürzeren Verweildauer in der jeweiligen Lerngruppe (und damit auch in der Grundschule) führen würde.

Nach meinen Erfahrungen kommt „Akzeleration" in Form von Überspringen einer Klasse vergleichsweise selten vor. Eltern sind mit einer solchen Entscheidung eher zurückhaltend. Bisweilen lassen Lehrerinnen und Lehrer zu, dass Kinder, ihren Vorkenntnissen und ihrem raschen Zugriff entsprechend, Inhalte des Lehrplans früher oder schneller bearbeiten.

Neben der Suche nach substantiellen Aufgabenformaten, die eine natürliche Differenzierung erlauben, besteht das Problem für Unterrichtende einerseits in einer sinnvollen Anreicherung, also im Auffinden geeigneter Zusatzangebote (aus verstreuten Quellen), andererseits in der Attraktivität und Akzeptanz solcher Angebote aus Sicht der betroffenen Kinder.

In der Arbeitsgruppe um *Weinert* wird der Umgang mit anspruchsvollen Textaufgaben als bedeutsames, jedoch vernachlässigtes Arbeitsfeld bewertet (z. B. von *Stern* 1997, S. 170). *Lorenz*, *Radatz* und *Winter* haben in einer Publikation von *Christiani* (1994) Vorschläge zur Arithmetik, zur Geometrie und zum sog. Sachrechnen unterbreitet. Besonders hingewiesen sei auch auf die grundlegende Arbeit von *Käpnick* (1998). Gehören solche (deutlich anspruchsvolleren) Aufgaben in die Schulbücher? Ich sehe keine andere Lösung. Den vorhandenen Entwicklungsunterschieden muss durch halbwegs entsprechende Angebote im Bereich der didaktischen Materialien Rechnung getragen werden.

Die bereits bestehenden Differenzen können sich über die leistungsstarken und lernschwachen Schüler hinaus noch einmal durch die sog. Integrationskinder im gemeinsamen Unterricht vergrößern. Gelegentlich stößt man diesbezüglich auf prekäre Formulierungen: „Die Aufnahme und Betreuung *behinderter Kinder in Regelschulen* – vor allem in Grundschulen – sollte nur in den Fällen erfolgen, in denen ein echtes Lernen mit den nichtbehinderten Kindern zusammen möglich ist. Lediglich eine soziale Betreuung Behinderter in Regelschulen hilft diesen Kindern nicht, und es wird wichtige Lernzeit im Sinne behindertenspezifischer Förderung versäumt. Gleichzeitig wird den nicht behinderten Schülerinnen und Schülern Lern- und Unterrichtszeit entzogen, wodurch der Bildungsgang der Grundschule gemindert wird." So eine Verlautbarung des VkdL, des Vereins katholischer deutscher Lehrerinnen auf der Bundeshauptversammlung 1997 (vgl. Katholische Bildung 10/97, S. 411).

Damit bin ich beim unvermeidlichen Zielkonflikt „Differenzierung vs. Integration" und den daraus resultierenden besonderen Anforderungen an Professionalität.

4. Zielkonflikt Differenzierung vs. Integration – Anforderungen an Professionalität

Über die bereits geschilderten besonderen Anforderungen hinaus, besondere Kinder im unteren bzw. oberen Leistungsbereich angemessen zu fördern, lautet das Dilemma: Wie lassen sich notwendige Differenzierung und erwünschte Integration als offensichtlich widerstreitende Zielsetzungen miteinander verbinden?

„Je weiter sich – als Ergebnis gelingender Differenzierung! – die kognitiven Horizonte der Kinder auseinander entwickeln, desto schwieriger wird es, überhaupt noch Unterrichtsvorhaben zu finden, in denen sich Integration ereignen kann. Situationen nämlich, in denen unterschiedliche Individuen über ein gemeinsames Unterrichtsthema sinnvoll miteinander kommunizieren und dabei wechselseitig voneinander profitieren können" (*Ramseger* 1994, zit. nach *Petillon* 1997, S. 294).

Gibt es einen Ausweg aus diesem Dilemma? Können besondere Kinder in jahrgangsübergreifenden Lerngruppen u. U. angemessener gefördert werden – mit unterschiedlicher Verweildauer etwa (wie in Stammgruppen des Peter-Petersen-Systems)?

Die Sonderpädagogen *Ahrbeck, Bleidick* und *Schuck* (1997, S. 761, 753) warnen davor, Differenzierung und Individualisierung allein organisatorisch bewältigen zu wollen. Dies bedeute eine Problemverkürzung. Auch die Schule für Lernbehinderte herkömmlichen Typs sei keine Alternative. Sie folge in der Regel *nicht* den ideal-typischen Vorschlägen individualisierenden Lernens und differenzierter Unterrichtsgestaltung. Die wesentliche Sozialform sei der frontale Klassenunterricht (mit einer Häufigkeit von 78 %), der nur durch Einzelarbeit unterbrochen werde.

Kleinere Klassen garantieren offenbar noch kein höheres Maß an Individualisierung. Mehr Leistungshomogenität schafft noch keine günstigere Passung zwischen Angebot und Lernvoraussetzung.

Folgt man den Befunden, so erweisen sich heterogene Lerngruppen im Sinne der gemeinsamen Beschulung für lernschwache Kinder als förderlich, für „normal-lernende" ebenfalls als eher förderlich, keinesfalls jedoch als hinderlich. Dem steht (für Lernschwache) die Gefahr einer stärkeren emotionalen Belastung und sozialen Randstellung gegenüber. Dass dies nicht so sein muss, zeigen Versuche im gemeinsamen Unterricht sog. Integrationsklassen.

Die von der Integrationsbewegung erhobene Forderung nach gemeinsamen Lehrgegenständen, repräsentiert auf dem jeweiligen Entwicklungsniveau, wird hingegen kaum erfüllt. Die Hauptform der gezielten Förderung schwächerer Schüler ist Einzelarbeit, ggf. im Gruppenraum der Klasse, die als äußere Differenzierung bis zu einem Fünftel der Lernzeit ausmachen kann (*Dumke* 1991, zit. nach *Ahrbeck* u. a. 1997, S. 765 f.).

Die Grundschule, so die Reformer, müsse sich zu einer integrationsfähigen Schule entwickeln, die unter veränderter pädagogischer Konzeptbildung zugleich eine Schule heterogener Lerngruppen und individueller Bewertungsmaßstäbe wäre.

Jörg Ramseger schlägt vor, „die konkreten Möglichkeiten und das richtige Ausmaß von integrierenden und differenzierenden Maßnahmen in jedem einzelnen Unterrichtsvorhaben neu auszumitteln" (1992, S. 60, zit. nach *Ahrbeck* u. a. 1997, S. 762). Damit wird die Problemlösung in die jeweilige Unterrichtssituation verlagert.

Offenbar ist es möglich, die Ansprüche an Differenzierung „beinahe ad infinitum" zu treiben. Gehört die Überforderung von Lehrerinnen und Lehrern durch maßlose Anforderungen an didaktische Fertigkeiten womöglich zu den Missverhältnissen einer überzogenen Theorie und einer sich selbst ausgelieferten Praxis (*Ahrbeck* u. a. 1997, S. 745)?

Überforderte Lehrerinnen und Lehrer werden zu egalisierendem Unterricht neigen. Und damit wächst potenziell die Zahl der besonderen Kinder im unteren Leistungsbereich. Denn vermutlich erreicht egalisierender Unterricht mangels differenzierter Prozesse weniger Kinder und damit weniger Verständigung.

Lehrerinnen und Lehrer müssen in Person und Funktion vieles zugleich erfüllen können: erziehen, unterrichten, beraten, beurteilen, innovieren. Dabei hat jede dieser Funktionen ihren Eigenwert und kann durch besondere Fähigkeiten in einem anderen Bereich nicht einfach kompensiert werden.

Auf der Datenbasis der SCHOLASTIK-Untersuchung und ergänzender Erhebungen hat *Lingelbach* (1994, siehe *Weinert/Helmke* 1997, S. 472 f.) Kompetenzen erfolgreicher Lehrerinnen und Lehrer im Mathematikunterricht untersucht. Sie orientierte sich dabei am sog. Experten-Paradigma. In Übereinstimmung mit diesem Ansatz fand *Lingelbach*, dass besonders erfolgreiche Lehrerinnen und Lehrer neben einer reichhaltigen, curricular nutzbaren Wissensbasis auch über gute Klassenführungs-, Diagnose- und Instruktionskompetenzen verfügen.

Als entscheidend erwies sich dabei die Verbindung von deklarativem Wissen und prozeduralem Können. Dabei ist ungelöst, inwieweit Handeln vom verfügbaren Wissen abhängt und auf welche Weise Handeln umgekehrt den Aufbau professionellen Wissens beeinflusst (*Weinert/Helmke* 1996, S. 232). *Varela* spricht von einer zirkulären Tätigkeit, „in der Handeln und Erkennen, der Handelnde und das Erkannte, in einem unzertrennbaren Kreis miteinander verbunden sind" (1993, S. 91).

Die erhebliche Variationsbreite der professionellen Profile lässt den Schluss zu, dass erfolgreicher Unterricht auf individuell recht unterschiedliche, nicht aber auf beliebige Weise realisiert werden kann.

Derartige Resultate sind so plausibel, dass sie kaum überraschen können. Was also kann darüber hinaus im Hinblick auf das Mathematiklernen *aller* Kinder und damit auch der besonderen von überragender Bedeutung sein für ein Konzept erwünschter Professionalität?

„*Dem Kind in seinem Denken begegnen*" – so hat *Renate Valtin* ihre Antrittsvorlesung an der Humboldt-Universität (Berlin, 1993) überschrieben – das Kind als Subjekt seiner Lerntätigkeit begreifen, seine Sicht- und Denkweisen berücksichtigen und sich darauf einlassen, dass Kinder über qualitativ andere Systeme der Informationsverarbeitung und entwicklungsbezogene spezifische Kompetenzen verfügen (*Valtin* 1996, S. 173 ff.). Dabei gehe es nicht nur darum, effektivere Lern- und Bildungsprozesse in Gang zu setzen, sondern auch darum, Kindern das Recht einzuräumen, dass ihre Sichtweisen respektiert, gefördert und unterstützt werden. Trotz vielfältiger Bemühungen sei das Postulat der Kindorientierung *im didaktischen Sinne* kaum eingelöst, weil der Grundschuldidaktik eine adäquate Lerntheorie fehle.

Die Schlagworte vom „offenen Unterricht" und von der „Kindorientierung" hätten auch gefährliche Konsequenzen, wenn sie mit einem Verzicht auf strukturierte und/oder herausfordernde Lernangebote einhergingen. Es reiche nicht aus, eine anregende Lernumwelt „sozusagen als Selbstbedienungsladen" zu offerieren (ebd., S. 185). Nur: über welche Größenordnungen sprechen wir hier? Mit welchem Anteil ist ein solcher Unterricht, wie qualifiziert auch immer, in der Grundschule tatsächlich repräsentiert (vgl. *Brügelmann* 1997, S. 62 f.)?

Nach der sog. Verbeamtung werden Lehrerinnen und Lehrer in NRW im Regelfall nicht mehr revidiert und beraten – es sei denn, sie bewerben sich um eine Funktionsstelle. Das heißt mit anderen Worten: Die übergroße Mehrheit, ja nahezu alle fest angestellten Lehrerinnen und Lehrer unterrichten in NRW über drei Jahrzehnte hinweg ohne jedes professionelle Feed-back, wenn sie es nicht selbst organisieren oder zumindest eine Studentin bzw. eine Lehramtsanwärterin betreuen. Sorgt die Praxis für sich selbst?

In der Eingangsthese war von günstigen Bedingungen die Rede, damit Kinder sich die Mathematik selbst aneignen können. Bei aller Würdigung des „self-teaching", des „learning-self" – angesichts solcher struktureller Fakten in der beruflichen Biographie einer Lehrperson wird man zu den günstigen Bedingungen im Mathematikunterricht nicht nur die Aus-, sondern auch und vor allem die *Fortbildung* der Lehrkräfte zählen dürfen; darüber hinaus (wie bereits erwähnt) die Qualität didaktischer Materialien für einen differenzierenden Unterricht.

Und bei besonderen Kindern wird es vermutlich eine besonders professionelle Lehrerin (ein besonders professioneller Lehrer) sein müssen, die (der) die erforderliche Passung zwischen Kind und Angebot näherungsweise herzustellen vermag.

Ich sehe hier, in einer Erörterung und Sicherung didaktischer Essentials (vgl. *Sorger* 1991, *Selter* 1998), eine bedeutsame Aufgabe für Hochschule und den *schulfachlichen* Teil der Schulaufsicht (s. auch *Hopf/Nevermann/Richter* 1980, S. 379).

Jedes Netzwerk, das sich knüpfen lässt und sei es auch noch so klein, wird Bewusstsein fördern, Wirkungen erzielen und die Situation verbessern: für *alle* Kinder und damit auch für das *besondere* Kind im Mathematikunterricht.

Literatur

Ahrbeck, B./Bleidick, U./Schuck, K. D. (1997): Pädagogisch-psychologische Modelle der inneren und äußeren Differenzierung für lernbehinderte Schüler. – In: *Weinert, F. E.* (Hrsg.): Psychologie des Unterrichts und der Schule. Göttingen: Hogrefe, S. 739-769.

Bauersfeld, H. (1993): Mathematische Lehr-Lern-Prozesse bei Hochbegabten. Bemerkungen zu Theorie, Erfahrungen und möglicher Förderung. Journal für Mathematik-Didaktik H. 3/4, S. 243-267.

Braitenberg, V. (1985): Gescheit sein. In: *Michel, K. M./Spengler, T.* (Hrsg.), Kursbuch 80. Begabung und Erziehung. Berlin: Rowohlt, S. 1-9.

Brügelmann, H. (1997): Wie viele Lehrerinnen und Lehrer öffnen ihren Unterricht wirklich? Grundschulzeitschrift, H. 105, S 62-63.

Christiani, R. (Hrsg.) (1994): Auch die leistungsstarken Kinder fördern. Frankfurt/M.: Cornelsen Scriptor.

Combe, A./Helsper, W. (Hrsg.) (1996): Pädagogische Professionalität. Frankfurt/M.: Suhrkamp.

Dehn, M. u. a. (Hrsg.) (1996): Elementare Schriftkultur. Schwierige Lernentwicklung und Unterrichtskonzept. Weinheim: Beltz.

Fend, H. (1997): Schulleistung und Fähigkeitsselbstbild – Universelle Beziehungen oder kontextspezifische Zusammenhänge? Literaturüberblick. – In: *Weinert, F. E./Helmke, A.* (Hrsg.), Entwicklung im Grundschulalter. Weinheim: Beltz, S. 361-371.

Gardner, H. (1991): Abschied vom IQ. Stuttgart: Klett-Cotta.

Grissemann, H./Weber, A. (1990): Grundlagen und Praxis der Dyskalkulietherapie. Bern: Huber.

Haarmann, D. (Hrsg.) (1991): Handbuch Grundschule. Band 1. Weinheim: Beltz.

Haarmann, D. (Hrsg.) (1993): Handbuch Grundschule. Band 2. Weinheim: Beltz.

Heller, K. A./Hany, E. A. (1996): Psychologische Modelle der Hochbegabtenforschung. – In: *Weinert, F. E.* (Hrsg.), Psychologie des Lernens und der Instruktion. Göttingen: Hogrefe, S. 477-513.

Hopf, C./Nevermann, K./Richter, I. (1980): Schulaufsicht und Schule. Stuttgart: Klett-Cotta.

Jehkul, W./Brabeck, H./Scheffler, B. (1998): Verordnung über den Bildungsgang in der Grundschule (AO-GS). Kommentar für die Schulpraxis. Essen: Wingen.

Käpnick, F. (1998): Mathematisch begabte Kinder. Modelle, empirische Studien und Förderungsprojekte für das Grundschulalter. Frankfurt/M.: Lang.

Lorenz, J. H./Radatz, H. (1993): Handbuch des Förderns im Mathematikunterricht. Hannover: Schroedel.

Luhmann, N./Schorr, K.E. (Hrsg.) (1986): Zwischen Intransparenz und Verstehen. Fragen an die Pädagogik. Frankfurt/M.: Suhrkamp.

Maier, H./Voigt, J. (1994). (Hrsg.): Verstehen und Verständigung. Arbeiten zur interpretativen Unterrichtsforschung. Köln: Aulis.

Petillon, H. (1997): Zielkonflikte in der Grundschule: Literaturüberblick. – In: *Weinert, F. E./Helmke, A.* (Hrsg.), Entwicklung im Grundschulalter. Weinheim: Beltz, S. 289-298.

Radatz, H. (1980).: Fehleranalysen im Mathematikunterricht. Braunschweig: Vieweg.

Radatz, H. (1995): Leistungsstarke Grundschüler im Mathematikunterricht fördern. – In: *Müller, K. P.* (Hrsg.), Beiträge zum Mathematikunterricht. Bad Salzdetfurth: Franzbecker, S. 376-379.

Radatz, H./Rickmeyer, K. (1996): Aufgaben zur Differenzierung im Mathematikunterricht der Grundschule. Hannover: Schroedel.

Revuz, A. (1980): Est-il impossible d'enseigner les mathématiques? Paris.

Rheinberg, F. (1997): Individuelle Bedingungsfaktoren der Schulleistung: Kommentar. – In: *Weinert, F. E./Helmke, A.* (Hrsg.); Entwicklung im Grundschulalter. Weinheim: Beltz, S. 217-221.

Rost, D. H. (Hrsg.) (1993): Lebensumweltanalyse hochbegabter Kinder. Göttingen: Hogrefe.

Sacks, O. (1985): Ein sublim-geniales Idiotenpaar. – In: *Michel, K. M./Spengler, T.* (Hrsg.), Kursbuch 80. Begabung und Erziehung. Berlin: Rowohlt, S. 10-21.

Sander, E. (1997): Das Stereotyp des schlechten Schülers: Literaturüberblick. – In: *Weinert, F. E./Helmke, A.* (Hrsg.), Entwicklung im Grundschulalter. Weinheim: Beltz, S. 261-267.

Scherer, P. (1995): Entdeckendes Lernen im Mathematikunterricht der Schule für Lernbehinderte. Heidelberg: Edition Schindele.

Selter, Ch./Spiegel, H. (1997): Wie Kinder rechnen. Leipzig: Klett.

Selter, Ch. (1998): Ein Überblick über grundschulrelevante mathematikdidaktische Forschung. – In: Brügelmann, H./Fölling-Albers, M./Richter, S. (Hrsg.), Jahrbuch Grundschule. Seelze: Friedrich Verlag, S. 80-111.

Sorger, P. (1991): 25 Jahre Bewegung im Mathematikunterricht der Grundschule, doch was hat sich wirklich bewegt? – In: *Müller, K. P.* (Hrsg.), Beiträge zum Mathematikunterricht. Bad Salzdetfurth: Franzbecker, S. 133-140.

Stern, E. (1997): Erwerb mathematischer Kompetenzen: Ergebnisse aus dem SCHOLASTIK-Projekt. – In: *Weinert, F. E./Helmke, A.* (Hrsg.), Entwicklung im Grundschulalter. Weinheim: Beltz, S. 157-170.

Tenorth, H.-E. (1992): Laute Klage, stiller Sieg. Über die Unaufhaltsamkeit der Pädagogik in der Moderne. Zeitschrift für Pädagogik, 29. Beiheft, S. 129-139.

Valtin, R. (1996): Dem Kind in seinem Denken begegnen – Ein altes, kaum eingelöstes Postulat der Grundschuldidaktik. Zeitschrift für Pädagogik, 34. Beiheft, S. 173-186.

Varela, F. J. (1993): Kognitionswissenschaft – Kognitionstechnik. Frankfurt/M.: Suhrkamp.

Weinert, F. E. (Hrsg.) (1996): Psychologie des Lernens und der Instruktion. Göttingen: Hogrefe.

Weinert, F. E./Helmke, A. (1996): Der gute Lehrer: Person, Funktion oder Fiktion Zeitschrift für Pädagogik, 34. Beiheft, S. 223-233.

Weinert, F. E./Helmke, A. (Hrsg.) (1997): Entwicklung im Grundschulalter. Weinheim: Beltz.

Weinert, F. E./Helmke, A. (1997): Theoretischer Ertrag und praktischer Nutzen der SCHOLASTIK-Studie zur Entwicklung im Grundschulalter. – In: *Weinert, F. E./Helmke, A.* (Hrsg.), Entwicklung im Grundschulalter. Weinheim: Beltz, S. 459-474.

Weinert, F. E. (Hrsg.) (1997): Psychologie des Unterrichts und der Schule. Göttingen: Hogrefe.

Wielpütz, H. (1998): Erst verstehen, dann verstanden werden. Didaktische Selbsterfahrung im Mathematikunterricht. Grundschule, H. 3, S. 8-11.

Zielinski, W. (1996): Lernschwierigkeiten. – In: *Weinert, F. E.* (Hrsg.): Psychologie des Lernens und der Instruktion. Göttingen: Hogrefe, S. 369-402.

Jens Holger Lorenz

Das arithmetische Denken von Grundschulkindern

1. Landkarten, Straßen- und Zahlensinn

Als ich im Frühjahr 1996 an die Universität Leiden fuhr, um das dortige Forschungsprojekt zum „leeren Zahlenstrahl" zu besuchen, war ich nicht das erste Mal in Leiden. Einige Jahre vorher hatte ich eine Stippvisite in die Niederlande gemacht und war auf dem dortigen Hauptbahnhof angekommen, um einen Fußweg durch die bemerkenswerte Altstadt zu den Universitätsgebäuden zu machen. Dieses Mal kam ich allerdings mit dem Wagen an. Ich hatte keine genaue Vorstellung über den kürzesten Weg von der Autobahn bis zu meinem Zielgebäude und nahm deshalb die zweite Ausfahrt, die zum Hauptbahnhof führte. Von dort schlängelte ich mich mühsam durch kleine Straßen zur Universität (wie überall waren die Hauptstraßen durch Bauarbeiten blockiert). Ich war sehr überrascht zu erfahren, dass das Universitätsgebäude nur wenige Minuten von der ersten Leidener Autobahnausfahrt entfernt lag, an der ich vor mehr als einer Stunde vorbeigefahren war (für einen ähnlichen Fall eines persönlichen Umwegs vgl. *Clements*, 1992).

Was hat meine Fähigkeit, mich in einer fremden Stadt zu verirren, mit dem mathematischen Denken von Kindern oder Erwachsenen zu tun? Nun, es gibt eine Reihe interessanter Verbindungen:

Tatsächlich kam ich ja an der Universität Leiden an, allerdings in einer recht ineffizienten Weise, die eine ärgerliche Verschwendung von Zeit und Benzin für meinen Wagen auf der einen Seite und eine vergnügliche, wenn auch stockende Fahrt durch den alten Teil des Städtchens mit sich brachte.

Der Hauptgrund für den lästigen Umweg war, dass ich keine genaue kognitive Landkarte der relevanten Punkte von Leiden besaß. Ich war darauf zurückgeworfen, im wahrsten Sinne des Wortes, zu Fuß zu gehen, was, wie ich wusste, durchaus zum Ziel führen würde, wenn auch langsam und mühsam.

Meine lästige Fahrt zum Hauptbahnhof und von dort zur Universität (zurück) hat mir nicht geholfen, meine kognitive Landkarte von Leiden in irgendeiner Weise zu erweitern oder zu verfeinern. Was ich machte, wusste ich bereits im Voraus.

Selbst wenn ich mit meiner Frau und meinem zehn Jahre alten Sohn gefahren wäre, die zugegebenermaßen beide intelligenter sind als ich, und mit ihnen den Weg diskutiert hätte, wäre ich wohl kaum schneller am Ziel angelangt. Der Stadtplan von Leiden war weder in meiner noch in ihrer kognitiven Struktur enthalten. Keine sprachliche Information, kein elaboriertes visuelles Gedächtnis oder frühere episodische Erfahrungen waren uns zugänglich, die eine Basis für eine kreativere und elegantere Lösung des Fahrproblems zur Verfügung gestellt haben könnte. Ohne fundamentale Informationen waren wir (und sind es teilweise immer noch) vollständig ignorant, d. h. wir waren nicht in der Lage, eine brauchbare und problembezogene mentale Repräsentation zu erstellen. Auch eine Familiendiskussion hätte nicht darüber hinweggeholfen.

Hingegen hat die Unterhaltung mit einem Einwohner von Leiden, der ein kognitives Netzwerk der Straßen zur Verfügung hat, mir geholfen, zu einer plötzlichen Einsicht in die Verbindung zwischen den Plätzen der Stadt und zu einem übersichtsartigen Plan zu kommen, wenn auch nur einem groben.

In einer unbekannten Stadt herumzufahren oder herumzulaufen erinnert mich an meine frühen Erfahrungen mit Zahlen im Vorschulalter und in der Grundschule und an meine persönlichen, zaghaften Konstruktionsversuche von Rechenoperationen. Worauf ich mich beziehe ist „Zahlensinn":

„Ein anderer Weg, um die Idee des Zahlensinns zu erfassen, ist, es mit „Straßensinn" zu vergleichen. Eine Person, der ein Großteil von Straßensinn fehlt, mag die Lage von einigen Plätzen kennen oder sogar einen Weg, um dort hinzugelangen. Was ihr fehlt, ist ein geistiges Bild des Gebietes und die Flexibilität, darin herumzureisen. Auf der anderen Seite hat eine Person, die „Straßensinn" besitzt, ein integriertes geistiges Bild und ist in der Lage, die Richtungen und Abstände zu visualisieren, die zum Reisen an einen bestimmten Punkt nötig sind" (*Trafton,* 1992, S. 78-79; Übers. hier und im Folgenden J. H. L.).

Was im Folgenden diskutiert werden soll, ist die Rolle von Zahlensinn in der Entwicklung arithmetischer Strategien und des arithmetischen Denkens bei Kindern (und Erwachsenen). Eine besondere Rolle wird dabei der Beziehung zum Zahlenraum in der Anschauung zukommen. Der Sinn für Zahlen oder „Zahlensinn" (number sense) hat etwas mit Schätzen, mit dem direkten, intuitiven Ausloten von numerischen Beziehungen zu tun (im englischen wird dieser Aspekt unter ‚subitising' gefasst).

2. Frühes Rechnen

Wann beginnt die Entwicklung des Zahlensinns? Folgt man *Piaget* und seiner Theorie, dann kommt das Kind als geistig weißes Tuch auf die Welt, ohne kognitive Strukturen, ohne Wissen, ohne Erfahrung, schon gar nicht für Zahlen. Lediglich seine Fähigkeit zu lernen scheint ihm angeboren. Neuere Untersuchungen an Kleinkindern zeigen indessen Erstaunliches. Sehr junge Kleinkinder vom Alter von vier Monaten ab haben einen fundamentalen Sinn für Quantitäten (*Starkey/Cooper,* 1980). Zum Teil noch jüngere Kinder, wenige Wochen alt, haben unter unterschiedlichen experimentellen Bedingungen eine Sensitivität gegenüber numerischen Gegebenheiten ihrer Umwelt gezeigt, ja sogar die Fähigkeit, Anzahlen bis zu Vier mental zu repräsentieren (*Antell/ Keating,* 1983, *Starkey* u. a., 1990). Neuere Untersuchungen zeigen sogar, dass fünf Monate alte Babys die Effekte von Addition und Subtraktion auf die Anzahl der Objekte ihrer Umgebung bewußt wahrnehmen, zumindest für kleine Zahlen (*Wynn,* 1992 a, b, c). Im Alter von achtzehn Monaten beginnen Kinder auf die ordinalen Beziehungen zu reagieren, d. h. sie scheinen zu wissen, dass drei mehr als zwei sind und anderes mehr. Hierbei ist zu beachten, dass dieses „mehr als" oder „weniger als" von Kindern in diesem Alter wohl auf der Basis eines Verständnisses entschieden wird, das sich auf die Anzahlsbeziehungen bezieht, nicht hingegen auf die Dichte oder Ausdehnung der einzelnen Objekte. Da diese Fähigkeit nicht nur bei Kleinkindern, sondern auch bei einer Reihe von Tieren beobachtet wird, liegt die Annahme nahe, dass es sich um eine neuronale Gegebenheit handelt (vgl. *Geary,* 1994; *Dehaene,* 1997), die sich im Laufe der frühkindlichen Entwicklung weiter ausdifferenziert. So konnte nachgewiesen werden, dass Kinder im Alter von vierundzwanzig Monaten bis sechsunddreißig Monaten in der Lage waren, ein inneres Bild von drei bis vier Objekten aufzubauen. In einer Versuchsanordnung, bei der die Kinder selbst drei bzw. vier Tischtennisbälle in einen Kasten legten, dessen Inhalt nicht sichtbar war, suchten sie anschließend beim Wiederherausnehmen nur solange, bis sie die hineingelegten Bälle wieder herausgenommen hatten. Bemerkenswert ist hierbei vor allen Dingen, dass diese interne Repräsentation nicht durch sprachliches Zählen erreicht werden konnte, da die Kinder über diese Fähigkeit ja nicht verfügen (*Starkey,* 1992). *Starkey* nimmt hierbei an, dass Kinder eine Form bildhafter Strategien verwenden, um die Anzahlen von Objekten zu repräsentieren und um die numerischen Veränderungen in ihrer Umwelt zu verfolgen. Aber unabhängig von den spezifischen kognitiven Fähigkeiten, die diese Kinder verwenden, ist das Ergebnis der experimentellen Studien insofern überraschend, als Kinder schon im frühesten Alter einen fundamentalen Zahlensinn, zumindest einen Sinn für Quantitäten besitzen. Wichtig ist hierbei, dass dieser Zahlensinn auch ein intuitives Verständnis einfacher Additions- und Subtraktionshandlungen umfasst und weitestgehend unabhängig von dem Sprachsystem ist. Die betreffenden Ergebnisse wurden unabhängig von dem jeweiligen Kultur- und Sprachkreis nachgewiesen.

Im Alter von vier bis fünf Jahren verlassen sich die Kinder in sehr unterschiedlichen Kulturen auf das (sprachliche) Zählen bei einfachen arithmetischen Problemen (*Ginsburg,* 1982; *Hatano,* 1982; *Saxe,* 1985; *Siegler* und *Jenkins,* 1989). Die Verwendung des Zählens beim Lösen arithmetischer Probleme durch Kinder stellt ihre Form informellen Wissens dar, denn die Kinder benutzen diese Fähigkeiten ohne formale Unterweisung (*Baroody/Ginsburg,* 1986). Unabhängig von der Kultur verwendeten alle Kinder in den Untersuchungen ihre bereits existierende Zählfähigkeit und wendeten sie auf Situationen an, die eine Addition oder Subtraktion (oder andere arithmetische Operationen) verlangen. Allerdings ist die jeweilige Zählstrategie von dem Sprachkreis abhängig. So können aufgrund der Zahlnamen asiatische Kinder Zehnerstrukturen leichter erkennen und wenden sie aus diesem Grunde auch früher an, als Kinder westlicher Länder.

Vor dem Einfluss eines formalen Unterrichts gibt es interkulturelle Ähnlichkeiten bei der Entwicklung arithmetischer Strategien bei Kindern. Soweit bislang kulturelle Gruppen untersucht wurden, hat sich für die vier arithmetischen Operationen eine wichtige und fundamentale Gemeinsamkeit herausgestellt: Die Entwicklung arithmetischen Wissens ist nicht eine Angelegenheit, von einer weniger reifen Problemlösestrategie zu einer eher erwachsenen Strategie zu wechseln. Vielmehr verfügen die meisten Kinder zu jeder Zeit über eine Vielfalt von Strategien, arithmetische Probleme anzugehen. Sie können an ihren Fingern zählen, um ein Problem zu lösen, sie können eine Antwort auf das nächste Problem übertragen, sie können innerlich sprachlich zählen oder über auswendig gewusste Zahlensätze verfügen. Die arithmetische Entwicklung bei Kindern beinhaltet eine Änderung in diesem Strategiemix sowie eine Verbesserung der Genauigkeit und der Geschwindigkeit, mit der jede einzelne Strategie durchgeführt werden kann. Ein weiterer interessanter Punkt liegt darin, dass Kinder nicht willkürlich und zufällig eine Strategie auswählen, um dann beim nächsten Problem eine andere Strategie zu versuchen, sondern dass Kinder „oft in einer Weise unter ihren Strategien auswählen, dass die verwendete Strategie häufig bei Problemen verwendet wird, wo die Geschwindigkeit und die Genauigkeit der Strategie gegenüber anderen, ebenfalls verfügbaren Verfahren vorteilhaft ist" (*Siegler/Jenkins,* 1989, S. 497).

3. Strategien oder Verfahren?

In der neueren Literatur gibt es eine weit verbreitete und uneinheitliche Verwendung des Begriffs „Strategie". In unterschiedlichen didaktischen Forschungsrichtungen scheint das Konzept der „Lösungsstrategie" wesentlich mehr im Fokus der Aufmerksamkeit zu stehen als „Rechenverfahren", auch wenn ihre genaue Unterscheidung sich als schwierig erweist. Der Einfluss der (semantischen) Problemstruktur, der informellen Strategien und der Strategiewahl gibt, so glaubt man, im Gegensatz zu lediglich verfahrensmäßigem Rechnen und dem Auswendigwissen von Zahlensätzen Einblick in das Lösungsverhalten von Kindern (vgl. *Beishuizen,* 1997).

Vorläufig scheint es aber sinnvoll zu sein, unter Rechenverfahren bestimmte, unterscheidbare Wege zu verstehen, ein arithmetisches Problem zu lösen, hingegen unter Strategien eher die Flexibilität in der Auswahl von problemangemessenen Verfahren. Dies ist ähnlich der Unterscheidung von *Anderson* (1982) zwischen konzeptuellem und prozeduralem Wissen: „Prozedurales Wissen ist durch schrittweise Verfahren gekennzeichnet, die in einer bestimmten Sequenz ausgeführt werden; konzeptuelles Wissen beinhaltet ein reiches Netzwerk von Beziehungen zwischen Informationsstücken, die eine Flexibilität beim Erwerb und bei der Verwendung von Information beinhalten… Die primäre Beziehung im prozeduralen Wissen ist „anschließend", was die Verwendung von Unterverfahren und Überverfahren in linearer Weise sequentiert. Im Gegensatz hierzu ist konzeptionelles Wissen mit Beziehungen vielfältiger Art gesättigt" (*Carpenter,* 1986, S. 113). Trotzdem erscheint die Unterscheidung zwischen Rechenverfahren und Rechenstrategien entwicklungsabhängig, ähnlich wie dies bei der Unterscheidung zwischen prozeduralem und konzeptionellem Wissen beobachtbar ist: Strategien können sich zu automatisierten Verfahren verdichten, sie erlangen dann eine andere Wissensqualität.

4. Einige Gründe für Unterschiede in den arithmetischen Fähigkeiten

Die Erfahrung im Umgang mit Grundschulkindern, die, vermeintlich oder zu Recht, als rechenschwach eingestuft wurden, zeigt, dass die Entwicklung von arithmetischen Strategien notwendig verbunden mit dem Entstehen eines vorgestellten Zahlenraumes ist (*Lorenz,* 1992). Arithmetische Operationen wie Addition und Subtraktion, Multiplikation und Division sind danach Bewegungen in diesem individuell vorgestellten Raum.

Zugegeben, dieser sehr persönliche Zahlenraum ist von anderen nicht beobachtbar, und man hat selbst als Erwachsener häufig Schwierigkeiten, ihn zu beschreiben oder darüber zu sprechen. Trotzdem verfügen praktisch alle Erwachsenen, wenn sie sich einer sorgfältigen Selbstinspektion unterziehen, über einen solchen vorgestellten Zahlenraum. In ihm existieren keine einzelnen Zahlen, sondern Zahlen existieren nur in Verbindung mit anderen Zahlen. Die Zahl 15 kann nicht isoliert gesehen werden sondern nur als etwas, das zwischen 10 und 20 liegt und dort genau in der Mitte. In diesem Sinne ist das mentale Bild von Zahlen ein persönliches Konstrukt,

– das die geometrische Beziehung zwischen Zahlen, ihren Abstand also, abbildet,

– das einen Raum mit den Eigenschaften der Entfernung und der Nähe, sowie der Umgebung bildet,

– in dem arithmetische Operationen als Bewegungen repräsentiert werden und

– das letztlich auf der persönlichen (Schul-) Erfahrung und dem Umgang mit den Veranschaulichungsmitteln aufbaut.

5. Schätzen oder Zählen?

Wir sind praktisch von Geburt an in der Lage, Mengen von eins, zwei oder drei Objekten sofort zu überschauen. Wie Versuche zeigen (*Dehaene,* 1997) nimmt unsere Fähigkeit, die Anzahl einer Objektmenge zu bestimmen, mit größer werdenden Zahlen ab: Für die genaue Bestimmung muss gezählt werden. Dies heißt nun aber nicht, dass wir nicht in der Lage wären, Mengenanzahlen „ungefähr" zu bestimmen. Wir sind durchaus in der Lage, eine Menschenmenge abzuschätzen, auch wenn wir nicht wissen, ob es nun 81, 82 oder 83 Menschen sind. Trotzdem schätzen wir 80 oder 100. Solche Näherungen sind im Allgemeinen relativ valide, auch wenn unsere Schätzungen kontextabhängig sind, d. h. sich von der Form und Anordnung der Objekte beeinflussen lassen.

Als eine Regel lässt sich aber aufstellen, dass unsere näherungsweisen Bestimmungen bemerkenswert genau sind, was umso erstaunlicher ist, als wir selten Rückmeldungen im Alltag erhalten, ob unsere Schätzungen tatsächlich zutreffen. In Laboruntersuchungen hat sich aber gezeigt, dass ein einziger Hinweis („Bei dieser Menge handelt es sich um 200 Menschen" oder „Hier sehen Sie 75 Punkte") für die Bestimmung größerer oder kleinerer Zahlen einen Marker liefert, der zu zufriedenstellenden Schätzungen führt.

Eine weitere, unmathematische Eigenschaft unseres Denkens (bzw. unserer Vorstellung) besteht darin, dass wir weit auseinander liegende Anzahlen wie 80 und 100 leichter unterscheiden können als eng aneinander liegende Anzahlen wie 81 und 82. Unsere Wahrnehmung von Anzahlen zeigt einen Effekt der Relativität: Bei gleichem Abstand fällt es uns schwieriger, zwischen den Zahlen 90 und 100 zu unterscheiden als zwischen 10 und 20.

Den meisten, auch den Grundschulkindern, fällt es nicht schwer, zwischen den Anzahlen 10 und 13 zu unterscheiden. Können sie denn auch 20 und 23 mit ähnlicher Genauigkeit unterscheiden? Dies gelingt nur, wenn der Abstand relativ ähnlich ist: Die gleiche Genauigkeit erhält man beim schätzenden Unterscheiden zwischen 20 und 26. Dieses Multiplikationsprinzip oder auch „Skalargesetz" der Wahrnehmung und des Abschätzens von Anzahlen heißt nach dem deutschen Psychologen „Webers Gesetz". In einer Untersuchung von *Moyer* und *Landauer* (1967) konnte gezeigt werden, dass bei der Entscheidung, ob eine Zahl größer oder kleiner als eine andere ist, mit zunehmendem numerischem Abstand weniger Zeit benötigt wird. In sämtlichen Untersuchungen erwies sich die Reaktionszeit als logarithmische Funktion von dem (numerischen oder physikalischen) Abstand zwischen den beiden Zahlen. Dieser Abstandeffekt war unabhängig davon, ob die Darbietung in Form von Mengen, in physikalischen Parametern wie Linienabschnitten oder in arabischen Zahlen vorlag. Insbesondere der letzte Befund überrascht insofern, als er dem allgemein vermuteten Vorgehen und dem im Unterricht angebotenen Verfahren beim Vergleich von Zahlen widerspricht.

In einem Experiment sollten die Versuchspersonen bestimmen, ob die auf einem Bildschirm präsentierte Zahl größer oder kleiner als 65 war. Nun kann angenommen werden, dass die Versuchspersonen lediglich die Zehner verglichen um zu entscheiden, ob eine Größer- oder Kleinerrelation bestand. Dies hätte aber bedeutet, dass die Reaktionszeit bei der Zahl 59 und 51 gleich wäre, entsprechend bei 71 und 79. Dies ist aber keineswegs der Fall: Die Reaktionszeit ist eine Funktion des Abstandes von der 65, die Reaktionszeit bei 69 ist höher als bei 71 aber diese wiederum deutlich höher als bei 75 und entsprechend auch bei der Kleinerrelation. Auch hier war die Reaktionszeit eine glatte logarithmische Funktion des numerischen Abstandes zwischen der Zielzahl und der vorgegebenen Zahl, wobei keine Diskontinuität bei der Zehnerschranke beobachtet werden konnte (vgl. *Dehaene* et al., 1990; in diversen Versuchen bestätigt). Die vorliegenden Daten aus den Experimenten legen es nahe zu vermuten, dass „die ziffernmäßige Darstellung von Zahlen zuerst in einen internen Größencode auf einem analogen Medium entsprechend dem Zahlenstrahl konvertiert wird. Diese Übersetzung geschieht schnell und unabhängig davon, welche bestimmte Zahl codiert wird" (*Dehaene* u. a., 1990, S. 638).

Merkwürdig erscheinen diese Befunde bei jenen Versuchen, wo eine Übersetzung in eine Größe aufgrund der Aufgabenstellung gar nicht notwendig war. So konnte dieser Abstandseffekt auch dann beobachtet werden, wenn die Aufgabe lediglich darin bestand zu entscheiden, ob die Zahl gerade oder ungerade war (*Dehaene/Bussini/Girot*, 1993). Dieser sogenannte „SNARC"- Effekt (Special-Numerical Association of Response Codes) legt es nahe, dass Zahlen entsprechend ihrer *relativen* Größe auf einem internen Zahlenstrahl abgebildet werden. Diese Abbildung als relative Größe heißt, dass große Zahlen in der Vorstellung komprimiert werden, der Abstand bleibt nicht im mathematischen Sinne ein absoluter, sondern die Abstände verdichten sich in der Vorstellung. (Der Leser bzw. die Leserin möge selbst probieren, ob in der Vorstellung der Abstand zwischen 3000 und 7000 tatsächlich tausendmal so groß ist wie zwischen 3 und 7.)

Die intuitive, quasi automatische Abbildung von Zahlen auf einem vorgestellten Zahlenstrahl und damit das Denken von Zahlen in Form von Längenabschnitten bzw. Größen (im Gegensatz zu Mengen) konnte auch von *Gallistel* und *Gelman* (1993) nachgewiesen werden.

„Die Ergebnisse über die automatische Verbindung zwischen Zahlen und Raum führen zu einer einfachen, dennoch bemerkenswert kraftvollen Beschreibung für die mentale Repräsentation von numerischen Quantitäten: Das des Zahlenstrahls. Es ist, als ob Zahlen geistig auf ein Segment verortet werden, wobei jeder Ort zu einer zugehörigen Quantität gehört. Nahe beieinander liegende Zahlen werden durch benachbarte Orte repräsentiert" (*Dehaene*, 1997, S. 81). Mehr noch: In unserem Kulturkreis liegt praktisch immer eine mentale Repräsentation der Zahlen von links nach rechts vor, d. h. links wird die Null und rechts die größer werdenden natürlichen Zahlen verortet. Dies ist unabhängig davon, ob es sich um eine links- oder rechtshändige Person handelt. Anders ist es hingegen bei Personen aus Kulturkreisen, die von rechts nach links schreiben, etwa in arabischen Ländern. Dort ist der Zahlenstrahl entsprechend der Schreibrichtung von rechts nach links in der Vorstellung orientiert. Dies bedeutet auch, dass diese Vorstellungsbilder relativ früh ausgebildet werden und unabhängig (zumindest nicht direkt abhängig) von schulischer Erfahrung sind, sondern ihnen durchaus vorangehen können.

6. Zahlensinn bei lernschwachen Kindern

Kinder mit Lernschwierigkeiten in Mathematik, die wir in unseren Projekten untersuchten, zeigten häufig eine Unfähigkeit oder zumindest Schwierigkeit zu visualisieren bzw. Visualisierungen zu nutzen. Hierbei handelt es sich nicht nur um Visualisierungen bei arithmetischen Inhalten sondern auch, zumindest in extremen Fällen, um Vorstellungen von Alltagssituationen (*Lorenz/Radatz*, 1993). Kinder mit arithmetischen Lernproblemen haben oft Schwierigkeiten, sich Objekte vorzustellen und insbesondere diese zu bewegen, zu drehen, sie zu verzerren, zu vergrößern oder zu verkleinern. Sie können sich auch nicht bildhaft vorstellen, wie eine Anordnung aussehen würde, wenn man Objekte hinzutut oder entfernt. Da es sich hierbei auch um arithmetische Operationen handelt, diese aber nicht in der Vorstellung stattfinden können, sind sie weiterhin auf den Gebrauch von arithmetischen Hilfsmitteln angewiesen, die die Schule bereitstellt. Für Berechnungen von arithmetischen Aufgaben sind diese Hilfsmittel für sie notwendig. Dies ist nun insofern nicht ungewöhnlich, als alle Kinder der Eingangsklassen diese Entwicklungsphase durchlaufen müssen. Für die lernschwachen Kinder besteht aber das Problem darin, dass sie diese Phase nicht verlassen können, da die arithmetischen Operationen, wenn im Kopf ausgeführt, bedeuten, dass in der Vorstellung operiert werden muss (*Lorenz*, 1992). Man nimmt von rechenschwachen Kindern, genauso wie von ihren Klassenkameraden, an, dass sie ihren mentalen Zahlenraum auf der Basis von Handlungen mit den Veranschaulichungsmitteln ausbilden, wobei die Ersteren weniger erfolgreich sind als die Letzteren. Obwohl das arithmetische Anschauungsmaterial die Struktur des vorgestellten Zahlenraumes nicht festlegen kann, so hilft es doch zu seiner Ausbildung und dies ist auch der Grund, weshalb wir es in den Schulen benutzen.

Eine Reihe von Untersuchungen über den idiosynkratischen Zahlenraum in der Vorstellung, in dem Erwachsene operieren und mit Hilfe dessen sie rechnen, erinnert zumindest teilweise an Veranschaulichungsmittel, die in den Schulen verwendet werden. (*Carter*, 1983; *Galton*, 1880 a, b; *Morton*, 1936; *Oswald*, 1960; *Bertillon*, 1880, 1881; für neuere Untersuchungen siehe *Seron* u. a., 1993). Sämtliche Beispiele zeigen, dass es sich bei dem vorgestellten Zahlenraum

— in den meisten Fällen um einen Zahlenstrahl handelt, der an den Zehnerübergängen betonte Ecken oder Knicke haben kann (aber nicht muss);

— einige wenige der (analogen) Uhr ähneln, was darauf hinweist, dass sie bereits vor dem Schuleintritt als mentale Zahlenräume ausgebildet wurden;

— in sehr wenigen Fällen auch eine parallele, geordnete Zehnerstruktur ähnlich den Dienes-Blöcken aufweisen, wobei dieses Zahlenbild sehr selten auftritt;

— zum Teil rhythmische Strukturen auftreten, die vermuten lassen, dass rhythmisches Zählen der Ausgangspunkt für diese bildhafte Repräsentation ist;

— es praktisch keine zwei identischen Zahlenraumvorstellungen bei Erwachsenen gibt, auch wenn bestimmte Ähnlichkeiten bestehen, insbesondere die lineare, zahlenstrahlartige Anordnung der Zahlen;

— diese zahlenstrahlartige Vorstellung auch auf andere Gegebenheiten wie Jahreszeiten, Abfolge der Monate oder Wochentage übertragen wird (*Bertillon*, 1882).

7. Zahlensinn bei guten Rechnern

Wie unterscheidet sich nun das Denken eher schwächerer Rechner von dem Denken besser rechnender Schüler? Die Arbeit in unserem Projekt mit rechenschwachen Schülern legt es nahe, den mangelnd ausgebildeten vorstellungsmäßigen Zahlenraum als Ursache hierfür zu vermuten. Hierbei wurde von der Überzeugung ausgegangen, dass der vorstellungsmäßige Zahlenraum nur teilweise und nur in seinen Wurzeln durch das Veranschaulichungsmaterial des Unterrichts beeinflusst wird, seine Elaboration, die Ausweitung und Ausdifferenzierung des Zahlenraums aber beim Umgang mit Rechenoperationen geschieht, die im Kopf ausgeführt werden. Frühe Strategien oder Rechenverfahren wie das Vorwärts- oder Rückwärtszählen führen nicht von sich aus zu der Entwicklung starker, kraftvoller Strukturen oder (um in der Metapher der Landkarte zu bleiben) von „Zahlenstädten". Ähnlich wie bei kognitiven Landkarten bedarf es zur Ausbildung von Zahlraumvorstellungen bzw. von Zahlensinn

— reichhaltiger Übung und des Bewegens innerhalb dieses Zahlenraumes, d. h. seiner „Erforschung";

— der Hilfe eines erfahrenen Begleiters, eines Experten, der sich in diesem „Gebiet" auskennt und

— einer ständigen Verfeinerung der kognitiven Struktur.

Auch wenn die Ähnlichkeit zwischen Straßenkarte und Zahlenraum nicht zu weit getrieben werden soll (auch wenn sie als Metapher hilfreich ist), so lässt sich doch festhalten, dass Zahlensinn insbesondere die geometrische Beziehung zwischen Zahlen umfasst, den Abstand von Zahlen, den Sinn für abkürzende Wege (Metapher: Autobahn) und das Wissen über unterschiedliche Wege von einem Punkt zu einem anderen entsprechend der aktuellen Situation und Anforderung. Die Entwicklung des Zahlensinnes stellt das wichtigste und übergeordnete Ziel des Arithmetikunterrichtes der Grundschule dar: Die Kinder sollten sich mit ihren Zahlen und bei ihren Zahlen zu Hause fühlen ("at-homeness with numbers", *Cockcroft*, 1982).

Trotzdem ist damit nicht explizit definiert, was denn nun Zahlensinn eigentlich bedeutet. Lässt es sich genauer fassen?

„Es scheint daher angemessen, mit einer Definition von Zahlensinn zu beginnen. Leider ist es beim Zahlensinn ähnlich wie beim Problemlösen – es ist schwer fassbar und schwierig auf den Punkt zu bringen, trotzdem glauben die meisten Menschen zu wissen, was Problemlösen ist – oder Zahlensinn – wenn sie es denn sehen" (*Sowder*, 1992, S. 15).

Das ist das Dilemma. Anstatt einer klar fassbaren Definition lassen sich aber einige Charakteristika von Zahlensinn angeben. Eine inzwischen klassische Charakterisierung des Zahlensinns wurde von *Howden* (1989) vorgeschlagen: „Zahlensinn kann beschrieben werden als gute Intuition über Zahlen und ihre Beziehungen. Er entwickelt sich langsam als Ergebnis beim Herumprobieren mit Zahlen, indem sie in einer Vielzahl von Kontexten visualisiert werden und in unterschiedlichen Weisen verbunden werden, die sich nicht auf traditionelle Algorithmen beschränken. Da Schulbücher üblicherweise auf Papier- und Bleistifthandlungen hin orientiert sind, können sie nur Ideen vorschlagen, die untersucht werden können, sie können aber nicht das „Tun von Mathematik" ersetzen, das wesentlich für die Entwicklung des Zahlensinnes ist. Es gibt keinen Ersatz für einen fähigen Lehrer und eine Umgebung, die das Neugierdeverhalten und die Untersuchungsbemühungen auf allen Klassenstufen begünstigen" (*Howden*, 1989, S. 11).

Von den Psychologen wird der Aspekt der geometrischen Beziehung, der Übersetzung in Längenbeziehungen betont: „Personen mit Zahlensinn wissen, wo sie sich in ihrer Umgebung befinden, ob Dinge nahe und leicht zu erreichen sind, von wo aus sie stehen, ob Wege flexibel miteinander verbunden werden können, um andere Orte leicht zu erreichen. Mathematische Merkmale (dieser Umgebung) beinhalten unterschiedliche Arten von Zahlen wie ganze Zahlen, rationale und reelle Zahlen, unterschiedliche quantitative Gebiete wie Handel, Kochen und die Bewegung von Objekten. Allgemeine mathematische Merkmale beinhalten die Operationen auf den Zahlen – Addition, Subtraktion, Multiplikation, Division, Exponieren, Radizieren – und Operationen auf Mengen – additive und multiplikative Kombinationen von Anzahlen, der Prozess des exponentialen Wachstums usw.

Auf einer mehr lokalen Ebene beinhaltet das Wissen der Umgebung die Verortung der verschiedenen Zahlen, welche nahe beieinander liegen, aber auch die Kombination verschiedener Repräsentationen von Zahlen um weitere Zahlen in neuer Form zu kombinieren, zu erweitern und andere Repräsentationsformen zu integrieren" (*Greeno*, 1991 b, S. 185-186).

In ähnlicher Weise äußert sich *Resnick*: „Zahlensinn widersteht der genauen Definitionsform, die wir sonst mit der Formulierung von Lernzielen im schulischen Bereich verbinden. Trotzdem ist es aber leicht, einige Schlüsselmerkmale von Zahlensinn aufzulisten. Wenn wir dies tun, so wird uns deutlich, dass wir ihn zwar nicht genau definieren können, ihn aber, wenn er auftritt, erkennen können. Betrachtet werden sollten die folgenden Schlüsselmerkmale:

– Zahlensinn ist nicht algorithmisch;

– Zahlensinn ist komplex;

– Zahlensinn führt oft auf vielfältige Lösungen, von denen jede mit Kosten und Vorteilen verbunden ist, selten zu eindeutigen Lösungen;

– Zahlensinn beinhaltet das nuancierte Beurteilen und Interpretieren;

– Zahlensinn beinhaltet die Anwendung vielfältiger Kriterien;

– Zahlensinn beinhaltet oft Unsicherheit;

– Zahlensinn beinhaltet Selbstregulation des Denkprozesses;

– Zahlensinn beinhaltet, Bedeutungen auszubilden;

– Zahlensinn ist anstrengend" (*Resnick*, 1989, S. 37).

Dies sind nun eher vage Formulierungen, die sich bezüglich der arithmetischen Inhalte im Grundschulbereich durchaus genauer fassen lassen: „Ich habe eine Liste von Fähigkeiten zusammengestellt, die das Vorkommen von Zahlensinn zumindest nahe legen. Auch wenn wir vorsichtig sein müssen, irgendeine dieser Verhaltensweisen als Charakteristika einer Person mit Zahlensinn zuzuschreiben, so helfen sie uns aber doch, Zahlensinn dann zu erkennen, wenn diese Verhaltensweisen im Ganzen auftreten.

(1) Eine Fähigkeit, Zahlen zusammenzusetzen und zu zerlegen; flexibel zwischen verschiedenen Darstellungsformen zu wechseln; zu erkennen, wann eine Darstellungsform günstiger als eine andere ist;

(2) Die Fähigkeit, die relative Größe von Zahlen zu erkennen;

(3) Die Fähigkeit, mit absoluten Größen von Zahlen umzugehen;

(4) Die Fähigkeit, Markierungszahlen zu verwenden;

(5) Die Fähigkeit, Zahlen-, Operations- und Beziehungssymbole in bedeutungshaltiger Weise zu verbinden;

(6) Die Fähigkeit, die Wirkungen von Operationen auf Zahlen zu verstehen;

(7) Die Fähigkeit, Kopfrechnen mit Hilfe „erfundener" Strategien auszuführen, die die Vorteile der Zahlen und Operationseigenschaften verwenden;

(8) Die Fähigkeit, Zahlen flexibel zu benutzen und die Lösungen von Rechnungen abzuschätzen und zu erkennen, ob eine Schätzung angemessen ist;

(9) Eine Tendenz zu versuchen, aus den Zahlen Sinn herauszuholen" (*Sowder*, 1992, S. 18-20).

Fasst man diese verschiedenen Charakteristika aus der Kognitionspsychologie und der Mathematikdidaktik zusammen, so scheint es ein Charakteristikum der leistungsstärkeren Schüler, besser gesagt der Schüler mit Zahlensinn zu sein, dass sie über unterschiedliche Strategien verfügen, sich in ihrem Zahlenraum auskennen und verschiedene Wege und Verfahren zur Verfügung haben, um arithmetische Probleme zu lösen.

8. Der „leere Zahlenstrahl" und Rechenstrategien

Eine niederländische Forschergruppe versucht, die Strategien zu analysieren, die Zweitklässler verwenden, wenn sie Additions- und Subtraktionsaufgaben im Zahlenraum bis 100 lösen, und darauf aufbauend ein neues Curriculum zu entwickeln, das die kraftvollen Strategien unterstützt, indem der leere Zahlenstrahl als Veranschaulichungsmaterial für den Schülergebrauch verwendet wird (*Beishuizen*, 1997; *Beishuizen / Klein*, 1997).

Die relevanten Schülerstrategien für Additions- und Subtraktionsaufgaben lassen sich identifizieren, wo z. B. für die Aufgabe 19+27 unter vielen anderen folgende vorkommen:

1010-Strategie (Zehner-Zehner, Einer-Einer getrennt)
z.B.: 27+19=(20+10)+(9+7)=30+16=46

A10-Strategie (erst den zweiten Zehner, dann den Einer)
z.B.: 27+19=27+10+9=37+9=46

N10C-Strategie (erst den nächsten Zehner, dann Korrektur)
z.B.: 27+19=27+20-1=47-1=46

Was ist aber nun eine kraftvolle Strategie? Welche sollte durch unseren Unterricht hervorgebracht oder begünstigt werden? Die Antwort ist so einfach wie überzeugend: Keine oder alle, oder noch besser: Das hängt davon ab! Es ist wie ein Fußweg: Die Antwort auf die Frage, welches der beste Weg ist, hängt davon ab, wo man den Weg beginnt und wo man hin möchte. Es gibt keinen besten Weg für alle Wanderungsabsichten. Und dies ist der Grund, weshalb wir die Straße offen halten sollten, die die Entwicklung einer Vielzahl von Strategien ebnet. Allerdings ist dies nur die halbe Wahrheit, denn es gibt natürlich Strategien, die besser sind als andere, allerdings *für ein gegebenes Paar von Zahlen*!

Erwachsene haben als trainierte Rechenexperten keinerlei Schwierigkeiten die Aufgabe 81-2 zu lösen, allerdings tun sie dies in einer anderen Weise als die zugehörige Aufgabe 81-79. Im ersten Fall gehen sie schlicht zurück, im zweiten Fall gehen sie von der 79 zur 81, sie ergänzen. Es sieht so aus, als ob sie in ihrem vorgestellten Zahlenraum herumspazieren und „von oben sehen", welcher Weg, welcher Sprung der angemessenste für die aktuelle Aufgabe ist. Und sie machen dies intuitiv, ohne großes Nachdenken, denn es ist schlichtes Sehen. Sie verwenden keine Strategie, keine Entscheidung über ein Verfahren, keine langwierige und anstrengende Reflexion über die verschiedenen Möglichkeiten.

In ihren Unterrichtsexperimenten verwenden die Forscher in Leiden den leeren Zahlenstrahl als Hilfe für die Kinder,

– um daran unterschiedliche Strategien und Rechenverfahren auszuprobieren und ihre Nützlichkeit für ein gegebenes Problem zu testen,

– um sich aktiv mit Zahlen zu befassen und die Zahlbeziehungen selbsttätig vorzunehmen,

– um einen vorstellungsmäßigen Zahlenraum aufzubauen, der, wie der Zahlenraum der meisten Erwachsenen, linear ist; und am leeren Zahlenstrahl wird er permanent (re-)konstruiert, und schließlich

— um ein Mittel zur Hand zu haben, um mit Klassenkameraden darüber zu kommunizieren.

Angeregt durch dieses faszinierende Veranschaulichungsmittel (das zwar direkt und für sich gar nichts veranschaulicht, sondern der eigenen, aktiven Veranschaulichung dient) versuchten wir, in deutschen Schulen in gleicher Weise die Kinder zu ermuntern, die Beziehung zwischen Zahlen zu visualisieren und gleichzeitig die Nützlichkeit einer Strategie im Voraus abzuschätzen.

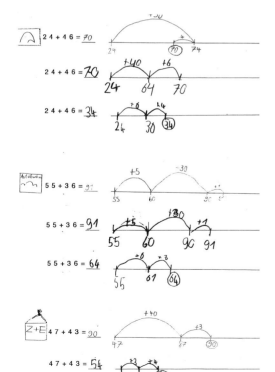

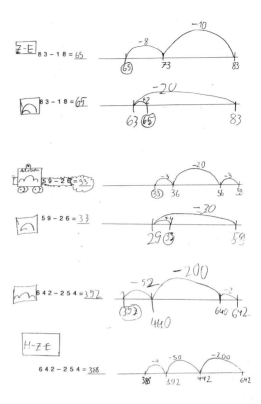

Verschiedene Lösungen von Kindern für arithmetische Probleme. Die Darstellung am leeren Zahlenstrahl verdeutlicht die unterschiedliche und verschieden elaborierte Vorgehensweise der Kinder; dies ist diagnostisch in hohem Maße hilfreich.

Die Abkürzung am Beginn einer jeden Zeile sind Vereinbarungen innerhalb einer Klasse: Die Strategien erhalten Namen, damit man über sie kommunizieren kann.

Natürlich ist es in keiner Weise so, dass die Konstruktion und die Diskussion über die individuellen Lösungswege garantiert, dass die Entwicklung erfolgreicher Strategien im Unterricht von den Kindern ohne Lehreranstoß auftritt. Nichts kann dies garantieren. Aber mit Hilfe des leeren Zahlenstrahls müssen die Kinder sie ausprobieren und sie in unterschiedlichen Aufgaben testen, bevor sie auf einer Metaebene eine Entscheidung zwischen verschiedenen Rechenverfahren treffen können.

„Strategien, die mit Kopfrechnen verbunden sind, sollten explizit über die Schuljahre hinweg entwickelt werden, und man sollte sich nicht auf das Abfragen von Zahlensätzen beschränken. Menschen, die gute Kopfrechner sind, haben eine Vielzahl individueller Methoden zur Verfügung, die sich den speziellen Aufgaben und Situationen anpassen. Aus diesem Grunde sollten Schüler dazu angeregt werden, persönliche Kopfrechenstrategien zu entwickeln, hiermit zu experimentieren und sie mit den Strategien anderer vergleichen, und sie sollten unter den ihnen verfügbaren Strategien diejenige auswählen, die ihrer eigenen Stärke und dem spezifischen Kontext am passendsten erscheinen. ... Weniger Bedeutung sollte den standardisierten schriftlichen Verfahren zukommen und, in dem Maße, wie sie überhaupt unterrichtet werden, sollten sie auf spätere Phasen schulischen Lernens verschoben werden" (*Australian Education Council,* 1991, S. 109).

Natürlich kann nicht auf den Aspekt verzichtet werden, dass Zahlen primär Mengen von Objekten charakterisieren, sie also Anzahlen darstellen (kardinaler Zahlaspekt). Die Mengenoperation aber als alleinige Repräsentation für Zahlenoperationen anzusehen, wäre nach dem oben dargelegten insofern entwicklungswidrig, als in der menschlichen Vorstellung Zahlen immer mit Längen verbunden sind. Aus diesem Grunde muss ein Übergang von der Mengendarstellung zu der Längendarstellung erfolgen, für die eine Reihe von Beispielen entwickelt worden sind (vgl. *Höhlker/Selter,* 1995, sowie holländische Schulbücher; vielleicht haben die Holländer deshalb so viel besser als wir in der TIMS-Studie abgeschnitten?).

9. Unterschiedliche Veranschaulichungsmittel und Rechenstrategien

In unserem Projekt mit Schülern mit Lernschwierigkeiten im Mathematikunterricht haben wir, obwohl dies eine Einrichtung außerhalb der Schule war, die Kinder weiterhin mit jenen Veranschaulichungsmaterialien arbeiten lassen, die sie aus dem Klassenzimmer her kannten, etwa die Mehrsystemblöcke, den (klassischen) Zahlenstrahl, die Hundertertafel, Cuisenairestäbe, Montessori-Material, russische Rechenmaschine, Steckwürfel, etc. Dies mag ein Fehler gewesen sein. Aber wir versuchten herauszufinden, wie die Kinder mit ihrem (?) Material rechnend denken und wie ihr individueller Zugang zu Zahlen und Rechenoperationen war.

Was wir beobachteten war, dass die Übersetzung von einem Material auf ein anderes nicht nur schwierig für Kinder war, sondern für rechenschwache Schüler praktisch unmöglich. Warum? Das Material trägt, so meint man, immer die gleiche Struktur. Deshalb benutzen Lehrer und Lehrerinnen meist diese vielfältigen Angebote in ihrem Klassenzimmer.

In der Zwischenzeit entwickeln sich berechtigte Zweifel an dieser didaktischen Hypothese. Die Veranschaulichungsmittel bewirken bezüglich der Kopfrechenoperationen sehr Unterschiedliches. Die Schwierigkeit, eine arithmetische Operation von einem Material auf ein anderes zu übersetzen, basiert auf der gravierenden Differenz in den Handlungen, die mit den Materialien verbunden sind. Der Vorteil der Mehrsystemblöcke ist der Nachteil der Cuisenairestäbe und umgedreht. In den Handlungen, d. h. den Bewegungen der Kinderhand mit dem Material und später in den internen bildhaften Bewegungen liegen die individuellen Konzepte arithmetischer Operationen, sie führen auf die Strategien, die mit dem jeweiligen Material verbunden sind, ebenso entsprechender Fehlvorstellungen (*Lorenz*, 1992).

Keineswegs überraschend führt die Benutzung der Mehrsystemblöcke bei den Kindern, die sie standardmäßig verwendeten, zu der Strategie, die Zehner und Einer getrennt zusammenzufassen (1010-Strategie, vgl. *Beishuizen*, 1993, 1997; *Beishuizen/van Putten/van Mulken*, 1997), es ist eine naheliegende, intuitive Handlung. Es muss nicht notwendigerweise in dieser Form ablaufen und die Handlung mit den Mehrsystemblöcken ist keineswegs auf diesen einzelnen Handlungsfall beschränkt und auf das Handlungsformat reduziert. *Carpenter* (1997) gibt ein Beispiel, wie das gleiche Material, das in den USA sehr gebräuchlich ist, zu der elaborierteren N10-Strategie führt: 54 + 48 = 54 + 10 + 10 + 10 + 10 = 94, 94 + 8 = 102.

Aber zugegebenermaßen, auch in der Klasse von *Carpenter* war die Haupthandlung tatsächlich 50 + 40, 4 + 8, 90 + 12 = 102. Es geht hier keineswegs darum, diese Strategien in irgendeiner Art und Weise zu kritisieren, es zeigt vielmehr, wie eng der Zusammenhang zwischen dem Material auf der einen Seite und die Entwicklung entsprechender arithmetischer Verfahren auf der anderen Seite ist. Natürlich ist es möglich, *Carpenter* hat dies auch gezeigt, die ungünstige 1010-Strategie zu überwinden und sie durch die kraftvollere N10-Strategie zu ersetzen, oder durch eine andere, die noch entwickelter und flexibler ist.

Und was ist mit einer Strategie wie 54 + 48 = 54 + 46 + 2, d. h. der Hundererzerlegung? Ich glaube nicht, dass dies eine offensichtliche Strategie ist, wenn man Handlungen mit den Mehrsystemblöcken zugrunde legt, oder noch unwahrscheinlicher würde dies sein, wenn man die Hundertertafel verwendet.

Der klassische, in sämtlichen Schulräumen an der Wand hängende Zahlenstrahl hat den Nachteil, dass er den Kindern zu lange die Möglichkeit gibt, vorwärts und rückwärts zu zählen, denn jede Zahl hat ihren eigenen Strich auf dem Strahl. Im Gegensatz hierzu zwingt der leere Zahlenstrahl die Schüler dazu, ihr eigenes mentales Bild der Zahlbeziehungen zu konstruieren, bevor die Rechnung beginnt. Der Schüler bzw. die Schülerin ist in höherem Maße in den Konstruktionsprozess aktiv verwickelt, das schlichte Wahrnehmen, das platte Sehen, das nicht zwingend von Verständnis begleitet ist, wird hierbei unterbunden.

Der zweite Unterschied besteht in dem zugrunde liegenden Zahlaspekt. Während Mehrsystemblöcke und Hundertertafel eher den kardinalen Zahlaspekt betonen und Zahlen primär als Charakteristika einer Menge von Elementen auffassen, beleuchtet der Zahlenstrahl die lineare Anordnung der Zahlen, den Längenaspekt (Maßzahlaspekt) von Zahlbeziehungen, der Länge und Abstände umfasst. Auf dem Zahlenstrahl, ob er nun klassisch oder leer ist, macht eine 1010-Strategie keinen großen Sinn. Sie zerstört die vorgegebene Struktur, sie ist an dem Material letztendlich nicht ausführbar. Hingegen liegt es am Zahlenstrahl nahe, die N10-, N10C- oder A10-Strategie zu verwenden. Tatsächlich liegt dem Streit zwischen Verfechtern unterschiedlicher Veranschaulichungsmittel meist die Betonung eines unterschiedlichen Zahlaspekts und Strategien für Rechenoperationen zugrunde, die sich bei Kindern entwickeln sollen.

Aufgrund des anfangs Ausgeführten erscheint es naheliegend, die mentale Repräsentation von Zahlen als Längenbeziehungen anzunehmen. Aus diesem Grunde ist es wohl günstiger, entsprechende didaktische Veranschaulichungsmittel im Unterricht zu verwenden, die diesen geometrischen Aspekt von Zahlen unterstützen. Daher erscheint es mehr als bedenklich, wenn eher auf Mengen und Mengenoperationen bezogene Veranschaulichungsmittel wie das Hunderterfeld als Hauptmedium im Unterricht Verwendung finden (vgl. *Wittmann*, 1998).

Kleiner Exkurs zur Multiplikationstafel

Noch bedenklicher erscheint es, wenn Veranschaulichungsmittel propagiert werden, die nichts veranschaulichen und auch nicht zu eigenen bildhaften Veranschaulichungen anregen. Ein solches Mittel ist z. B. die Multiplikationstafel: Sie hat unbestritten ihren Wert, um Entdeckungen daran durchführen zu können, um Überlegungen zu initiieren, die zu einem weitergehenden, sehr vertieften Verständnis multiplikativer Zusammenhänge führen, für die Multiplikation selbst und die Automatisierung des kleinen Einmaleins nützt sie aber nur wenig.

Das eigentliche Problem der Multiplikation liegt auf zwei anderen Ebenen: Zum einen einen Multiplikationsbegriff zu entwickeln, der hinreichend flexibel und offen ist, dass er auf eine Vielzahl multiplikativer Situationen angewendet werden kann und Erweiterungen in der Sekundarstufe I zulässt, zum anderen in der Automatisierung des kleinen Einmaleins.

Überraschenderweise zeigen häufig gerade jene Kinder beim Automatisieren des kleinen Einmaleins weniger Schwierigkeiten, die vorher als rechenschwach eingestuft wurden. Dies mag nicht sonderlich überraschen, versuchen doch diese Kinder möglicherweise vorhandene Defizite im Bereich visueller Anschauung dadurch zu kompensieren, dass sie ihr Gedächtnis in erhöhtem Maße ausgebildet haben und nutzen. Für das Auswendiglernen der Einmaleinsreihen (und lassen wir mal die begriffliche Seite der Multiplikation außen vor), ist die Anschauung und das vorstellungsmäßige in Beziehung setzen von Zahlen nicht notwendig.

Für alle Schüler steht hingegen das Problem im Vordergrund, die immer wieder in gleicher Weise auftretenden Zahlen in neuen Kombinationen zu lernen. Die Wiederholung gleicher Zahlen macht wohl für die Schüler die große Schwierigkeit aus, auch und insbesondere für die Lernstarken.

Dehaene (1997) gibt ein beeindruckendes Analogon. Der Leser bzw. die Leserin ist aufgefordert, folgenden Ausschnitt aus einem Adressbuch auswendig zu lernen:

Carl David wohnt in der Gustavstraße.
Carl Gustav wohnt in der Anton-Xavier-Straße.
Gustav Ernst lebt in der Anton-Bert-Straße.
Carl David arbeitet in der Anton-Bert-Straße.
Carl Gustav arbeitet in der Bert-Anton-Straße.
Gustav Ernst arbeitet in der Carl-Ernst-Straße.

Diese verzwickten Listen auswendig zu lernen kommt uns wie ein Alptraum vor. Allerdings stellen sie nichts anderes dar, als die Additions- und Multiplikationstafeln in einer gewissen Verkleidung: Sie wurden zusammengestellt, indem die Ziffern 0, 1, 2, 3, 4 ... mit den Nachnamen Xavier, Anton, Bert, Carl, David, Ernst, Friedrich und Gustav belegt wurden. Die Wohnadressen stehen für die Addition, die Arbeitsadressen für die Multiplikation, sodass die sechs oberen Zahlensätze äquivalent sind zu den Additionen 3 + 4 = 7, 3 + 7 = 10 und 7 + 5 = 12 sowie die Multiplikationssätze 3 x 4 = 12, 3 x 7 = 21 und 7 x 5 = 35. Dies macht die spezifische Schwierigkeit deutlich, die das Lernen der Zahlensätze in den Eingangsklassen für Kinder wohl darstellt. Kein Wunder, dass sie Schwierigkeiten haben, sämtliche Zahlensätze zu erinnern, es ist eigentlich erstaunlich, dass sie überhaupt welche wissen.

Zurück zu dem vermeintlichen Veranschaulichungsmittel: Die Additionstafel und Multiplikationstafel haben ihre Stärken, die aber weder zur Veranschaulichung noch in der entscheidenden Phase des Auswendiglernens der Zahlensätze, sondern erst in der Vertiefung, in dem Entdecken von Strukturen, von Zusammenhängen etc. nutzbar werden.

10. Strategien? Rechenverfahren? Oder eher Schätzungen?

Wie im Vorangegangenen mehrfach ausgeführt verfügen Erwachsene und, für einen kleineren Zahlbereich, auch Kinder über ein internes Vorstellungsbild des Zahlenraumes, in dem arithmetische Operationen als Spaziergänge, als Sprünge oder als Kombination von beidem intuitiv, fast automatisch durchgeführt werden. Jede Bewegung verlangt hierbei eine Abschätzung des Abstandes, die überwunden werden muss: Wie weit ist es von der 54 bis zur 100? Wo werde ich ungefähr enden, wenn ich von der 72 um 28 rückwärts springe?

In diesem Sinne spielt die a priori Abschätzung eine zentrale Rolle in der Konstruktion des leeren Zahlenstrahls. Dies stimmt mit den Vorschlägen der NCTM-Standards überein: „Lehrer sollten einen größeren Gebrauch von ‚guten' Fragen für Schätz-Diskussionen machen, die folgende Eigenschaften haben:

(1) Sie stellen eine natürliche Problemlösesituation dar.

(2) Sie können in einer Vielzahl von Wegen gelöst werden.

(3) Sie ermutigen Schüler, abschätzende Rechenfähigkeiten zu verwenden.

(4) Sie helfen den Lehrern, die von den Schülern entwickelten Begriffe und Fehlvorstellungen über Zahlen zu verstehen.

(5) Sie stellen eine Gelegenheit für die Schüler dar, miteinander zu reden und sich wechselweise die Denkprozesse und Rechenverfahren zu erklären, die zu einer Schätzung führen.

(6) Sie regen zu unterschiedlichen Antworten an und sind daher eine Möglichkeit für eine Diskussion über eine breite Vielfalt vernünftiger Ergebnisse" (*Reys/Reys,* 1990, S. 22-23).

Es erscheint fraglich, ob aufgrund sehr konkreter Materialien, mit denen stereotype Handlungen verknüpft sind, flexible Rechenverfahren und damit überhaupt Rechenstrategien ausgebildet werden können. Rechenverfahren haben im Allgemeinen die Konnotation von „automatisch", „schnell", „verlässlich" und „immer in der gleichen Weise" sowie „führen zum gewünschten Ergebnis", auch wenn sie dies nicht immer in der optimalen Weise tun. Strategien auf der anderen Seite beinhalten etwas wie „kognitive Prozesse höherer Ordnung" (was immer das auch sein mag), „Entscheidungen treffen", „zwischen verschiedenen Rechenverfahren aufgrund relevanter Kriterien wählen" usw. In diesem Sinne verlangen Strategien, dass unterscheidbare Rechenverfahren verfügbar sind, unter denen ausgewählt werden kann (*Klein,* 1998).

Die Veranschaulichungsmaterialien, die im Arithmetikunterricht der Grundschule Verwendung finden, müssen aufgrund ihrer Flexibilität gegenüber Rechenverfahren geprüft werden. Rechenverfahren heißt hier Verfahren beim Kopfrechnen. Jene Materialien, die schnell auf das schriftliche Verfahren hinzielen wie etwa die Mehrsystemblöcke, entsprechen gerade nicht kraftvollen Kopfrechenstrategien. Die Zerlegung einer Zahl in ihre Stellenwerte, in Hunderter, Zehner und Einer, zerstört gerade die Zahl als Ganzheit. Bei den schriftlichen Rechenverfahren ist irrelevant, um wie viele Stellen es sich handelt, die Größe der Zahl spielt keine Rolle. Ganz anders hingegen beim Kopfrechnen, da die kraftvollen Strategien hier von den Zahlen als Ganzheiten ausgehen.

Das Aufspalten der Zahlen in Zehner und Einer, auch wenn es neuerdings wieder innerhalb der Didaktik propagiert wird (vgl. für eine kritische Stellungnahme hierzu *Radatz* u. a., 1998), widerspricht der Bewegung in dem vorgestellten Zahlenraum, ja er verhindert dessen Ausbildung, ohne in einem anderen Sinne hilfreich zu sein. Im Gegenteil, es stellen sich Fehler ein: 72 – 54 führt zu 70 – 50, 2 – 4= ? und der häufigen und naheliegenden Lösung 22. Zudem sollte betont werden, dass dieses Verfahren in einem viel höheren Maße das Gedächtnis beansprucht als andere Kopfrechenverfahren. Zudem wird es eben nicht durch anschauungsmäßige Korrelate, durch Bewegungen in dem vorgestellten Zahlenraum unterstützt.

11. Gute Rechner – schlechte Rechner

Aufgrund unserer Erfahrungen in dem Projekt mit lernschwachen Kindern sind Zweifel angebracht, ob der gängig durch die Literatur zitierte Anteil von 6 Prozent Schülern mit Dyskalkulie tatsächlich auf biologische, neurologische oder ähnlich gelagerte Veranlagungsfaktoren zurückzuführen ist. Was sich hingegen zeigt ist, dass die als rechenschwach diagnostizierten Schüler selten eine bildhafte Vorstellung von Zahlen, Zahlbeziehungen und Rechenoperationen aufgebaut haben; ihnen fehlt der vorstellungsmäßige Zahlenraum und damit Zahlensinn. Schätzungen sind ihnen nicht möglich, denn Schätzungen beruhen auf bildhaft-geometrischen Vorstellungen bzw. auf Bewegungen in dem Raum. Was diese Kinder eint ist hingegen der Versuch, durchaus aus Zahlen Sinn zu entnehmen, diese aber vorschnell in *schriftliche* Rechenverfahren zu übersetzen. Der Umgang mit Zahlen und Rechenoperationen wird auf die symbolische Ebene verkürzt. Eine intuitive, automatische geometrische Repräsentation, wie sie bei Erwachsenen und rechenstarken Schülern zu beobachten ist, liegt bei diesen Kindern nicht vor.

Es erscheint aber unplausibel, dies auf Erbfaktoren, soziale Deprivation oder wie auch immer geartete außerschulische Faktoren zurückzuführen. Hierzu ist die bildhafte kognitive Repräsentation von Zahlbeziehungen zu universell. Es scheint eher so, dass eine bestimmte Form von Unterricht bzw. eine bestimmte Verwendungsweise von Veranschaulichungsmitteln gerade diese natürliche Fähigkeit unterdrückt. In diesem Sinne steht zu befürchten, dass das Denken von Schülern bei arithmetischen Operationen in hohem Maße durch die Schule beeinflusst, ja geprägt ist. Und dies durchaus im negativen Sinne.

Literatur

Australian Education Council (1991). A national statement on mathematics for Australian schools. Carlton, VIC: Curriculum Corporation.

Anderson, J. R. (1982). Acquisition of cognitive skill. Psychology Review, Jg. 89, S. 369-406.

Antell, S./Keating, D. P. (1983). Perception of Numerical Invariance in Neonates. Child Development, Jg. 54, S. 695-701.

Baroody, A./Ginsburg, H. P. (1986). The Relationship between Initial Meaningful and Mechanical Knowledge of Arithmetic. – In: *Hiebert, J.* (Hrsg.), Conceptual and procedural knowledge: The case of mathematics. Hillsdale, NJ: Erlbaum, S. 75-112.

Beishuizen, M. (1993). Mental strategies and materials or models for addition and subtraction up to 100 in Dutch second grades. Journal for Research in Mathematics Education, H. 4, S. 294-323.

Beishuizen, M. (1997). Development of mathematical strategies and procedures up to 100. – In: Beishuizen, M./Gravemeijer, K. P./van Lieshout, E. C. (Hrsg.), The role of contexts and models in the development of mathematical strategies and procedures. Utrecht: Freudenthal Institute, S. 127-155.

Beishuizen, M./Klein, T. (1997). Eine Aufgabe – viele Strategien. Grundschule H. 3, S. 22-24.

Beishuizen, M./van Putten, C. M./van Mulken, F. (1997). Mental arithmetic and strategy use with indirect number problems up to one hundred. Learning and Instruction, H. 1, S. 87-106.

Bertillon, J. (1880). De la vision des nombres. La Nature, H. 378, S. 196-198.

Bertillon, J. (1881). De la vision et la mémoire des nombres. La Nature, H. 408, S. 202-203.

Carpenter, T. P. (1986). Conceptual knowledge as a foundation for procedural knowledge: Implications from research on the initial learning of arithmetic. – In: Hiebert, J. (Hrsg.), Conceptual and procedural knowledge: The case of mathematics. Hillsdale, NJ: Erlbaum, S. 113-132.

Carpenter, T. P. (1997). Models for reform of mathematics teaching. – In: Beishuizen, M./Gravemeijer, K. P./van Lieshout, E. C. (Hrsg.), The role of contexts and models in the development of mathematical strategies and procedures. Utrecht: Freudenthal Institute, S. 35-54.

Carter, B. (1983). Number lines. Mathematics Teaching, H. 103, S. 2-6.

Clements, M. A. (1992). Strategies for making estimation a central focus of the mathematics curriculum. – In: Irons, C. J. (Hrsg.), Challenging children to think when they compute. Brisbane: Queensland University of Technology, Centre for Mathematics and Science Education, S. 28-41.

Cockcroft, W. H. (1982). Mathematics counts. London: Her Majesty's Stationary Office.

Dehaene, S. (Hrsg.). (1993a). Numerical cognition. Cambridge, MA: Blackwell.

Dehaene, S. (1993b). Varieties of numerical abilities. – In: Dehaene, S. (Hrsg.), Numerical cognition. Cambridge, MA: Blackwell, S. 1-42.

Dehaene, S. (1997). Number sense. Oxford: Oxford University Press.

Dehaene, S./Bossini, S./Giraux, P. (1993). The mental representation of parity and numerical magnitude. Journal of Experimental Psychology, Jg. 122, S. 371-396.

Dehaene, S./Dupoux, E./Mehler, J. (1990). Is numerical comparison digital: Analogical and symbolic effects in two-digit number comparison. Journal of Experimental Psychology: Human Perception and Performance, Jg. 16, S. 626-641.

Gallistel, C. R./Gelman, R. (1993). Preverbal and verbal counting and computation. – In: *Dehaene, S.* (Eds.), Numerical cognition. Cambridge, MA: Blackwell, S. 43-74.

Galton, F. (1880a). Statistic of mental imagery. Mind, H. 5, 301-318.

Galton, F. (1880b). Visualised numerals. Nature, H. 21, 252-256.

Geary, D. C. (1994). Children's mathematical development: Research and practical applications. Washington, DC: American Psychological Association.

Geary, D. C./Brown, S. C./Samaranayake, V. A. (1991). Cognitive addition: A short lingitudial study of strategy choise and speed-of-processing differences in normal and mathematically disabled children. Developmental Psychology, Jg. 27, S. 787-797.

Ginsburg, H. P. (1982). The development of addition in contexts of culture, social class, and race. – In: *Carpenter, T. P./Moser, J. M./Romberg, T. A.* (Hrsg.), Addition and subtraction: A cognitive perspective. Hillsdale, NJ: Erlbaum, S. 191-210.

Greeno, J. G. (1991a). Number sense as situated knowing in a conceptual domain. Journal for Research in Mathematics Education, Jg. 22, S. 170-218.

Greeno, J. G. (1991b). A view of mathematical problem solving in school. – In: *Smith, M. U.* (Hrsg.), Toward a unified theory of problem solving: View from the content domains. Hillsdale, NJ: Erlbaum, S. 69-98.

Hatano, G. (1982). Learning to add and subtract: A Japanese perspective. – In: *Carpenter, T. P./Moser, J. M./Romberg, T. A.* (Hrsg.), Addition and subtraction: A cognitive perspective. Hillsdale, NJ: Erlbaum, S. 211-223.

Höhtker, B./Selter, Ch. (1995). Von der Hunderterkette zum leeren Zahlenstrahl. – In: *Müller, G. N./Wittmann, E. Ch.* (Hrsg.), Mit Kindern rechnen. Frankfurt/M.: Arbeitskreis Grundschule, S. 122-137.

Howden, H. (1989). Teaching number sense. Arithmetic Teacher, H. 6, S. 6-11.

Irons, C. J. (Hrsg.). (1992). Challenging children to think when they compute. Brisbane: Queensland University of Technolgy, Centre for Mathematics and Science Education.

Klein, A. S. (1998). Flexibilization of mental arithmetic strategies on a different knowledge base. The empty number line in a realistic versus gradual program design. Utrecht: Freudenthal institute.

Lorenz, J. H. (1992). Anschauung und Veranschaulichungsmittel im Mathematikunterricht. Mentales visuelles Operieren und Rechenleistung. Göttingen: Hogrefe.

Lorenz, J. H. (1997a). Is mental calculation just strolling around in an imaginary number space? – In: *Beishuizen, M. / Gravemeijer, K. P./van Lieshout, E. C.* (Hrsg.), The role of contexts and models in the development of mathematical strategies and procedures. Utrecht: Freudenthal Institute, S. 199-238.

Lorenz, J. H. (1997b). Kinder entdecken die Mathematik. Braunschweig: Westermann.

Lorenz, J. H. (1998). Rechenstrategien und Zahlensinn. Grundschulunterricht, H. 6, S. 11-13.

Lorenz, J. H./Radatz, H. (1993). Handbuch des Förderns im Mathematikunterricht. Hannover: Schroedel.

Morton, D. M. (1936). Number forms and arithmetical ability in children. British Journal of Educational Psychology, H. 6, S. 53-73.

Moyer, R. S./Landauer, T. K. (1967). Time required for judgements of numerical inequality. Nature, H. 215, S. 1519-1520.

Oswald, I. (1960). Number-forms and kindred visual images. Journal of General Psychology, Jg. 63, S. 81-88.

Radatz, H./Schipper, W./Dröge, R./Ebeling, A. (1998). Handbuch für den Mathematikunterricht – 2. Schuljahr. Hannover: Schroedel.

Resnick, L. B. (1989). Defining, assessing, and teaching number sense. – In: *Sowder J. T./Schappelle, B. P.* (Hrsg.), Establishing foundations for research on number sense and related topics: Report of a conference. San Diego: San Diego State University Center for Research in Mathematics and Science Education, S. 35-39.

Reys, B. J./Reys, R. E. (1990). Estimation - Directions from the Standards. Arithmetic Teacher, H. 7, S. 22-25.

Saxe, G. B. (1985). Effects of schooling on arithmetical understandings: Studies with Oksapmin children in Papua New Guinea. Journal of Educational Psychology, Jg. 77, S. 503-513.

Seron, X./Pesenti, M./Noël, M.-P./Deloche, G./Cornet, J.-A. (1993). Images of numbers, or "when 98 is upper left and 6 sky blue". – In: *Dehaene, S.* (Hrsg.), Numerical cognition Cambridge, MA: Blackwell, S. 159-196.

Siegler, R. S./Jenkins, E. A. (Hrsg.). (1989). How children discover new strategies. Hillsdale, NJ: Erlbaum.

Sowder, J. T. (1990). Mental computation and number sense. Arithmetic Teacher, H. 7, S. 18-20.

Sowder, J. T. (1992). Teaching computation in ways that promote number sense. – In: *Irons, C. J.* (Hrsg.), Challenging children to think when they compute. Brisbane: Queensland University of Technology,

Centre for Mathematics and Science Education, S. 14-27.

Starkey, P. (1992). The early development of numerical reasoning. Cognition, H. 43, S. 93-126.

Starkey, P./Cooper, R. G. (1980). Perception of numbers by human infants. Science, Jg. 210, S. 1033-1035.

Starkey, P./Spelke, E. S./Gelman, R. (1990). Numerical abstraction by human infants. Cognition, Jg. 36, S. 97-127.

Trafton, P. R. (1992). Using number sense to develop mental computation and computational estimation. – In: *Irons, C. J.* (Hrsg.), Challenging children to think when they compute. Brisbane: Queensland University of Technology, Centre for Mathematics and Science Education, S. 78-92.

Wittmann, E. Ch. (1998). Standard number representation in the teaching of arithmetic. Journal für Mathematik-Didaktik, H. 2/3, S. 149-178.

Wynn, K. (1992a). Addition and subtraction by human infants. Nature, H. 358, S. 749-750.

Wynn, K. (1992b). Children's acquisition of the number words and the counting system. Cognitive Psychology, Jg. 24, S. 220-251.

Wynn, K. (1992c). Evidence against empiricist accounts of the origins of numerical knowledge. Mind & Language, H. 7, S. 220-251.

Andrea Schulz

Förderung „rechenschwacher" Schüler im Rahmen einer integrativen Lerntherapie – ein Erfahrungsbericht

Oliver, ein aufgeweckter Drittklässler, ging gern zur Schule, nur die Mathematikstunden wollte er am liebsten „abschaffen". Er hatte das Gefühl, als würde er in Mathematik gar nichts verstehen. „Rechnen ist doof!" – diese Meinung hatte sich bei ihm festgesetzt und er versuchte alles zu vermeiden, was nach seiner Meinung irgendwie mit Mathematik zu tun hatte. Seine Lieblingsbeschäftigungen waren Lesen und Sport. In der Schule gehörte er in den anderen Fächern zu den guten Schülern, während er in Mathematik fast nur noch versagte. Oliver wurde als rechenschwaches Kind gesehen.

Wo lagen Olivers Probleme? Wie kam es zu diesem ausgeprägten Versagen im Mathematikunterricht? Welche Anzeichen für Olivers Probleme ließen sich eventuell schon frühzeitig erkennen? Wie kann Kindern wie Oliver geholfen werden? Haben sie überhaupt eine Chance, den Anschluss im Mathematikunterricht wieder zu bekommen? – Allen diesen Fragen widmet sich der vorliegende Erfahrungsbericht[*].

---

[*] Dargestellte Erfahrungen stützen sich auf unsere Arbeit mit über 700 Kindern im PAETEC Institut für Therapie, das seit 1992 besteht.

Welche Probleme zeigten sich bei Oliver im Mathematikunterricht?

- **Olivers Vorstellungen von Zahlen und seine Kenntnisse zum Umgang mit Zahlen**

Oliver hatte kaum Vorstellungen von Zahlen entwickelt und verband Zahlen wenig mit seiner Umwelt. Er konnte mechanisch von jeder beliebigen Zahl an vorwärts zählen, aber ein Zählen in Sprüngen (Zweier-, Fünfer- oder Zehnersprünge) gelang ihm kaum. Noch schwieriger war es für ihn, rückwärts zu zählen. Dabei kam er oft durcheinander und wechselte häufig an den Zehnerübergängen die Zählrichtung. Zum Beispiel zählte er von 65 an rückwärts: „64, 63, 62, 61, 50, 51, 52, 53 ...". Vorgänger und Nachfolger zu gegebenen Zahlen wurden von ihm häufig verwechselt – „vor der 4 kommt die 5, nach der 4 kommt die 3". Beim Vergleichen von Zahlen hatte er Schwierigkeiten, die Zahlen richtig zu nennen und zu vergleichen, sowie das Zeichen „<" richtig zu verwenden. 29 und 41 wurden von ihm wie folgt verglichen: 29 > 41, „92 ist kleiner als 41". Zweistellige Zahlen wurden von ihm häufig invertiert und grundsätzlich von rechts nach links geschrieben (erst Einer, dann Zehner). Die Hälfte und das Doppelte gegebener Zahlen konnte er nicht angeben.

- **Olivers Kenntnisse zu Rechenoperationen und zu Rechenstrategien**

Einen Zahlenraum hatte er sich noch nicht aufgebaut und seine Struktur nicht verstanden. Deshalb löste er jede Rechenaufgabe isoliert und konnte keine Strukturen erkennen und nutzen. Zum Beispiel erkannte er keine Gemeinsamkeiten bei den Aufgaben 5 + 2 und 45 + 2. Solche Aufgaben wurden von ihm meist zählend gelöst, mit Rechenoperationen verband er keine Handlungsvorstellungen. Als Hilfe verwendete er oft die Finger oder die Rechenkästchen im Heft als Gedächtnisstütze, um die Zählschritte entsprechend der Aufgabe mitzuzählen. Diese Strategie erwies sich als zeitaufwändig und sehr fehleranfällig, da er oft mit der falschen Zahl zu zählen begann. Darüber hinaus war ihm die Arbeit mit seinen Fingern sehr unangenehm, er fürchtete ausgelacht zu werden. So verwendete Oliver einen großen Teil seiner Zeit darauf, seine Zählstrategien zu verbergen. Bei Aufgaben, die in mehreren Schritten gelöst werden mussten, kam er oft mit der Reihenfolge seiner Rechenschritte durcheinander, änderte die Operationsrichtung oder brach die Bearbeitung der Aufgabe mittendrin ab.

Beispiel: 64 − 25 = 39
Olivers Rechenweg: 60 − 20 = 40, 5 − 4 = 1, 40 − 1 = 39.

- **Olivers Vorstellungen von Größen**

Bei der Arbeit mit Rechengeld kam Oliver noch mit Anzahlen und Werten der Geldstücke durcheinander. 5 D-Mark wurden beim Zusammenzählen oft genauso „behandelt" wie 5 Pfennig. Eine Uhr lehnte er ab. Er verwechselte die Zeiger und konnte nie entscheiden, ob es entsprechend vor oder nach einer gegebenen Stunde war. Er verfügte kaum über Größenvorstellungen. Dadurch waren seine Ergebnisse beim Schätzen von Größen entsprechend unrealistisch.

Mit seinen Leistungen konnte Oliver kaum noch die Anforderungen im Mathematikunterricht erfüllen. Er fühlte sich ständig überfordert, und es machte ihm auch keinen Spass. Häusliches Üben schien nicht zu helfen. Auch das fleißige Auswendiglernen des Einmaleins hatte ihm keinen Erfolg gebracht. Immer wieder vergaß er die Einmaleinsreihen bzw. konnte er seine Kenntnisse beim Rechnen nicht anwenden. Für Außenstehende sah es so aus, als entwickelte Oliver eine „Rechenschwäche". Eine spezifische Förderung war notwendig, um ihm aus dieser „Sackgasse" wieder herauszuhelfen.

Wie entstehen solche Probleme?

Schwierigkeiten beim Lernen sind keine Eigenschaften eines Schülers. Sie entstehen durch ungenügende Übereinstimmung der Lernvoraussetzungen und des Lernumfeldes einerseits und den zu erfüllenden Anforderungen im Lernprozess andererseits. Mathematiklernen lässt sich nicht auf das Erlernen von fachspezifischen Inhalten reduzieren, wofür ausschließlich die Schule zuständig ist. In erster Linie benötigt der Schüler Fähigkeiten, um aus diesen Inhalten etwas zu machen – Mathematik zu erwerben und für die Lebensbewältigung zu nutzen. Viele dieser notwendigen Fähigkeiten beginnen sich bereits vor der Schule durch entsprechende Spiele und andere Tätigkeiten zu entwickeln. Und gerade in dieser Fähigkeitsentwicklung liegen oft die Unterschiede zwischen „guten und schlechten Lernern". Dabei sind die Unterschiede weniger auf körperliche Voraussetzungen zurückzuführen, sondern vor allem auf Strategie- und Erfahrungsdefizite aufgrund von Entwicklungsverzögerungen oder Anregungsmängeln. Bei ungenügender Berücksichtigung der individuellen Voraussetzungen eines Schülers und der Besonderheiten des Mathematiklernens können wichtige Grundlagen im Mathematikunterricht nicht aufgebaut werden. Kinder sind dann nicht in der Lage, Vorstellungen von Zahlen zu entwickeln, sich einen Zahlenraum aufzubauen und dessen Strukturierung zu verstehen, Rechenoperationen über Handlungen zu verstehen und effektive Rechenstrategien zu entwickeln, Automatismen wie Einspluseins und Einmaleins auf der Grundlage von Verständnis dauerhaft aufzubauen und Grundvorstellungen von Größen und der Geometrie zu erwerben. Ohne diese Grundlagen ist aber ein erfolgreiches Mathematiklernen in weiterführenden Klassenstufen nicht möglich. Erworbene Strategien, die sich die Kinder auf ihrem Erfahrungshintergrund selbst konstruieren, sind oft untauglich oder fehlerhaft.

Einige ausgewählte Besonderheiten des Mathematiklernens, die Kindern aufgrund von Entwicklungsverzögerungen Probleme bereiten können, sollen im Folgenden schwerpunktmäßig dargestellt werden (vgl. *Schulz* 1995, S. 22 ff).

- **Im Grundschulmathematikunterricht wird ein Begriffssystem erarbeitet.**

Das stellt hohe Anforderungen an Gedächtnis- und Konzentrationsleistungen. Aber gerade diese kognitiven Fähigkeitsbereiche entwickeln sich qualitativ besonders im Grundschulalter. Während sich Kinder vor der Schule oft spielerisch und fast nebenbei etwas einprägen, müssen sie jetzt lernen, sich auch bewusst und willentlich etwas einzuprägen. Dazu ist es sinnvoll, dass sie Strategien entwickeln, die es ihnen ermöglichen, mit dem eigenen Gedächtnis „umzugehen". Gute Lerner entwickeln solche Strategien oft von sich aus, probieren sie immer wieder aus. Andere lernen noch ineffektiv mit mehr Aufwand und überfordern sich dadurch selbst. Sie neigen dazu, sich Begriffe isoliert einzuprägen, erkennen keine Beziehungen und können kein System herstellen. Hinsichtlich der Konzentrationsfähigkeit gelingt es Kindern zunehmend besser, ihre Aufmerksamkeit zu steuern. Die Zeitspannen dazu sind von Kind zu Kind aber sehr unterschiedlich. Es gelingt ihnen noch nicht immer, ihre Aufmerksamkeit auf das Gewünschte zu lenken. Kinder mit Lernschwierigkeiten brauchen insbesondere Hilfe bei der Planung ihrer Tätigkeiten.

- **Mathematische Begriffe bedürfen einer aktiven geistigen Konstruktion.**

Begriffe der Mathematik sind aus der Umwelt nicht sinnlich ableitbar, sondern sie müssen erst im Kopf gebildet sein, dann können sie in der Umwelt „wiedererkannt" werden (vgl. u. a. *Fischer/Malle* 1985; *Peschek* 1986; *Winter* 1989). Jedes Kind entwickelt seine eigenen Vorstellungen zum Begriff. Einige sind in diesem Prozess der Begriffsbildung oft weit zurück. Sie bleiben aber nicht untätig, sondern denken sich etwas aus, das nach ihrem Verständnis stimmen könnte. Nach der Methode des „lauten Denkens" lässt sich ermitteln, welches Verständnis ein Kind bisher aufgebaut hat.

- **Anschauungsmittel sind nicht „selbstredend".**

Sie müssen ebenfalls erst verstanden werden. Kinder mit Schwierigkeiten wissen oft nicht, warum und wie sie mit Anschauungsmitteln arbeiten sollen bzw. was es „anzuschauen" gibt. Dann bleiben ihre Handlungen abgehoben, ohne Bezug zum eigentlichen Inhalt, sodass eine verständige Ablösung von der Anschauung auch nicht gelingt. Die Arbeitsmittel dienen dann nicht zur Veranschaulichung, sondern sie werden von den Kindern nach ihrem Verständnis zur Umsetzung ihrer Strategien verwendet, z. B. als Zählhilfe gedächtnisentlastend eingesetzt. So lassen sich häufig Kinder beobachten, die Rechenketten, Rechenbretter, Hunderterquadrate oder einen Zahlenstrahl nur zum Vorwärts- oder Rückwärtszählen verwenden. Diese Arbeitsmittel werden dann nicht zum Anschauen, das heißt zum Erkennen und Nutzen von Strukturen verwendet, sondern zum Manipulieren (vgl. auch *Bauersfeld* 1983; *Janvier* 1987; *Lorenz* 1992; *Radatz* 1986; *Schipper* 1982).

- **Die „Zeichensprache" der Mathematik verlangt ein Arbeiten auf der symbolischen Ebene.**

Das ist eine neue Erfahrung für Lernanfänger. Vor der Schule wurde vorwiegend gegenständlich oder bildhaft gearbeitet. Eine Arbeit auf der symbolischen Ebene erfolgte nur mittels der Sprache. Zeichen und ihre Bedeutung werden erst nach und nach erlernt (vgl. auch *Fischer/Malle* 1985). Besonderheiten des Arbeitens mit Zeichen sind keineswegs bewusst und selbstverständlich, sondern müssen erst verstanden werden. Dazu gehört zum Beispiel das Einhalten einer Arbeitsrichtung – in unserem Kulturraum von links nach rechts – und die Beachtung der Raumlage von Zeichen. Diese Erfahrung ist nicht angeboren, sondern erlernt. Grundschulkinder sind aber oft noch nicht sicher in der Rechts-Links-Orientierung. Die Orientierungsfähigkeit entwickelt sich insbesondere im Grundschulalter und ist erst mit etwa 11 bis 12 Jahren abgeschlossen (vgl. *Johnson/Myklebust* 1976). Kinder, die die Besonderheiten des Arbeitens auf der symbolischen Ebene nicht erfasst haben, entwickeln oft Probleme im Umgang mit Zeichen. Zum Beispiel werden Zahlen invertiert (35 statt 53), das Vergleichen und Ordnen von Zahlen gelingt nicht, Vorgänger und Nachfolger werden oft verwechselt oder eine Zählrichtung und Operationsrichtung kann nicht eingehalten werden (vgl. *Oliver*). Diese Kinder sind häufig nicht in der Lage, einen Zahlenraum aufzubauen, da sie die Richtungsorientierung im Zahlenraum nicht verstehen und beachten. Sie lernen eine Zahlwortreihe auswendig und bewegen sich in dieser linear, indem sie mehr oder weniger geschickt und effektiv vorwärts oder rückwärts zählen. Ohne Einsicht in die Struktur des Zahlenraumes ist ein verständiges Rechnen jedoch nicht möglich.

- **Rechenoperationen erlernen Kinder über Handlungen, die verinnerlicht werden.**

Dazu sind Übersetzungen zwischen den Ebenen – enaktiv, ikonisch, symbolisch – notwendig. Es müssen Vorstellungen entwickelt und mit diesen muss operiert werden. Auch das sind Fähigkeiten, die vor der Schule aufgebaut werden können, aber sich insbesondere im Grundschulalter weiterentwickeln und in denen sich Kinder einer Altersstufe erheblich voneinander unterscheiden. Einige Kinder können noch nicht mit Vorstellungsbildern operieren. Sie brauchen dann länger Anschauungsmaterialien als andere Kinder (enaktive Ebene) und müssen oft Gelegenheit erhalten, ihre Handlungen bildlich darzustellen (ikonische Ebene). Dazu ist es notwendig, dass sie den Kern der Handlung verstanden haben. Sie müssen beschreiben, was sie womit und warum tun. Ohne bewusste Übersetzungen zwischen den Ebenen gelingt es nicht, Vorstellungen von Zahlen und Operationsvorstellungen zu entwickeln, sodass die symbolische Ebene von den anderen getrennt bleibt und kein Zusammenhang zur Arbeit mit Zahlen hergestellt werden kann (*Lorenz* 1992; *Lorenz/ Radatz* 1993).

- **Mathematikunterricht ist sehr hierarchisch aufgebaut.**

Lernanfänger, die aufgrund von Entwicklungsverzögerungen oder Erfahrungsmängeln dem „normalen" Unterrichtstempo nicht folgen können, haben keine Chancen, alleine hinterherzukommen und irgendwann aus eigener Kraft Lücken zu füllen. Da Kinder Regeln nach ihrem Verständnis konstruieren, können sie die Unsinnigkeit ihres Vorgehens nicht erkennen. Ist der Zahlenraum noch nicht aufgebaut und seine Struktur verstanden, so kann diese auch beim Rechnen nicht genutzt werden oder gar der Zahlenraum erweitert werden. Oft bleiben solche Kinder zählende Rechner und lernen viel Unverstandenes auswendig (vgl. Oliver). Soll diesen Kindern geholfen werden, müssen ihre Probleme genau analysiert werden. Dazu ist ihr Stand in der Entwicklung des Mathematiklernens zu bestimmen und sie müssen dort abgeholt werden, wo sie wirklich stehen. Es genügt nicht, ihnen Rechenaufgaben wieder und wieder zu erklären und sie zu Hause stundenlang üben zu lassen. Sie üben nur ihre Fehltechniken und werden in diesen perfekt.

Grundschulkinder sind unterschiedlich weit in ihrer Entwicklung – in ihren Kenntnissen, Erfahrungen, Arbeitstechniken, Fähigkeiten ... Diese Unterschiede können zum einen bedingt sein durch „ganz normale Entwicklungsunterschiede" in der geistigen Entwicklung, zum anderen aber auch durch unterschiedliche Anregungen und soziale oder organische Besonderheiten in der Vorschulzeit. Unterricht muss sich auf die unterschiedlichen Voraussetzungen seiner Teilnehmer einstellen. Gelingt das nicht, entstehen durch ungenügende Passung der Lernanforderungen Probleme, die sich zu massiven Lernschwierigkeiten ausweiten können (vgl. z. B. *Nolte* 1996; *Schulz* 1994a).

Im Volksmund wird das als „Rechenschwäche" bezeichnet, was sich über viele kleine Missverständnisse, Irrtümer und Misserfolge im Kind derart aufgebaut hat, dass ein Verständnis für Mathematik zeitweise (oder dauerhaft?) massiv behindert scheint.

Wie lassen sich Probleme erkennen, um Schwierigkeiten vorzubeugen?

Zu Beginn des Lernprozesses gilt es, die Voraussetzungen für erfolgreiches Mathematiklernen bei allen Lernanfängern zu bestimmen.

Eine Ausgangsanalyse ist auch notwendig vor Beginn einer spezifischen Förderung. Dazu sollten u. a. folgende Fragen beantwortet werden:

- **Wie ist die Zählkompetenz entwickelt?**

Kann das Kind die Zahlwortreihe aufsagen (bis zu welcher Zahl?) und auch eine Menge von Gegenständen richtig abzählen? Kann das Kind rückwärts zählen? Kann das Kind in Sprüngen (Zehnersprünge, Zweiersprünge) zählen?

- **Wie sind die Fähigkeiten des Vergleichens und Ordnens entwickelt? Kann das Kind schon abstrahieren?**

Kann das Kind Gegenstände nach unterschiedlichen (und mehreren) Merkmalen vergleichen und ordnen? Kann es Kategorien bilden bzw. erkennen, zum Beispiel wonach Gegenstände geordnet sind oder geordnet werden können? Hat es die Mengeninvarianz verstanden?

- **Wie ist die Orientierungsfähigkeit entwickelt?**

Beherrscht es das eigene und fremde Körperschema? Wie gelingt die Orientierung im Raum? Welche körperlichen Besonderheiten bestehen, zum Beispiel welche Hand wird bevorzugt – beim Malen, Bauen, Schreiben, Essen ...? Kann es eine Arbeitsrichtung einhalten und sich auf einem Blatt, einer Heft- oder Buchseite zurechtfinden? Hat es (schon) verstanden, dass eine Arbeitsrichtung von links nach rechts im symbolischen Bereich beim Lesen und Schreiben eingehalten und die Raumlage von Zeichen beachtet werden muss? Kann es Bilder und Zeichen richtungsgetreu mit und ohne Vorlage zeichnen bzw. nach Bildern richtungsgetreu bauen? Unterscheidet es Identität und Symmetrie von Bildern?

- **Wie sind Vorstellungen entwickelt?**

Kann sich das Kind etwas vorstellen und solche Vorstellungen auch beschreiben, zum Beispiel zu Bildern Geschichten erfinden? Kann es nach Bildern bauen, zum Beispiel Würfelbauten, oder Würfel zählen bzw. Bauten in der Vorstellung verändern – etwas hinzufügen oder wegnehmen und erneut zählen. Zu diesen Fähigkeiten gehört auch das „Übersetzen" ebener Darstellungen in räumliche Gebilde und umgekehrt. Über welche Vorstellungen zu mathematischen Inhalten (Zahlen, Rechenoperationen, Größen, Geometrie) verfügt das Kind und wie kann es damit im Alltag umgehen?

- **Wie ist die Einsicht in die Zeichenbedeutung entwickelt?**

Hat das Kind schon Erfahrungen und Kenntnisse bei der Arbeit auf der symbolischen Ebene entwickelt? Kann es Mengen, Zahlwort und Zeichen einander zuordnen?

- **Wie sind Konzentration und Gedächtnis entwickelt?**

Kann das Kind willentlich seine Aufmerksamkeit für eine bestimmte Zeit auf vorgegebene Dinge lenken? Welche Strategien werden zum Einprägen verwendet?

Zum Bestimmen von Voraussetzungen (und zum Fördern!) eignen sich Aufgaben und viele Spiele aus der Kindergarten- und Vorschulzeit, in denen einige Kinder vielleicht schon ihre Schwächen signalisiert haben.

Zum Beispiel:

– „Ich sehe was, was du nicht siehst und das ist ..." z. B. rot und aus Holz (Können schon mehrere Eigenschaften beachtet werden?)

– „Mein Teekesselchen" (Können gleiche Begriffe mit unterschiedlicher Bedeutung gefunden und beschrieben werden?)

– „Suchbilder" (Was ist falsch bzw. hinzugekommen? Was hat sich verändert? Was fehlt?)

– „Welches Bild war es?" (Einprägen und Wiedererkennen)

– Nachbauen oder Zeichnen von Figuren mit und ohne Vorlage

Weitere Anregungen finden sich in *Lorenz/Radatz* 1993 und *Schulz* 1994b.

Neben diesen allgemeinen Voraussetzungen für erfolgreiches Lernen im Mathematikunterricht muss noch das gegenwärtige Fachprofil analysiert werden, zum Beispiel:

– Verfügt es über Vorstellungen von Zahlen?

– Hat es einen Zahlenraum aufgebaut und seine Struktur erkannt, oder kann es sich nur mechanisch innerhalb der Zahlwortreihe bewegen?

– Welche Vorstellungen hat es zu den Rechenoperationen entwickelt, welche Strategien verwendet es beim Rechnen?

– Über welche Größenvorstellungen verfügt es?

Wo steht Oliver in seinem individuellen Mathematiklernprozess?

Oliver hatte große Richtungsprobleme und konnte sich dadurch keinen Zahlenraum aufbauen. Die Bedeutung der Einhaltung einer Arbeitsrichtung im symbolischen Bereich war ihm nicht bewusst, sodass er ständig selbst seine Richtung wechselte. Es fiel ihm auch nicht auf, wenn er zweistellige Zahlen invertierte oder das Zeichen „<" immer unterschiedlich interpretierte. Hinsichtlich der Entwicklung des eigenen und fremden Körperschemas bestanden bei ihm deutliche Entwicklungsverzögerungen. Erschwerend konnte sich dabei die gleichzeitige Bevorzugung beider Hände auswirken (Neigung zu Beidhändigkeit oder noch unausgeprägte Lateralität?). Es bestanden noch Unsicherheiten in der Feinmotorik.

Weitere Probleme zeigten sich bei Oliver in der Entwicklung von Vorstellungen. Es gelang ihm nicht, mit Vorstellungsbildern zu operieren. Dadurch konnte er keine Vorstellungen von Zahlen und zu Rechenoperationen aufbauen. Seine bevorzugte Rechenstrategie war das Zählen. Er versuchte durch hohe Konzentrations- und Gedächtnisleistungen zu kompensieren und lernte viel Unverstandenes auswendig. Aber seine erlernten Automatismen waren oft unbrauchbar, weil sie nicht auf der Grundlage von Verständnis aufgebaut wurden. Seine mangelhaften Vorstellungen ließen ihn auch bei der Arbeit mit Größen scheitern.

Viele Grundschüler, die wie Oliver als „rechenschwach" befunden werden, zeigen ein ähnliches Leistungsprofil im Mathematikunterricht. Sie unterscheiden sich im jeweiligen Fehlerprofil je nach ausgedachten Strategien beim Lösen mathematischer Aufgaben. Solche Schüler konnten aufgrund von Entwicklungsverzögerungen in einigen für Mathematiklernen notwendigen Fähigkeitsbereichen wichtige fachliche Grundlagen nicht verstehen und aufbauen. Dadurch ist das Lernangebot für ihre Voraussetzungen oft unangepasst. Die Schüler sind auf sich gestellt, lernen viel auswendig und erfinden Ersatz- und Kompensationsstrategien – solche, die nach ihrem bisherigen Verständnis stimmen könnten. Um den Schülern zu helfen reicht es nicht aus, das Fehlerprofil zu analysieren, weil es in der Regel auch wenig direkte Erfolge bringt, eine Förderung bei den mathematischen Inhalten zu beginnen.

Wie kann Kindern mit extremen Lernschwierigkeiten im Mathematikunterricht geholfen werden?

Bei vielen Kindern ist aufgrund fehlender notwendiger Eingangsvoraussetzungen ein Verständnis für mathematische Inhalte massiv behindert. Und wenn dann für diese Kinder eine Förderung nicht bei den Grundlagen beginnt, haben sie keine Chance, dieses Verständnis zu erwerben. Der Aufbau solcher extremer Lernprobleme lässt sich aber verhindern, wenn schon vor der Schule bestimmte Entwicklungsbesonderheiten von Kindern beachtet und eine Entwicklung notwendiger Fähigkeiten im Spiel und im täglichen Leben gefördert werden. Schulbegleitend kann den Kindern in einer integrativen Lerntherapie geholfen werden, massive Lernprobleme abzubauen, Lernmotivation und Selbstwertgefühl zu stärken sowie notwendige Fähigkeiten und fachliche Grundlagen zu entwickeln. Eine integrative Lerntherapie ist auf drei Ziele gerichtet:

1. Verbesserung der emotionalen Befindlichkeit des Lernenden

2. Verbesserung der Lernvoraussetzungen für jegliches Lernen

3. Aufbau der grundlegenden Inhalte des Faches

Um diese Ziele zu erreichen, ist es notwendig, Bestandteile anderer Therapieformen in einer Lerntherapie zu integrieren.

Folgende Beispiele lassen sich diesbezüglich anführen:

- Übungen zur Orientierung dienen der Entwicklung des eigenen und fremden Körperschemas. Eine gute Orientierung im Raum und in der Ebene ist notwendig zum Erfassen und Beachten einer Arbeitsrichtung. Solche Übungen geben auch wertvolle Impulse zur Entwicklung der Körperwahrnehmung und der Feinmotorik.

- Spiele werden genutzt zum Aufbau der Lernmotivation und zur Verbesserung der emotionalen Befindlichkeit, zum Einüben von Strategien und zum Aufbau von Automatismen, aber auch zur Entspannung. Es sollen Lernblockaden oder Hemmungen überwunden und ein positives Selbstwertgefühl aufgebaut werden, insbesondere hinsichtlich des Lernens von Mathematik.

- Gespräche mit dem Lernenden und seinen Angehörigen werden genutzt zur Verbesserung der gesamten Situation des Lernenden in der Familie. Oft muss erst Verständnis für die besonderen Probleme entwickelt werden. Hilfen durch die Eltern beim Lernen des Kindes müssen gelernt und regelmäßig eingesetzt werden. Stundenlanges Üben ist wenig effektiv. Weiterhin ist für eine erfolgreiche Entwicklung ein anregendes Familienleben notwendig. Dazu müssen oft erst Voraussetzungen und Möglichkeiten im Elternhaus geschaffen werden.

- Konzentrations- und Gedächtnistraining werden in einer integrativen Lerntherapie eingesetzt, um die Lernsituation insgesamt zu verbessern und gleichzeitig die Grundlagen des Mathematiklernens zu sichern (zum Beispiel Erlernen des Einspluseins und Einmaleins, Einheiten und Umrechnungszahlen von Größen, geometrische Figuren und ihre Merkmale). Dazu werden Strategien zum Einprägen und Reproduzieren erprobt und genutzt. Kinder lernen so mit ihrem eigenen Gedächtnis besser umzugehen.

Diese Beispiele sind auch Bestandteile in Ergotherapie, Spieltherapie, Gesprächstherapie, Familientherapie und anderen Psychotherapieformen. Nur in einer sinnvollen Integration von Bestandteilen aus unterschiedlichen Therapien lässt sich gleichzeitig an der Beseitigung häufig noch bestehender Ursachen für die Lernprobleme und an der Entwicklung schulrelevanter Fähigkeiten, Strategien und inhaltlicher Grundlagen arbeiten. Damit können unter Umständen mehrere Therapien vermieden und schnellere Erfolge in Bezug auf das schulische Lernen erzielt werden. In einer integrativen Lerntherapie bei Dyskalkulie liegt der Schwerpunkt auf der Entwicklung von kognitiven Fähigkeiten und Stützfunktionen an ausgewählten grundlegenden Inhalten des Mathematikunterrichts. Dabei wird davon ausgegangen, dass durch Fördern der Fähigkeiten und Erlernen und Erproben effektiver Strategien diese auch effektiver beim Lernen von Inhalten eingesetzt werden können. Durch die Arbeit an den Grundlagen des Faches kann der Anschluss an den Regelunterricht wieder hergestellt werden, gleichzeitig wird die Transferfähigkeit auf weitere mathematische und andere Inhalte gefördert und entwickelt. Darüber hinaus soll durch die Arbeit am Selbstwertgefühl der Lernende (wieder) Selbstvertrauen für das Lernen und Verstehen von Mathematik gewinnen.

Im Folgenden soll an zwei Beispielen gezeigt werden, wie ausgewählte Fähigkeiten entwickelt und Kinder wie Oliver gefördert werden können.

Entwickeln der Orientierungsfähigkeit

• **Bedeutung der Fähigkeit**

Die Orientierungsfähigkeit entwickelt sich wie jede Fähigkeit nur über das Tun. Es ist ein Komplex von Teilfähigkeiten, der dabei eine Rolle spielt – zum Beispiel Beherrschen des eigenen und des fremden Körperschemas, Orientieren im Raum (und in der Ebene). Das eigene und das fremde Körperschema sind bei vielen Kindern bis zur Einschulung entwickelt, während die Orientierung im Raum und dabei insbesondere die Rechts-Links-Unterscheidung im Grundschulalter noch lange Probleme bereiten können. Da die Begriffe *rechts* und *links* im täglichen Leben häufig verwendet werden, können Unsicherheiten schnell zu Missverständnissen, Verwirrung und Frustration führen. Darüber hinaus ist für Lernanfänger die Orientierungsfähigkeit notwendig, um sich im symbolischen Bereich mit seinen Zeichen zurechtzufinden. Kinder, die lesen, schreiben und rechnen lernen, müssen begreifen, dass die Reihenfolge der Buchstaben innerhalb eines Wortes und die Reihenfolge von Ziffern bei einer mehrstelligen Zahl von Bedeutung ist. Weiterhin ist es wichtig, beim Lösen von Aufgaben oder beim Beschreiben und Erzählen eine Reihenfolge einzuhalten und zu behalten.

• **Übungen zur Entwicklung der Fähigkeit**

Am Körperschema wird während der gesamten Vorschulzeit gearbeitet. Zuerst erlernen die Kinder eine grobe Differenzierung in Kopf, Arme, Beine und Bauch kennen. Danach können sie auch Körperteile wie Nase, Mund, Finger und Zehen zeigen, bevor eine Zuordnung von rechts und links am eigenen Körper gelingt. Die Entwicklung des eigenen Körperschemas und eine gute Körperwahrnehmung sind Voraussetzung, um die Dreidimensionalität des Raumes zu erfahren und zu erleben. Übungen, die für

Körperschema und Körperwahrnehmung förderlich sind, wären zum Beispiel: Berühren eines Kindes mit verbundenen Augen – das Kind muss sagen, wo es berührt wurde; Auswahl von Gegenständen aus unterschiedlichen Materialien (Stoff, Holz, Glas, Metall, Plastik, Gummi) – das Kind muss das Material auf der Haut spüren und erkennen. Weiterhin sind zum Entwickeln der Orientierungsfähigkeit seriale Leistungen notwendig (Beachten und Einhalten von Reihenfolgen). Hierzu zählen Übungen wie Nachahmen von Bewegungen, Handlungen, Lautfolgen oder das richtige Aneinanderreihen von Einzelteilen bei Mustern, Perlenketten, Bilderfolgen, Puzzles u. Ä. Beim Erzählen und Beschreiben kommt es auf eine richtige Verwendung der Präpositionen *auf, unter, in, hinter, vor* an und auf eine richtige zeitliche Reihenfolge – zuerst, danach, zuletzt.

Erst wenn Kinder Sicherheit in der Orientierungsfähigkeit erlangt haben und die Besonderheiten des Arbeitens mit Symbolen kennen, sind sie auch in der Lage, sich einen Zahlenraum aufzubauen, seine Strukturen zu erkennen und zum Rechnen zu nutzen. Oft muss also mit Kindern nach entsprechenden Übungen zum Entwickeln der Orientierungsfähigkeit der Zahlenraum erneut aufgebaut werden. Ein (Neu-)Aufbau des Zahlenraumes erfolgt parallel zur Entwicklung von Vorstellungen über Zahlen (vgl. *Schulz* 1998, S. 18ff). Die Kinder lernen Zahlen nicht isoliert, sondern ordnen sie immer in ein System ein. Dazu eignet sich eine strukturierte Darstellung des jeweiligen Zahlenraumes als Reihe oder Feld mit deutlich sichtbarer Fünfer- und Zehnerstruktur (vgl. auch *Krauthausen* 1995, S. 87ff). Kinder sollen dabei keineswegs alle Lücken ausfüllen, sondern sich auch hier nur wenige Orientierungspunkte schaffen und die Anordnung der Zahlen entdecken und verstehen. Haben sie einmal den Aufbau des Zahlenraumes verstanden, können sie bekannte Strukturen zum Rechnen nutzen durch Übertragen dieser Kenntnisse (4 + 3 = 7, dann ist 14 + 3 = 17), den Zahlenraum beliebig erweitern und auch immer wieder Leerfelder belegen. Ist der Zahlenraum aufgebaut und die Anordnung der Zahlen in diesem verstanden, gelingt es auch, Vorgänger und Nachfolger gegebener Zahlen zu finden und zu nennen. Natürlich liegt es nahe, mit der Orientierung im Zahlenraum auch gleich eine falsche Schreibweise von zwei- oder mehrstelligen Zahlen zu korrigieren. Es ist nicht einzusehen, warum bei zweistelligen Zahlen plötzlich von rechts nach links geschrieben wird. Das Eingeben von Zahlen in einen Computer oder Taschenrechner macht die Notwendigkeit der richtigen Schreibrichtung deutlich. Als Hilfe für eine richtige Schreibweise können Kinder an das Legen oder Malen von Zahlen erinnert werden: Schreibe, wie du legst (malst). Mit Hilfe des aufgebauten Zahlenraumes können Kinder in Sprüngen vorwärts und rückwärts zählen, was ihnen innerhalb der Zahlwortreihe nur mit Mühe gelingt. Das Verständnis für die Anordnung der Zahlen im Zahlenraum ist eine wichtige Grundlage für das Rechnen.

- **Hilfe für Oliver**

Oliver beherrschte das eigene Körperschema noch nicht. Er war nicht in der Lage, mit Sicherheit seine rechte Hand zu heben, die Finger an beiden Händen zu benennen und zu unterscheiden oder einzelne Körperteile nach Aufforderung zu zeigen. In den ersten gemeinsamen Stunden einer integrativen Lerntherapie standen solche Übungen im Vordergrund. Oliver bekam ein Schleifchen um das rechte Handgelenk als Orientierungshilfe, lernte darüber hinaus einen „Orientierungstrick" kennen, dass die rechte Hand die „Guten-Tag-Hand" ist. Er sollte dann abwechselnd seine Körperteile zeigen, zum Beispiel den rechten Fuß, das linke Ohr, den rechten Zeigefinger oder Aufgaben erfüllen wie „Lege deine Hände auf den Kopf!", „Halte deine Hände unter das Kinn!". Auch das Nachahmen von Bewegungen waren für ihn nützliche Übungen. Erst, als er das eigene Körperschema beherrschte, sollte er auch Körperteile an anderen Personen oder Lebewesen zeigen. Dazu war es notwendig, sich in die Lage eines anderen zu versetzen – gedanklich im Kopf drehen oder anfangs wirklich diese Lage einnehmen. Aufgaben wie: „Zeige meine rechte Hand!", „Lege deine linke Hand auf meine rechte Schulter!" konnten sicher ausgeführt werden, bevor mit Bildern in der Ebene gearbeitet wurde. Gleichzeitig mit dem Aufbau der Orientierungsfähigkeit musste er Erfahrungen beim Umgang mit Symbolen und beim Einhalten einer Arbeitsrichtung aufbauen. Oliver hatte zum Beispiel Probleme in der Heftführung. Er begann die Seiten nie oben zu beschreiben und blätterte um, bevor eine Seite voll war.

Beim Ausmalen von Bildern begann er meist unten rechts. Zum Einhalten der Arbeitsrichtung im symbolischen Bereich bastelte er sich einen Pfeil aus Buntpapier, den er dann immer in der „richtigen" Lage (von links nach rechts weisend) über seine Hefte und Bücher legte. Ihm wurde so bewusst, dass es oft notwendig ist, eine Arbeitsrichtung zu beachten. Es dauerte lange, bis Oliver das Einhalten einer Richtung auch auf Dinge des täglichen Lebens übertrug und eine bestimmte selbstgewählte Systematik einhielt, aber diese Übungen dienten dazu, ihm die Richtungsproblematik bewusst zu machen.

Entwickeln von Vorstellungen

- **Bedeutung der Fähigkeit**

Etwa mit fünf bis sechs Jahren sind Kinder in der Lage, neben statischen Vorstellungsbildern auch dynamische zu produzieren, das heißt, sie können mit Vorstellungsbildern operieren in Form von Lage- und Strukturveränderungen. Diese Fähigkeiten erlangen für mathematisches Verständnis deshalb eine große Bedeutung, weil insbesondere beim Rechnenlernen Handlungen vorgestellt werden müssen. Manche Kinder weisen hinsichtlich dieser Fähigkeiten eine deutliche Entwicklungsverzögerung aus unterschiedlichen Gründen auf. Sie sind dann häufig nicht in der Lage, die vielfältigen Darstellungen in Büchern richtig zu interpretieren – oft müssen statische Bilder erst in dynamische Handlungen „übersetzt" werden. Ein zu schneller Übergang zu symbolischen Darstellungen lässt dann diese Kinder scheitern. Bevor sie überhaupt Vorstellungen von

Zahlen und Vorstellungen zu Rechenoperationen aufgebaut haben, sollen sie schon Rechenaufgaben lösen können. Um einen Ausweg aus diesem Dilemma zu finden, werden viele Kinder wie Oliver zählende Rechner und bleiben es meist auch, obwohl diese Strategie sich schon bald (spätestens in der zweiten Klasse bei Aufgaben wie 36 + 28) als Sackgasse erweist. Viele Anschauungsmittel können von Kindern mit Vorstellungsproblemen nicht richtig genutzt werden, da sie nicht wissen, was sie eigentlich veranschaulichen sollen. So verwenden Kinder Anschauungsmittel nach ihrem Verständnis und auf ihrem Erfahrungshintergrund. Ein zählender Rechner wird versuchen, Anschauungsmittel zum Zählen zu nutzen (vgl. auch *Lorenz* 1992; *Radatz* 1986, 1989, 1991).

- **Übungen zur Entwicklung der Fähigkeit**

Die Kinder sollen durch den handelnden Umgang mit unterschiedlichen Objekten Erfahrungen hinsichtlich Formen, Größen oder Anzahlen aufbauen, die sie später vorstellungsmäßig abrufen können. Zum Beispiel ordnen die Kinder Gegenstände nach ihrer Körperform. Dazu werden Körperformen untersucht und ihre Merkmale betrachtet (Woran erkenne ich die Körperform zum Beispiel mit geschlossenen Augen?). Entsprechende Gegenstände werden in der Umwelt gesucht und ihre Form aus Knete dargestellt. Tastbeutel können verwendet werden – welche Gegenstände befinden sich darin und woran lassen sie sich erkennen? Gleiche Übungen können mit verbundenen Augen wiederholt werden — Gegenstände sortieren oder aus Knete formen. Haben die Kinder genügend Erfahrungen an Körpern gesammelt, können ebene Darstellungen verwendet werden, zum Beispiel Zuordnen von Bildern zu den entsprechenden Gegenständen. Besonders wichtige Vorleistungen sind Bauen nach Bildern, Bauen nach eingeprägten Vorlagen oder Bauen mit verbundenen Augen nach Vorgaben. Dabei spielen nicht nur Anforderungen an das Vorstellungsvermögen eine Rolle, sondern darüber hinaus bestehen Anforderungen an Orientierungsfähigkeit, Konzentration und Gedächtnis. Zur Entwicklung von Vorstellungen eignen sich ebenfalls alle bekannten Übungen wie Zeichnen, Legen von Figuren, Zusammenstecken von Einzelteilen, Schneiden, Falten u. Ä. Durch solche Tätigkeiten wird ein wertvoller Beitrag zur Entwicklung der Feinmotorik geleistet.

Hinsichtlich der Größenvorstellungen sollen die Kinder Erfahrungen aufbauen, um Gegenstände nach ihrer Größe zu vergleichen – welcher ist länger, schwerer, welche können ineinander gestellt werden u. Ä. Aufforderungen wie: Gib mir von den beiden Bällen den größeren, von den drei Ketten die längste ... sollten mit offenen und geschlossenen Augen (nur durch Tasten) sicher bewältigt werden können. Erste Vorstellungen von Zahlen werden ebenfalls durch einfache Verrichtungen im Alltag entwickelt. Durch Einbeziehen von Anzahlen in Aufgabenstellungen wie: Lege drei Perlen dazu! Gib mir vier Bonbons u. Ä. entwickelt sich die Zählkompetenz weiter. Durch Legen von Figuren und Mustern in einfacher Strukturierung sollte das Kind lernen, kleine Anzahlen ohne zählen zu erfassen (besonders geeignet ist dazu die Struktur der Würfelbilder). Eine strukturierte Darstellung kann später das Vorstellen und Operieren im Zahlenraum erleichtern.

Sichere Vorstellungen von Zahlen und eine gute Orientierung im Zahlenraum sind generelle Voraussetzungen für das Verständnis von Rechenoperationen – das gilt auch für Kinder mit Lernschwierigkeiten im Mathematikunterricht. Nach den oben beschriebenen Übungen muss oft erst ein neues Verständnis für Rechenoperationen bei den Kindern aufgebaut werden. Dabei ist es notwendig, Vorerfahrungen der Kinder bewusst zu machen und zu nutzen. Oft genug wird deutlich, dass gerade diese Kinder ihre Vorerfahrungen nicht in Verbindung mit sogenannten schulischen Inhalten bringen können und diese demzufolge auch nicht nutzen. Sie sind häufig festgelegt auf ineffiziente Strategien und regelrecht verblüfft, wenn sich plötzlich Zusammenhänge zu ihren Lebenserfahrungen auftun. Ein Aufarbeiten der Vorerfahrungen ist besonders mit Kindern, die Lernschwierigkeiten haben, notwendig. Das Manipulieren mit Gegenständen kann diesen Prozess sehr unterstützen oder auch erheblich erschweren, wenn Kinder nicht wissen, *was, wie* und *warum* sie handeln. Durch einfach strukturierte Handlungen und Bilder sollen Kinder das Wesen von Rechenoperationen erfassen und die Handlungen später auch gedanklich an vorgestellten Bildern ausführen können. Für Kinder wie Oliver ist es ohne Aufbau dieser Grundlagen schwierig zu erkennen, was und wie man sich etwas vorstellen kann – und ohne Vorstellungen bleibt das Rechnen mechanisch, oft ohne Sinnbezug. Sind aber Vorstellungen von Zahlen, Vorstellungen zu Rechenoperationen und Einsichten in den Aufbau des Zahlenraumes erst einmal entwickelt, können sich auch diese Kinder mathematische Inhalte (neu) erschließen.

Zusammenfassung

In der Regel lernen Kinder nicht absichtlich schlecht oder machen wissentlich Fehler. Kinder brauchen wie wir Erwachsenen den Erfolg. Oft bewerten sie ihren Schulerfolg als Lebenserfolg, weil sie fast täglich viele Stunden in der Schule verbringen und viele Wünsche, Hoffnungen, Interessen und auch Ängste im Grundschulalter irgendwie mit Schule verbunden sind. Schulerfolg wird von Eltern, Großeltern, Verwandten und Bekannten ebenfalls sehr hoch bewertet. Kinder mit Lernschwierigkeiten brauchen Hilfe und viel Verständnis von Lehrern, Eltern, Mitschülern ... auch sie brauchen Erfolg.

Lernschwierigkeiten entwickeln sich, wenn über einen langen Zeitraum die Forderungen den Voraussetzungen des Kindes nicht angepasst sind. Auch für Kinder wie Oliver gilt: **Mathematiklernen** kann dem Kind nicht abgenommen werden, es muss es **selbst tun**. Dazu sind Voraussetzungen notwendig, auf deren Grundlage das Kind Erfahrungen im Umgang mit Zahlen, Rechenoperationen, Größen, geometrischen Inhalten ... erwerben kann. Kinder bringen nicht selbstverständlich alle benötigten Voraussetzungen mit, sondern sie müssen oft erst entwickelt werden. Vieles kann aber dazu vor der Schule und in den ersten Grundschuljahren getan werden.

Literatur:

Bauersfeld, H. (1983). Subjektive Erfahrungsbereiche als Grundlage einer Interaktionstheorie des Mathematiklernens und -lehrens. – In: *Bauersfeld, H. u. a.* (Hrsg.), Lernen und Lehren von Mathematik. Köln: Aulis, S. 1-56.

Fischer, R./ Malle, G. (1985). Mensch und Mathematik. Wien: Bibliographisches Institut.

Janvier, C. (1987). Problems of representation in the teaching and learning of mathematics. Hillsdale, NJ: Erlbaum.

Johnson, D. J./ Myklebust, H. R. (1976). Lernschwächen. Ihre Formen und ihre Behandlung. Stuttgart: Hippokrates.

Krauthausen, G. (1995). Die „Kraft der Fünf" und das denkende Rechnen. – In: *Müller, G. N./Wittmann, E. Ch.* (Hrsg.), Mit Kindern rechnen. Frankfurt/M.: Arbeitskreis Grundschule, S. 87-108.

Lorenz, J. H. (1992). Anschauung und Veranschaulichungsmittel im Mathematikunterricht. Mentales visuelles Operieren und Rechenleistung. Göttingen: Hogrefe.

Lorenz, J. H./ Radatz, H. (1993). Handbuch des Förderns im Mathematikunterricht. Hannover: Schroedel.

Nolte, M. (1996). Zur Interpretation von rechenschwachen Kindern im Mathematikunterricht der Grundschule. – In: *Kadunz, G. u. a.* (Hrsg.), Trends und Perspektiven. Wien: Hölder-Pichler-Tempsky.

Peschek, W. (1986). Abstraktion und Verallgemeinerung. – In: *Müller, K. P.* (Hrsg.), Beiträge zum Mathematikunterricht. Bad Salzdetfurth: Franzbecker, S. 231-234.

Radatz, H. (1986). Anschauung und Sehverstehen im Mathematikunterricht der Grundschule. – In: *Müller, K. P.* (Hrsg.), Beiträge zum Mathematikunterricht. Bad Salzdetfurth: Franzbecker, S. 239-242.

Radatz, H. (1989). Schülervorstellungen von Zahlen und elementaren Rechenoperationen. – In: *Müller, K. P.* (Hrsg.), Beiträge zum Mathematikunterricht. Bad Salzdetfurth: Franzbecker, S. 306-309.

Radatz, H. (1991). Einige Beobachtungen bei rechenschwachen Grundschülern. – In: *Lorenz, J. H.* (Hrsg.), Störungen beim Mathematiklernen. Köln: Aulis, S. 17-29.

Schipper, W. (1982). Stoffauswahl und Stoffanordnung im mathematischen Anfangsunterricht. Journal für Mathematikdidaktik, H. 3, S. 91-120.

Schulz, A. (1994a). Den Schüler oder den Unterricht anpassen? Rechenschwäche muß nicht sein. Grundschulunterricht, H. 2, S. 22-25.

Schulz, A. (1994b). Fördern im Mathematikunterricht. Was kann ich tun? Berlin: paetec.

Schulz, A. (1995). Lernschwierigkeiten im Mathematikunterricht der Grundschule. Berlin: paetec.

Schulz, A. (1998). Rechnen lernen heißt sehen lernen. Praxis Grundschule, H. 2, S. 18-23.

Winter, H. (1989). Entdeckendes Lernen im Mathematikunterricht. Braunschweig: Vieweg.

Petra Scherer

Kinder mit Lernschwierigkeiten – „besondere" Kinder, „besonderer" Unterricht?[1]

*Ein guter Unterricht [...] ist wahrscheinlich
für den weniger begabten Schüler noch wertvoller als für den Begabten,
denn jener wird leichter als dieser durch schlechten Unterricht aus der Bahn geworfen.*
Jerome Bruner 1970, 23

Der vorliegende Beitrag befasst sich mit lernschwachen Kindern als besonderen Kindern und den erforderlichen Fördermaßnahmen; im Grunde genommen ist aber jedes Kind ein besonderes Kind: jedes Kind ist ein Individuum mit einer individuellen Lerngeschichte, mit individuellen Interessen und Vorlieben, möglicherweise mit Ängsten und Versagenserlebnissen. Und so sind auch besondere Fördermaßnahmen vorsichtig zu beurteilen, denn „jedes Kind hat aufgrund seiner Einmaligkeit einen besonderen, nämlich individuellen Förderbedarf. Insofern ist jeder Förderbedarf ein anderer. Deshalb ist auch die Frage nach zusätzlichem oder sonderpädagogischem Förderbedarf müßig. Es ist ohnehin kein Pädagoge in der Lage zu sagen, was regulärer und was zusätzlicher Förderbedarf ist" (*Eberwein* 1997, 16).

1. Modernes Verständnis von Mathematikunterricht

Der Paradigmenwechsel im Verständnis von Lernen und Lehren hat in den letzten Jahren entscheidende unterrichtliche Konsequenzen bewirkt. Die veränderte Sichtweise von Mathematik und von Mathematiklernen rückt die *Eigenaktivität* der Schülerinnen und Schüler in den Mittelpunkt (vgl. z. B. *Winter* 1991; *Wittmann* 1990). Doch die Realisierung im Unterrichtsalltag erweist sich häufig als schwierig; die Berücksichtigung wirklich *aller* Kinder – also sowohl leistungsstarker als auch leistungsschwacher – unterliegt möglicherweise der Angst vor Überforderung, und nicht selten verfällt man bezogen auf lernschwache Kinder auf traditionelle Muster zurück: Entdeckendes Lernen, Eigenaktivität, Lernen in komplexen Lernumgebungen, auf eigenen Wegen u. v. m. sind zwar inzwischen Unterrichtsprinzipien für die Grundschule; häufig jedoch nicht für lernschwache Schüler. Immer noch glaubt man, dass lernschwache oder lernbehinderte Schüler mit derartigen Anforderungen nicht zurechtkommen. Die Folge ist, dass die Anforderungen heruntergeschraubt werden und dass die Schüler oftmals nur mit den elementarsten Grundlagen des Rechnens konfrontiert werden. Die ‚Schüler-

---

[1] Ausgearbeitete Fassung eines Vortrags auf der Herbsttagung ‚Arbeitskreis Grundschule' 1997 in Tabarz.

aktivitäten' beschränken sich häufig auf reine Reproduktion.

Im Folgenden wird zunächst etwas genauer die Frage erörtert *„Wie äußern sich Lernschwierigkeiten, Lernschwächen und Lernbehinderungen?"*, um dann exemplarisch existierende Formen der Förderung für diese Kinder zu beleuchten, dies vor dem Hintergrund der Frage nach der Erfordernis eines besonderen Unterrichts. Illustriert werden dann konkrete Förderungsmöglichkeiten für den *Unterricht*.

Die Ausführungen beschränken sich auf den Mathematikunterricht, wohlwissend, dass Lernschwierigkeiten oder Lernschwächen häufig durch außerschulische Faktoren oder andere Fächer mitverursacht sind und das Aufbrechen eines komplexen Systems erforderlich ist.

2. Mögliche Ursachen und Erscheinungsformen von Lernschwächen

Lernbehinderung, als eine stärkere Form von Lernschwächen, ist – im Gegensatz zu anderen Behinderungen – weder als Sinnesschädigung zu verstehen noch als konkretes Merkmal an den Personen selbst zu erkennen. Sie ist in fast allen Fällen erst mit dem Schulbesuch erkennbar, und nur ein geringer Prozentsatz wird schon vor Schuleintritt z. B. in einer Vorklasse oder im Kindergarten auffällig und besucht die erste Klasse der Schule für Lernbehinderte (vgl. z. B. *Stranz* 1966; *Bartz* 1991; *Roik* 1997). So ist eine exakte Definition von Lernbehinderung mit entsprechenden Merkmalen äußerst schwierig, und letztendlich zeichnet sich ein uneinheitliches Bild der Lernbehinderten mit z. T. kontroversen Auffassungen ab, und als einziger Konsens ist das *nachhaltige Schulversagen* zu nennen (vgl. *Kanter* 1974, 152; *Kanter* 1994, 688). „Eine Lernbehinderung zeigt sich in unzulänglicher Effektivität der Lernfähigkeit des Schülers unter den im Unterricht der allgemeinen Schule angewendeten Lehr- und Arbeitsverfahren. Sie ist abhängig von der Organisationsform der Schule, von Art und Umfang und Höhe ihrer Leistungsanforderungen und von der bisherigen individuellen Förderung" (*KM* 1972, 1).

Für den Mathematikunterricht sind insbesondere folgende Verhaltensmerkmale bei Lernbehinderten von Bedeutung (z. T. festgestellt in Untersuchungen zu Rechenleistungen; vgl. *Scherer* 1995, 21f. und die dort angegebene Literatur):

- eingeschränkte und weniger differenzierte Wahrnehmungsleistungen,

- verminderte und strukturell vereinfachte Vorstellungsfähigkeit,

- verminderte, nach Zeit und Intensität wechselnde Konzentration, vor allem in komplexen Situationen und bei abstrakten Inhalten; dadurch häufig mitbedingt ein geringes Arbeitstempo,

- verminderte Leistungen des Kurzzeit- und des Langzeitgedächtnisses,

- Beeinträchtigung der kognitiven Verarbeitungsprozesse (Abstrahieren, Begriffsbildung, Urteilsbildung, produktives und reproduktives Denken, Transfer, Gestaltung),

- mechanisches Abarbeiten der Rechenvorgänge,
- weniger ausgeprägte Eigensteuerung und Selbstkontrolle, verringertes Ausmaß an Leistungsmotivation und Durchhaltevermögen,
- vermindertes Selbstvertrauen und Versagensängste,
- Beeinträchtigung der Sprache,
- Beeinträchtigung des Sozialverhaltens.

Solch eine Auflistung ist natürlich nicht in dem Sinne zu verstehen, dass ein Kind all diese Merkmale in sich vereinigt. Die Beeinträchtigungen sind oft nur partiell oder temporär festzustellen und in vielen Fällen veränderbar.

Lernprozesse finden im Vergleich zu normalbegabten Kindern in zeitlicher Ausdehnung, reduziertem Umfang und mit größerer Fehleranfälligkeit statt. *Kutzer* (1983, 11) hält in diesem Zusammenhang fest, dass die erlangten und feststellbaren Lernleistungen mitunter auch auf die (z. T. ungeeignete) Unterrichtspraxis zurückzuführen sind und somit keinen Maßstab für die Lernmöglichkeiten darstellen (vgl. auch den nachfolgenden Abschnitt 3.1).

Bei der Suche nach geeigneten Fördermöglichkeiten stellt sich zunächst die Frage nach adäquaten Organisationsformen, die i. d. R. auch schon inhaltliche Konsequenzen nach sich ziehen.

3. Gemeinsamer Unterricht vs. Aussonderung

3.1 „Therapieren"

Eine erste Möglichkeit wäre das Therapieren der existierenden Störungen und Ausfälle. (Nicht unerheblich ist dabei die Frage, in welcher Form diese Beeinträchtigungen diagnostiziert wurden! Vgl. dazu auch den Beitrag von *Wielpütz* in diesem Band.) Solch eine Orientierung an den Defiziten der Schüler wurde in der Sonderpädagogik in der Vergangenheit immer wieder kritisiert (vgl. z. B. *Baier* 1977, 451; *Begemann* 1975), denn die „Gefahr des Vorgehens […] liegt darin, dass man z. T. gerade negative Schülermerkmale verfestigt. Adaption von Unterrichtsmethoden muss also immer das Ziel haben, sich aufzuheben" (*Böhm* 1986, 819). So forderten *Böhm/Grampp* schon 1975, „dass die Lernbehindertendidaktik intensiver als bisher diskutieren muss, ob sie ihre Inhalte und Methoden den ‚Schwächen' ihrer Schüler anpassen will, oder ob nicht durch eine veränderte Didaktik im Sinne der Ermöglichung divergenten Verhaltens zugleich eine Veränderung der Fähigkeiten der Schüler eintritt, und weiter, ob wie bisher der Lernstoff, d. h. inhaltliche Ziele im Vordergrund stehen sollen, oder ob nicht in vermehrtem Umfang im Unterricht auch prozessuale Ziele des selbstständigen Lernens und des Lernens im sozialen Verband verfolgt werden müssen" (ebd., 133).

Eine derartige Anpassung von Methoden an die Schwächen der Kinder, die Isolierung der Kinder, findet sich seit geraumer Zeit – und dies in zunehmenden Maße – in Fällen sog. „Rechenschwäche" (zu diesem Problemfeld vgl. *Lorenz/Radatz* 1993). Die Störungen werden in speziellen Sitzungen zu beheben versucht.

Die Notwendigkeit besonderer, möglicherweise individueller Fördermaßnahmen soll hier keineswegs negiert werden. Spezielle Förderstunden und -sitzungen haben durchaus ihren Sinn und Zweck. Die Tatsache, dass solche therapeutischen Maßnahmen oftmals völlig losgelöst vom Unterricht stattfinden, ist jedoch bedenklich. Dass dies am Anfang eines solchen Programms durchaus sinnvoll sein kann, ist unbestritten. Dann nämlich, wenn die Unterrichtssituation als solche für ein Kind sehr negativ behaftet ist (inhaltlich wie auch psychisch). In diesen Fällen kann es erforderlich sein, dem Kind zunächst einmal andere Zugänge zu ermöglichen. Wenn jedoch bei Therapiemaßnahmen über einen Zeitraum von ein oder zwei Jahren nicht als langfristiges Ziel die Verbindung von außerschulischem Trainingsprogramm und Unterricht angestrebt wird und von Seiten der Therapeuten kaum Interesse an dem gezeigt wird, was im Unterricht behandelt wird, dann ist dies mehr als gefährlich.

Bestätigt hat diese Befürchtungen ein Schweizer Kollege des schulpsychologischen Dienstes, der immer häufiger Fälle von „Rechenschwäche" antrifft. In der Literatur beschriebene Symptome werden von Eltern und Lehrkräften als Legitimation genutzt, die Verantwortung an außerschulische Personen und Organisationen abzugeben: es muss nicht weiter im eigenen Unterricht nach mitverursachenden Faktoren oder nach unterrichtlichen Fördermöglichkeiten geschaut werden (vgl. *Meyer* 1994). Letztlich wirft sich die Frage auf, ob man möglicherweise vorschnell zu einer solchen Diagnose bereit ist.

3.2 Integration

Seit einiger Zeit beeinflussen neue Rahmenbedingungen die Überlegungen für unterrichtliche Bemühungen: Der gemeinsame Unterricht behinderter und nichtbehinderter Kinder, die sog. „integrative Beschulung", eine zunehmend häufiger anzutreffende Organisationsform für Kinder mit Lernschwächen. Dieses Konzept wird zukünftig sicherlich noch stärker den Unterricht und damit auch den Mathematikunterricht bestimmen.

In Nordrhein-Westfalen und auch Niedersachsen haben die Eltern das Recht, die Schulform für ihr Kind zu wählen. Bedingung ist, dass die Schule personell und materiell auf den Unterricht mit Behinderten vorbereitet ist; die Integration soll ‚kostenneutral' erfolgen (vgl. dazu *Christiani* 1995; *Hüwel* 1996; *KM* 1996). 1996 waren in Nordrhein-Westfalen 420 von insgesamt 3400 Grundschulen entsprechend ausgestattet. In anderen Bundesländern sieht die Lage z. T. etwas anders aus: So werden beispielsweise in Hessen bereits in einem Drittel aller Grundschulen behinderte Kinder integrativ beschult (vgl. dazu *Heyer* 1997). Weitestgehend ungeklärt ist noch die Frage der Weiterführung der Integration in der Sekundarstufe I. Die Behindertenverbände sprechen in Nordrhein-Westfalen von einem ‚Etikettenschwindel' und betonen, dass das Ziel von ‚Integration' die optimale Förderung sein muss.

Betrachtet man etwas genauer die Erfahrungsberichte zum gemeinsamen Unterricht oder integrativen Klassen, so finden sich hier i. d. R. positive Erfahrungen bei Projekten, im Sachunterricht etc., nicht aber im *Mathematikunterricht*. Lässt sich in diesem Fach Integration nur schwer oder gar nicht realisieren? Mathematik gilt für diese Zwecke als schwierig: Weil die Kinder oftmals in diesem Fach Versagensängste mitbringen? Weil überwiegend die Mathematik (neben dem Fach Deutsch) den Schulwechsel oder den Status eines Kindes mit speziellem Förderbedarf verursacht hat? Ist es aber nicht gerade dann erforderlich, in diesem Fach gemeinsamen Unterricht zu praktizieren und den Kindern Erfolgserlebnisse innerhalb der Gruppe zu ermöglichen?

Das Fach Mathematik hat bezogen auf integrativen Unterricht einen besonderen Status: Auf der Sitzung einer Arbeitsgruppe, deren Ziel u. a. die Erweiterung des Lehrangebots in den jeweiligen Fachdidaktiken im Hinblick auf Gemeinsamen Unterricht ist, wurde von Pädagogenseite die Hypothese aufgestellt, dass in der Mathematikdidaktik diesbezüglich für die Lehrerausbildung keine umfassenden Lernangebote gemacht würden, da man mit lernschwachen Kindern all die komplexen und anspruchsvollen Unterrichtsbeispiele wohl nicht durchführen könne.

In der Praxis treffen z. T. konträre Ansichten aufeinander:

- Bezogen auf die Lehreraus- und -fortbildung wird häufig von ministerieller Seite oder der Bezirksregierung argumentiert, dass Grundschullehrerinnen und -lehrer hochqualifiziert seien, sodass auch die sonderpädagogische Förderung von ihnen ohne weiteres geleistet werden könne. Bezogen auf die spezifische Ausbildung der beteiligten Sonderpädagogen werden auch diese als Allround-Talente dargestellt, da viele Behinderungen sowieso Mehrfachbehinderungen seien.

- Im Gegensatz dazu halten sich viele Grundschullehrerinnen und -lehrer für spezielle Lernprobleme nicht zuständig, da sie keine spezielle Ausbildung haben und der Umgang mit Lernschwächen häufig auch als etwas sehr Spezifisches dargestellt wird.

Sehr bedenklich sind dann Aussagen zum Umgang mit lernschwachen Kindern, wobei es im folgenden zitierten Artikel wohlgemerkt um Kooperation zwischen Grund- und Sonderschullehrerinnen und -lehrern geht: „Einfach gesagt, geht es darum, die entsprechenden Lernprobleme einzelner Schüler so individuell und kreativ wie möglich anzugehen und sich dabei aller verfügbaren Vergegenständlichungsmittel, Spiele, Übungsformen usw. zu bedienen. Hier ist Einfallsreichtum gefordert, um neue Zugänge zu alten Inhalten zu erschließen. In dieser konsequenten Suche und im Ausprobieren anderer Mittel und Wege (vor dem Hintergrund des Wissens um Lernvorgänge und -störungen) findet sonderpädagogische Methodik ihren Ausdruck" (*Erath* 1989, 34). Nicht selten ufert diese Sonderstellung lernschwacher Kinder in pure Beliebigkeit aus.

Die Lehrerbildung ist zukünftig viel stärker als bisher gefragt, Lehramtsstudierende auf diese neuen unterrichtlichen Anforderungen vorzubereiten. Allerdings sollte dabei verdeutlicht werden, dass es sich nicht um *besonderen*, im Sinne von völlig anderen Unterricht handelt: Auch lernschwache Kinder lernen nicht *prinzipiell* anders als normalbegabte Kinder. Es müsste daher auch möglich sein, lernschwache und normalbegabte Kinder gemeinsam im Unterricht zu fördern und dies auch im Mathematikunterricht.

3.3 „Natürliche" Differenzierung

Die Berücksichtigung *aller* Kinder wird dadurch erschwert, dass beispielsweise in der Grundschule die Schülerschaft zunehmend heterogener wird (vgl. *Radatz* 1995). Eine Hauptforderung an den Mathematikunterricht sind geeignete Differenzierungsmaßnahmen, um *allen* Schülerinnen und Schülern gerecht zu werden. Eine vorab von der Lehrerin/dem Lehrer festgelegte Differenzierung erweist sich insofern als schwierig, als eine sinnvolle Trennung von Leistungsgruppen auf Grund der fließenden Übergänge kaum möglich ist (vgl. *Radatz* 1995, 376) und ein solches Vorgehen zudem auch recht aufwändig sein kann.

Will man nicht für jedes Kind ein spezielles Angebot machen (was auch nicht wünschenswert ist, da es zu einer Isolierung der Kinder führen kann und auch mit Blick auf die Unterrichtsorganisation wenig ökonomisch ist), dann sind andere Maßnahmen erforderlich. Geeigneter erscheinen hier Formen einer *natürlichen* Differenzierung (*Wittmann* 1990, 159), bei der die Kinder ihr Bearbeitungsniveau *selbst* wählen können und so eine Über- wie auch Unterforderung der einzelnen Kinder sehr viel unwahrscheinlicher wird. D. h. insbesondere bei extremen Leistungsunterschieden (z. B. in Integrationsklassen) besteht die Möglichkeit, dass *alle* Kinder an *ein und derselben* Aufgabe arbeiten, wobei das soziale Lernen nicht vernachlässigt wird. Unbedingte Voraussetzung für solche Lernangebote ist dabei allerdings ein hinreichender Komplexitätsgrad der Aufgabenkontexte.

Auch natürliche Differenzierung ist kein Allheilmittel für den Umgang mit lernschwachen Kindern, sie ist jedoch eine wichtige Voraussetzung. Auch sollten die folgenden Unterrichtsbeispiele nicht in der Art verstanden werden, dass nur diese Art von Unterricht sinnvoll sei. Vielmehr geht es um die Sensibilisierung für Fördermöglichkeiten im alltäglichen Mathematikunterricht, unter alltäglichen Rahmenbedingungen.

4. Besonderer Unterricht für alle Kinder

Vorgestellt werden nun einige Lern- und Übungsangebote, die *allen* Kindern eine sinnvolle und adäquate Bearbeitung ermöglichen, insbesondere aber auch speziellen Anforderungen an den Unterricht mit lernschwachen Kindern genügen. Von zentraler Bedeutung ist dabei der Bereich der Diagnostik, dies jedoch immer in einer *kompetenzorientierten* Sichtweise (vgl. dazu z. B. *Scherer* 1999).

4.1 Offene Aufgaben

Gefragt sind zunächst einmal Lernangebote, die einen Zugang zur Veränderung des negativen Selbstkonzepts ermöglichen: Bei vielen Kindern mit Lernschwierigkeiten zeigt sich ein vergleichsweise niedriges Selbstvertrauen im Hinblick auf ihre Leistungen in Mathematik und eine gewisse Versagensangst. *Holt* vermutet beispielsweise in Bezug auf Gedächtnisleistungen, dass viele Kinder in der Schule nicht so sehr deswegen so viel vergessen, weil sie ein schlechtes Gedächtnis haben, sondern weil sie ihrem Gedächtnis so wenig vertrauen (ebd. 1979, 94). Der Abbau der Misserfolgsorientierung und die Förderung des Selbstvertrauens müssen daher wesentliche Ziele des Unterrichts sein.

Eine erste Übungsform dazu sind sog. ,offene Aufgaben', beispielsweise die Vorgabe eines festen Ergebnisses, einer bestimmten Operation oder unterschiedlicher Zahlen (vgl. z. B. *Böhm* 1984; *Scherer* 1999). Ali fand beim Einstieg in den Hunderterraum zu dem Ergebnis *100* fünf Aufgaben, darunter eine doppelt notierte Aufgabe und ein Zahlensatz, in dem *100* als Summand auftrat und (verständlicherweise) das Ergebnis nicht korrekt war (Abb. 1). Er wählte ausschließlich ,leichte' Zerlegungen in glatte Zehner, und es zeigen sich u. a. Fehlermuster in der Notation, die in einem traditionellen Unterricht, der sich auf ,Vormachen und Nachmachen' beschränkt, nicht offenkundig werden. Andere Kinder notierten deutlich mehr und/oder schwierigere Aufgaben. Diese Festlegung wird jedoch nicht *vorab* getroffen oder von der Lehrerin/dem Lehrer zugewiesen, sondern jedes Kind kann selbstbestimmt auf seinem Niveau arbeiten.

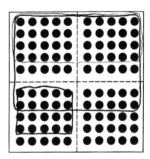

Abb. 1: Alis Aufgaben zum Ergebnis 100

Das breite Spektrum reicht von halboffenen bis zu völlig freien Aufgabenstellungen. Je nach Übungsbedarf kann ohne viel Material eine passende Übung durchgeführt werden. Solche Aktivitäten sind bei fast allen Aufgabenformaten wie Zahlenmauern, Rechendreiecken, Zahlenketten (vgl. auch 4.4) möglich (vgl. *Krauthausen* 1995; *Scherer* 1997). Häufig zeigt sich – insbesondere bei lernschwachen Kindern (hin und wieder auch bei Lehrerinnen und Lehrern) – zunächst eine gewisse Unsicherheit, dann aber zunehmenderes Vertrauen in die eigenen Leistungen.

Die Kinder können etwa eigene Beispiele zur Anzahlerfassung wählen (Abb. 2): Hier finden sich oftmals ganz leichte Zahlenbeispiele wie bei Stefan, der die Zahlenwerte *10* und *100* wählte. Dabei muss nicht unbedingt eine Anforderungsvermeidung vorliegen, der Auslöser kann auch ein temporärer Rückzug (ohne weiterreichende Bedeutung) auf vertrautes Terrain mit einer gewissen ‚Erholungsfunktion' oder einfach ein Spiel mit ‚leichten' Zahlenwerten sein. Meist ist festzustellen, dass die Kinder zunehmend schwierigere Aufgaben wählen.

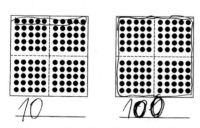

Abb. 2: Selbstgewählte Beispiele zur Anzahlerfassung

Auch bei *selbstgewählten* Aufgaben zu *Zahlenmauern* wählen viele Kindern spontan entweder ganz leichte (Abb. 3a: Zahlen der unteren Reihe als Ausgangszahlen kleiner als 4) oder aber ganz schwierige Aufgaben (Abb. 3b: Zahlen der unteren Reihe bewusst größer als der offiziell thematisierte Zahlenraum).

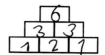 

Abb. 3a und b: Spontan gewählte leichte und schwierige Zahlenmauern

Wenn Kinder beharrlich nur ganz leichte Zahlenwerte und Aufgaben wählen und letztlich keine Anforderungen bewältigen, sollte man bewusst diesen Schwierigkeitsgrad thematisieren (Abb. 4; vgl. *Scherer* 1997, 35). Falls das Problem bestehen bleibt, muss tieferliegenden Ursachen nachgegangen werden: z. B. der Frage, ob solch eine Anforderungsvermeidung durchgängig in allen Fächern festzustellen ist oder ob hier ein spezielles Problem mit der Mathematik oder dem Mathematik*unterricht* vorliegt; oder ob beispielsweise im außerschulischen Bereich nach Gründen zu suchen ist.

Meine leichten Zahlenmauern!

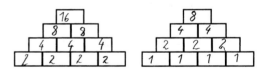

Meine schweren Zahlenmauern!

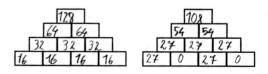

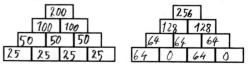

Abb. 4: Selbstgewählte Zahlenmauern, nach Schwierigkeitsgrad unterschieden

4.2 Operatives Üben

Eine weitere Form des Übens sind sog. ‚operative Übungen', die insbesondere bei Kindern mit eingeschränkten Gedächtnisleistungen Vorteile bieten. Dieser Übungstyp soll helfen Beziehungen auszunutzen und ermöglicht somit eine Gedächtnisentlastung und die Verbesserung von Transferleistungen. Dies verlangt naturgemäß nach einem ganzheitlichen Vorgehen, d. h. komplexen Lernumgebungen. Vielleicht ist dies einer der Gründe, weshalb lernschwachen Kindern operative Übungen so selten angeboten werden und man eher kleinschrittige Übungen bevorzugt. Ein anderer Grund mag in der Annahme liegen, dass vorrangig Schwierigkeiten beim Rechnen behoben werden müssten und zu solch anspruchsvollen Übungen sowieso ein lernschwaches Kind nicht in der Lage sei. Außer Acht gelassen wird hierbei zweierlei: Zum einen können lernschwache Kinder über den strukturellen Zugang, über das Ausnutzen von Beziehungen Rechendefizite ausgleichen. Zum anderen sind operative Übungen immer auch *Denk*übungen und dienen dem Verstehen von Strukturen.

Eine mögliche Übungsform stellen *operative Aufgabenserien* dar (Abb. 5a: Erhöhen des zweiten Summanden um 1). Sie spiegeln mathematische Gesetzmäßigkeiten wider und bieten Anregungen zum Beobachten und Argumentieren (vgl. auch *Wittmann/ Müller* 1990, 45).

Solche Begründungen sind häufig sprachlicher Natur, und der Bereich *Sprache* stellt ein besonderes Hindernis für lernschwache Kinder dar: Im Mathematikunterricht existieren eine Reihe von Unterrichtsbeispielen oder Übungsformen, die schwer verständlich sind und die Schüler auf Grund *sprachlicher,* nicht *rechnerischer* Defizite scheitern lassen. Derartige sprachliche Anforderungen sollten im Unterricht mit lernschwachen Kindern gering gehalten werden. D. h. aber nicht, dass der Unterricht möglichst sprachfrei ablaufen sollte, im Gegenteil: So oft wie möglich wären Sachverhalte bzw. Lösungswege zu verbalisieren, auch im Sinne einer Denkförderung durch die Verbesserung des sprachlichen Ausdrucks.

Da sprachliche Begründungen eine besondere Schwierigkeit für lernschwache oder lernbehinderte Schüler darstellen, muss nach anderen Möglichkeiten gesucht werden. So kann z. B. das Erkennen einer Struktur durch Fortsetzen der entsprechenden Serie geäußert werden. Auch bei dieser Übungsform bieten sich neben der Anzahl der gerechneten Aufgaben unterschiedliche Niveaus der Differenzierung an, die nicht vorab festgelegt werden sollten:

- Rechnen der gegebenen Aufgaben (evtl. mit Veranschaulichungen).

- Konstruktion weiterer Aufgaben, d. h. Erkennen und Fortsetzen der Struktur. Eine Hilfe ist hier das Markieren der vorgegebenen Aufgaben durch Plättchen an der 1+1-Tafel (Abb. 5b). Hier können Kinder über den visuellen Zugang die Arithmetik durchdringen und dort Zusammenhänge erkennen.

- Verbalisieren von Begründungen für die Struktur und für die Ergebnisse (vgl. *Müller/Wittmann* 1990). Bei der Reflexion über Zusammenhänge wird wiederum eine Vielfalt an Bearbeitungsmöglichkeiten ermöglicht: Es gibt Kinder, die lediglich Gemeinsamkeiten der Aufgaben erkennen („*Eine Zahl bleibt immer gleich*"), andere erfassen die Zusammenhänge mit anschaulicher Unterstützung („*Die zweite Zahl wird immer um 1 größer*"; „*Das Ergebnis wird immer um 1 größer*"; vgl. Abb. 6). Sprachliche Begründungen für die Beziehungen zwischen den Aufgaben bzw. den Ergebnissen können nicht von allen Kindern geäußert werden, aber selbst dann bleibt es für alle immer noch eine *Rechen*übung.

- Berechnung neu gefundener Aufgaben durch *alle* Kinder (beim Sammeln der Ergebnisse).

```
7 + 1 =
7 + 2 =
7 + 3 =
7 + 4 =        Wie geht es weiter?
```

Abb. 5a und b: Operative Aufgabenserie und Markierung in der 1+1-Tafel

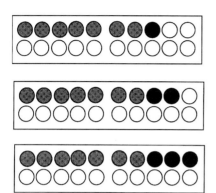

Abb. 6: Veranschaulichung der Zusammenhänge am Zwanzigerfeld

Denkbar sind auch die Realisierung der Konstanz der Summe durch gegensinniges Verändern oder Konstanz der Differenz durch gleichsinniges Verändern. Diese operativen Veränderungen sollten variiert werden, um der mechanischen Reproduktion einmal durchgeführter Muster zu entgehen (vgl. *Scherer* 1995, 254f.).

Möglich sind daneben auch schwierige Muster, die vielleicht nicht auf Anhieb zu erkennen sind, aber letztlich noch eine Selbstkontrolle beinhalten (Abbau des 100ers; vgl. *Wittmann/Müller* 1990, 98ff.). Lars, ein Sonderschüler der 4. Klasse mit stark eingeschränkten Rechen*fertigkeiten*, wählte aus mehreren zur Auswahl stehenden Arbeitsblättern das schwierigste (Abb. 7). Er berechnete die fünf vorgegebenen Aufgaben korrekt und fand vier weitere Aufgaben, bei denen Folgendes offensichtlich wird: Lars erkannte problemlos das Prinzip, das Ergebnis einer Aufgabe für den nächsten Minuenden zu nutzen. Als Subtrahend fortlaufend die ungeraden Zahlen zu verwenden, gelang ihm nicht immer (z. B. 14 für

seine zweite Aufgabe gewählt). Ganz deutlich zeigen sich aber Probleme beim *Berechnen* von Subtraktionen mit zweistelligen Subtrahenden. Während er die ersten Aufgaben mit einstelligen Subtrahenden korrekt löst, sind alle weiteren Aufgaben (mit zweistelligen Subtrahenden) fehlerhaft: Bei der Subtraktion 75 – 11 = 55 wird vermutlich stellenweise abgezogen, jedoch zweimal von der Zehnerstelle. Die Aufgaben 55 – 14 = 46, 46 – 17 = 33 und 33 – 19 = 21 weisen ein anderes Fehlermuster auf: Lars zieht vermutlich auch hier stellenweise ab, dabei die Zehnerstelle korrekt. Als Einerstelle für das Ergebnis wird jedoch immer die Zehnerergänzung der Einerstelle des Subtrahenden notiert. Wie schon das Schülerdokument vermuten lässt und sich auch im anschließenden Gespräch mit Lars bestätigte, hatte er keine adäquate Strategie für die Subtraktion mit zweistelligen Subtrahenden zur Verfügung. Die ersten Aufgaben hatte er durch Zurückzählen gelöst, was aber später zu aufwändig wurde.

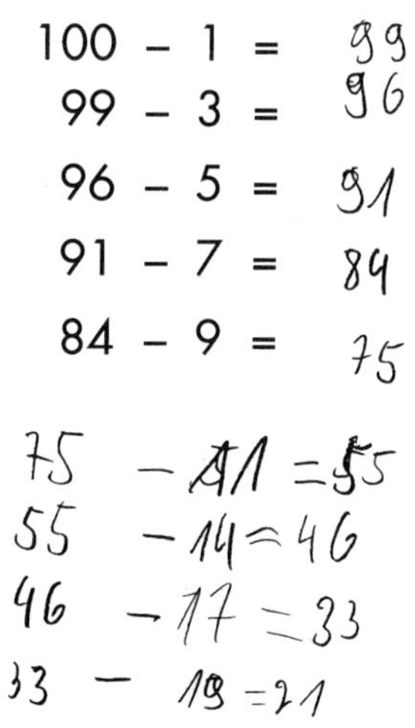

$$
\begin{aligned}
100 - 1 &= 99 \\
99 - 3 &= 96 \\
96 - 5 &= 91 \\
91 - 7 &= 84 \\
84 - 9 &= 75 \\
75 - 11 &= 55 \\
55 - 14 &= 46 \\
46 - 17 &= 33 \\
33 - 19 &= 21
\end{aligned}
$$

Abb. 7: ‚Schwierige' operative Aufgabenserie

Insgesamt offenbart diese Bearbeitung neben den spezifischen Rechenschwierigkeiten vor allem Fähigkeiten zum Erkennen und Anwenden von Mustern und Beziehungen. Um so bemerkenswerter ist dieser Aspekt, da Lars zuvor im Mathematikunterricht keine derartigen Aufgaben bearbeitet hatte. Nicht zu vernachlässigen ist generell der Aspekt der Motivation und Herausforderung durch derartige Aufgaben, sodass die Schüler wieder Spaß an der Mathematik (nicht an irgendwelchen Verpackungen!) haben.

4.3 Veranschaulichungen nicht nur als Rechenhilfe

Lernschwache oder lernbehinderte Schüler weisen die verschiedensten Beeinträchtigungen auf (z. B. Sprache, Vorstellungsfähigkeit, kognitive Verarbeitungsprozesse), und in dem Zusammenhang kommt auch den sogenannten Veranschaulichungen besondere Bedeutung zu. Nicht jedes Arbeitsmittel und jede Veranschaulichung stellt an sich eine Hilfe dar, sondern zunächst einmal zusätzlichen Lernstoff und kann somit auch seine spezifischen Schwierigkeiten mit sich bringen (vgl. *Schipper* 1982; *Wittmann* 1993). Hinzu kommt ein bei Lernbehinderten oftmals festzustellender Erfahrungsmangel im Hinblick auf Materialien und Darstellungen.

Recht häufig werden im Unterricht Arbeitsmittel ausschließlich als *Rechenhilfe* genutzt, die in der Einführung erlaubt, dann aber zunehmend entzogen werden, damit die Kinder die jeweiligen Aufgaben im Kopf bewältigen. Eine zu frühe Ablösung von Veranschaulichungen leistet aber dem Auswendiglernen Vorschub. Daher muss einerseits den Kindern der Gebrauch von Veranschaulichungen so lange wie nötig erlaubt bleiben. Demgegenüber steht die Befürchtung, dass sich dann der Ablösungsprozess nicht vollziehen wird. Das Drängen auf eine schnelle Ablösung kann bei den Schülern zum einen Unsicherheit bewirken: Wenn, wie oft bei lernschwachen Schülern, nur wenig Selbstvertrauen vorhanden ist, könnte es dazu führen, dass sie bei selbstgewählten Beispielen nur einfache Aufgaben rechnen (und kein Weiterlernen stattfindet!). Andererseits kann das Drängen auf vorschnelle Ablösung auch ein negatives Image von Veranschaulichungen hervorrufen: Einige Schüler lehnen Veranschaulichungen ab, obwohl sie offensichtlich Probleme haben, die gestellten Aufgaben mental zu lösen (vgl. auch *Radatz* 1991).

Eine positive Haltung gegenüber Arbeitsmitteln und ein Bewusstsein über ihre Verwendung kann sich jedoch nur dann entwickeln, wenn die Kinder *selbst* entscheiden können, wann sie eine Veranschaulichung nutzen. Und wir sollten darauf vertrauen, dass die Kinder selbst nach Unabhängigkeit streben. Es sollte aber schon in Orientierungsphasen darauf geachtet werden, die *mentalen* Operationen vorzubereiten. So können beispielsweise verbal gegebene Zerlegungen von Zahlen an den verschiedenen Veranschaulichungen gezeigt werden oder auch Operationen an vorgegebenen Darstellungen rein vorstellungsmäßig ausgeführt werden. Veranschaulichungen sollten darüber hinaus nicht nur als Rechenhilfe, sondern beispielsweise auch in Orientierungsphasen bewusst eingesetzt werden.

Bei allen schriftlichen Rechnungen sollten Kinder deutlich machen, wie sie eine Aufgabe rechnen und evtl. verwendete Veranschaulichungen skizzieren, was Informationen über Leistungsstände der Kinder, über *Veränderungen* im Gebrauch von Veranschaulichungen gibt und bei den Kindern das Bewusstsein über deren Verwendung weckt und weiterentwickelt. So löste beispielsweise Dennis die Subtraktion *57 – 25* unter Zuhilfenahme der Rechenmaschine, die er unter seiner Lösung skizzierte. Zusätzlich malte er ein Gesicht mit der Gedankenblase *57 + 25* als Zeichen dafür, dass er die *Addition* im Kopf bewältigen konnte, was in der Tat zutraf.

Abb. 8: Differenzierte Verwendung von Veranschaulichungen von Dennis

Es kann durchaus geschehen, dass ein Kind bei gleichen Aufgaben unter Verwendung verschiedener Strategien oder Materialien auch zu unterschiedlichen Ergebnissen kommt und dies keinen Widerspruch auslöst. Schüler vertrauen i. d. R. den Lösungen, die sie mit Hilfe von Veranschaulichungen gefunden haben. Für den Unterricht ist es wichtig, jederzeit auf die Anschauung zurückgreifen zu können (vgl. z. B. *Lorenz* 1992), die Übersetzung zwischen Aufgabe und Veranschaulichung muss sicher beherrscht werden.

So ist auch für die guten Kopfrechner die Verwendung von Veranschaulichungen notwendig und sinnvoll: So können beispielsweise gewisse allgemeine Zusammenhänge bei operativen Aufgabenserien mit Hilfe von Veranschaulichungen erkannt werden (vgl. z. B. Abb. 5 und 6). Veranschaulichungen können also auch in ihrer Funktion als ‚Beweismittel' genutzt werden und dienen dem Verstehen von Gesetzmäßigkeiten (vgl. *Wittmann/Müller* 1988).

Alle beschriebenen Aspekte (offene Aufgaben, operatives Üben und die Verwendung von Veranschaulichungen nicht nur als Rechenhilfe) lassen sich integriert an ein und derselben Lernumgebung verfolgen, nämlich anhand substanzieller Aufgabenformate.

4.4 Substanzielle Lernumgebungen

Zur Realisierung inhaltlicher wie allgemeiner Ziele sowie der oben ausgeführten Anforderungen an den Mathematikunterricht sind insbesondere *substanzielle* Unterrichtseinheiten geeignet, die sich nach *Wittmann* (1995) wie folgt charakterisieren lassen:

„1. Sie repräsentieren zentrale Ziele, Inhalte und Prinzipien des Mathematikunterrichts.

2. Sie bieten reiche Möglichkeiten für mathematische Aktivitäten von Schülern.

3. Sie sind flexibel und können leicht an die speziellen Gegebenheiten einer bestimmten Klasse angepasst werden.

4. Sie integrieren mathematische, psychologische und pädagogische Aspekte des Lehrens und Lernens in einer ganzheitlichen Weise" (1995, 528).

Beispiele wären Zahlenmauern, Rechendreiecke, Vierfeldertafeln, Würfelzahlenquadrate oder Zahlenketten (vgl. z. B. *Krauthausen* 1995; *Scherer* 1997; *Steinbring* 1995).

Beim Einsatz solcher substanziellen Aufgabenformate beschränken sich die Schüleraktivitäten nicht nur auf das bloße Rechnen, sondern im Sinne von 1. auch auf allgemeine Kompetenzen wie bspw. das Erkennen und Beschreiben von Mustern, das Beschreiben und Begründen von Zusammenhängen oder allgemein das Problemlösen. Gerade für lernschwache Kinder dürfen diese Ziele nicht vernachlässigt werden; darüber hinaus bieten substanzielle Lernumgebungen die Möglichkeit, Fähigkeiten in verschiedensten Bereichen zu zeigen und zu nutzen und damit beispielsweise Rechendefizite auszugleichen.

Bei dem folgenden Unterrichtsbeispiel ‚Zahlenketten' handelt es sich um einen mathematisch wie didaktisch substanziellen Lernkontext, der unabhängig von der Klassenstufe und sogar in der Lehrerbildung (vgl. *Scherer* 1997; *Scherer/Selter* 1996; *Selter/Scherer* 1996) eingesetzt werden kann. Hier eine Variante mit 4 Zahlen, die sich schon im 20er-Raum durchführen lässt. Eine *Zahlenkette* wird wie folgt gebildet:

Wähle zwei Zahlen (Startzahlen), schreibe sie nebeneinander hin, notiere rechts daneben deren Summe. Dann addierst du die 2. und die 3. Zahl und schreibst das Ergebnis als *Zielzahl* rechts daneben, also z. B.

2 10 12 **22**   oder   **8 4** 12 **16**.

Ein *Problem*kontext kann nun beispielsweise der folgende sein: beide Startzahlen so zu wählen, dass man möglichst nahe an die Zielzahl *20* herankommt oder diese genau zu erreichen. Die Lösung dieser Fragestellungen kann auf verschiedenen Ebenen geschehen, einerseits auf Schülerniveau (vgl. *Scherer* 1997; *Scherer/Selter* 1996), aber auch auf Niveau von Studierenden (vgl. *Selter/Scherer* 1996).

Im Unterricht kann dieses Aufgabenformat zu vertiefenden Übungen im jeweils angepassten Zahlenraum eingesetzt werden, d. h. beispielsweise auch dann, wenn der 20er-Raum (oder 100er-Raum bei 5er-Ketten) schon lange thematisiert sind, ist diese Übung zur Festigung und unter problemorientierten Gesichtspunkten sinnvoll und empfehlenswert. Zunächst bietet sich eine Erkundungsphase an, bei der die Kinder Startzahlen frei wählen können (Abb. 9 aus *Scherer* 1999; die beiden folgenden Schülerdokumente stammen von einem Drittklässler einer Schule für Lernbehinderte). Offiziell ist für Sebastian erst seit einiger Zeit der Hunderterraum thematisiert. In den ersten drei Beispielen wendet er die Regel noch nicht korrekt an: Er addiert entweder alle drei Zahlen oder die erste und dritte. Alle weiteren Rechnungen zeigen keinerlei Fehler. Erstaunlich, dass er weit über den offiziell thematisierten Zahlenraum hinaus rechnet, was den Reiz großer Zahlen dokumentiert.

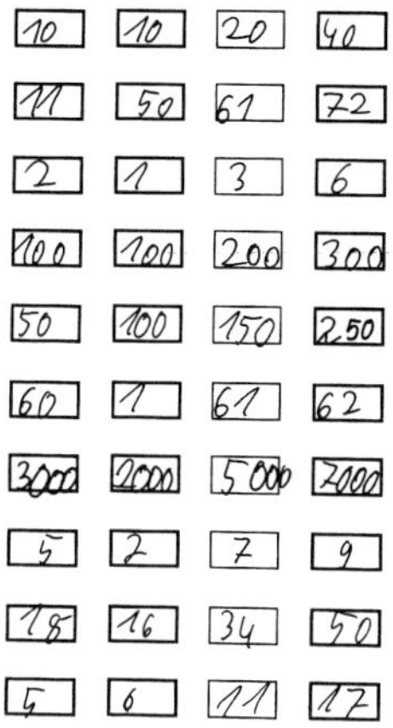

10	10	20	40
11	50	61	72
2	1	3	6
100	100	200	300
50	100	150	250
60	1	61	62
3000	2000	5000	7000
5	2	7	9
18	16	34	50
5	6	11	17

Abb. 9: Freie Erkundung zu Zahlenketten

Derartige *offene* Problemstellungen sind einerseits unter motivationalen Aspekten von entscheidender Bedeutung (vgl. auch 3.1). Gleichzeitig erhält man wichtige Informationen über das, was die Kinder interessiert und herausfordert, was sie als leicht oder schwer empfinden. Als fast durchgängig anzutreffendes Phänomen – auch bei lernschwachen Kindern – zeigt sich, dass ein *selbstgewählter* Schwierigkeitsgrad weitaus höher ist als der, den wir den Schülerinnen und Schülern zumuten würden.

Bei der Fokussierung auf das Erreichen einer bestimmten Zielzahl, hier 20, finden sich bei Sebastian anfangs verschiedene Varianten zur Aufgabenlösung (Abb. 10, aus *Scherer* 1999): Er erhält 20 schon bei der dritten Zahl oder die Addition aller drei Zahlen liefert das gesuchte Ergebnis. Dann richtet sich sein Blick auf die Summe der zweiten und dritten Zahl, und er kommt zu einer richtigen Lösung mit den Startzahlen 0 und 10. Bei den weiteren Zahlenketten wählt er verschiedene Startzahlen, aber es scheint durchaus klar, dass eine Zerlegung der 20 für die zweite und dritte Zahl gefunden werden muss, und so wird die ‚passende' Zahl (dritte Zahl) ergänzt. Dies ist einerseits eine recht pfiffige, aber doch falsche Strategie, die aber zu Beginn der nächsten Stunde für alle Kinder thematisiert wurde und letztlich zum Auffinden aller Lösungen führte. Die Kinder berechnen dann ggf. die Zahlenkette ‚rückwärts': Für die zweite und dritte Zahl ergibt sich eine Zerlegung der 20. Die Kinder müssen nun die erste Startzahl aus der Differenz der dritten und zweiten Zahl berechnen.

Bei Sebastians Zahlenketten z. B. 1, 11, 9, 20 fällt Folgendes auf: Das Rechnen rückwärts würde hier zu negativen Zahlen führen (9-11), die dritte Zahl muss also immer größer als die zweite sein. Als mögliche Zahlenkette ergibt sich 2, 9, 11, 20. Unter Ausnutzung dieser Zusammenhänge können (und konnten!) dann – von *allen* Kindern – systematisch alle Zerlegungen für natürliche Zahlen einschließlich der Null gefunden werden.

15	5	20	30
5	5	10	20 15
5	10	5	10 15
5	10	10	20
0	10	10	20
10	10	10	20
1	11	9	20
3	13	7	20
4	15	1	20
4	19	1	20

Abb. 10: Sebastians Versuche, die Zielzahl 20 zu erreichen

Viele Kinder erkennen bei solchen Übungsformaten, dass Experimentieren und Probieren nützliche Strategien sind (vgl. *Wittmann* 1994, 46). Dass die verschiedenen Strategien der Kinder nicht immer *sofort* zum Ziel führen, ist kein Grund zur Beunruhigung, denn durch (überlegtes und systematisches) Probieren und auch durch Fehlversuche können Auffälligkeiten und Strukturen entdeckt und tiefere Einsichten gewonnen werden.

Differenzierungsmöglichkeiten bieten sich bei diesem Aufgabenformat nicht nur in quantitativer Hinsicht (nach dem Motto: Gute Schüler rechnen eben mehr Aufgaben), sondern auch in qualitativer Hinsicht durch vertiefende (u. a. operative) Fragestellungen (z. B. Erhöhen/Vermindern der ersten/zweiten Startzahl um 1, 2, 3, …; vgl. dazu *Scherer* 1997; *Scherer/Selter* 1996). Diese operativen Variationen sind zudem auf verschiedenen Niveaus zu bearbeiten, z. B. auch durch Legen von Plättchen (vgl. *Wittmann* 1994).

Substanzielle Aufgabenformate lassen sich auf unterschiedlichen Niveaus bearbeiten vom 1. bis zum 4. Schuljahr oder darüber hinaus bis in die Lehrerbildung (vgl. auch *Krauthausen* 1998). Dies verdeutlicht, dass innerhalb einer Klasse – auch einer Integrationsklasse – ein effektiver Einsatz für *alle* Kinder möglich ist. Hier wird man häufig einwenden, dass dies nicht für *alle* Schüler gelten mag, sondern lediglich für die sog. ‚Besserbegabten'. Diese Ansicht ist jedoch sehr vorsichtig, keineswegs pauschal zu behandeln: Schwierigkeiten beim Rechnen müssen nicht automatisch Schwierigkeiten beim Entdecken von Zusammenhängen, beim allgemeinen Problemlösen etc. bedeuten (vgl. *Scherer* 1995, 294f.; auch Abb. 7).

5. Zusammenfassende Bemerkungen

- In der Regel bereiten offene Aufgabenformate vielen Kindern – vor allem lernschwachen – anfangs (durchaus verständliche) Schwierigkeiten, die sich aber recht bald verringern. Es gibt aber auch eine Vielzahl von Kindern, die von Beginn an diese Aufgaben problemlos bewältigen und gerade hier eine hohe Motivation zeigen (vgl. auch *Wittoch* 1991, 98f.). Durch die offenen Aufgabenformate kann bei vielen Kindern das *Selbstvertrauen* und der Mut zum Experimentieren gesteigert werden.

- Im Unterricht sollten Kinder immer angehalten bleiben, über Beziehungen (zwischen Zahlen, Aufgaben) nachzudenken. Sie sollen nicht nur Inhalte *passiv* aufnehmen und reproduzieren, sondern sich *aktiv* beteiligen: Dabei sind nicht nur *rechnerische Fertigkeiten* verlangt, sondern z. B. auch Regelverständnis für Zahlenmauern, Muster bei operativen Serien, Aufdecken von Zahlen an der Hundertertafel. Hier können sich häufig gerade (bezüglich der Rechenfertigkeiten) leistungsschwächere Schüler einbringen.

- Hinsichtlich des Erkennens von Beziehungen sind lernschwache Kinder häufig auf konkrete Beispiele angewiesen und können daran aber Phänomene und Zusammenhänge beschreiben. Das mentale Operieren und das diesbezügliche Argumentieren und Verallgemeinern fällt ihnen häufig noch schwer. Dennoch sollten aber nach den Erfahrungen derartiger Unterrichtsversuche möglichst häufig Übungsformen angeboten werden, die ein solches Nachdenken anregen.

- Lernschwache Kinder – insbesondere auch die ausländischen – können von den reduzierten *sprachlichen Anforderungen* bei den Aufgabenstellungen profitieren. Sie sollten aber gleichwohl immer angehalten bleiben, Sachverhalte zu beschreiben und zu begründen, haben aber daneben auch andere (nonverbale) Möglichkeiten, ihre diesbezüglichen Fähigkeiten zu zeigen.

- Eine hohe *Motivation* zeigt sich vielfach bei den problemstrukturierten Unterrichtsbeispielen (Zahlenmauern, Zauberquadrate oder Zahlenketten) oder beim Entdecken von Gesetzmäßigkeiten (operative Serien) – Beispiele, die lernschwachen Schülern allzu oft vorenthalten werden. Auch die selbstgewählten Beispiele der Kinder bei offenen Aufgaben, die oftmals weit über offiziell thematisierte Zahlenräume hinausgehen, offenbaren die Diskrepanz zu den üblicherweise vorgesehenen Unterrichtsinhalten: Nicht nur die *Über*forderung, das Drängen in zu abstrakte Bereiche, sondern auch die *Unter*forderung kann zu Enttäuschungen, Fehlern und Desinteresse führen.

Was wir als Lehrende aufbringen müssen, ist mehr Geduld, da diese Prozesse *zunächst* länger dauern können. Diese investierte Zeit wird sich aber mit Sicherheit auszahlen und weitaus effektiver sein als rein quantitativ ausgedehnte Übungsanteile. Wir müssen darüber hinaus größeres Vertrauen in die Leistungen *aller* Kinder haben, was wiederum voraussetzt, dass wir ihnen dazu mehr Raum geben. Lernschwache Kinder brauchen keinen *besonderen* Unterricht, sondern einen *besonders guten*, der die relevanten didaktischen Prinzipien berücksichtigt und ein modernes Verständnis von Mathematik repräsentiert.

Literatur

Baier, H. (1977): Allgemeine Prinzipien der Erziehung und des Unterrichts in der Schule für Lernbehinderte. – In: *Kanter, G. O./Speck, O.* (Hrsg.), Handbuch der Sonderpädagogik, Band 4. Berlin: Marhold, S. 252-277.

Bartz, A. (1991): Statistische Auswertung des im Schuljahr 1989/90 durchgeführten Untersuchungsverfahrens zur Feststellung von Sonderschulbedürftigkeit an den Förderschulen Hamburgs. Zeitschrift für Heilpädagogik, S. 376-385.

Begemann, E. (1975): Die Bildungsfähigkeit der Hilfsschüler. Berlin: Marhold.

Böhm, O. (1984): Selbstdifferenzierung durch ‚offene Aufgaben' im Unterricht der Schule für Lernbehinderte (Teil 1/2). Ehrenwirth Sonderschulmagazin, H. 2, S. 5-8; H. 3, S. 5-7.

Böhm, O. (1986): Möglichkeiten der Differenzierung in der Schule für Lernbehinderte unter besonderer Berücksichtigung des Deutschunterrichts der Unter- und Mittelstufe. Zeitschrift für Heilpädagogik, H. 12, S. 817-825.

Böhm, O./Grampp, G. (1975): Divergentes Denken bei Lernbehinderten. Ergebnisse von Untersuchungen und Folgerungen für die Lernbehindertendidaktik. – In: *Böhm, O./Grampp, G.* (Hrsg.), Die Wirklichkeit der Lernbehindertenschule. Bonn-Bad Godesberg: Dürrsche Buchhandlung, S. 122-136.

Bruner, J. S. (1970): Der Prozeß der Erziehung. Reihe ‚Sprache und Lernen, Internationale Studien zur pädagogischen Anthropologie'. Band 4. Düsseldorf: Schwann.

Christiani, R. (1995): Nach dem Gesetz: Organisationsformen sonderpädagogischer Förderung. Schulverwaltung, H. 11, S. 304-307.

Erath, P. (1989): Kooperation zwischen Grund- und Sonderschullehrern. Grundschule, H. 1, S. 32-34.

Eberwein, H. (1997): Lernbehinderung – Faktum oder Konstrukt? Zeitschrift für Heilpädagogik, H. 1, S. 14-22.

Heyer, P. (1997): Zum Stand der Integrationsentwicklng in Deutschland. Grundschule, H. 2, S. 12-14.

Holt, J. (1979): Wie Kinder lernen. Weinheim: Beltz.

Hüwel, D. (1996): Junge Behinderte auf NRW-Schulen. Rheinische Post v. 10.08.96 (Nr. 185). Düsseldorf.

Kanter, G. O. (1974): Lernbehinderungen, Lernbehinderte, deren Erziehung und Rehabilitation. – In: *Deutscher Bildungsrat* (Hrsg.), Gutachten und Studien der Bildungskommission, Band 34, Sonderpädagogik 3 (Geistigbehinderte, Lernbehinderungen, Verfahren der Aufnahme). Stuttgart: Klett, S. 117-234.

Kanter, G. (1994): Lernbehinderung. Zeitschrift für Heilpädagogik, H. 10, S. 687-690.

KM – Der Kultusminister des Landes Niedersachsen (Hrsg.) (1972): Richtlinien für die Schulen in Niedersachsen, Schulen für Lernbehinderte. Hannover.

KM – Ministerium für Schule und Weiterbildung des Landes Nordrhein Westfalen (Hrsg.) (1996): Elternrechte stärken. Grundschule gestalten. Leistung sichern. Düsseldorf:

Krauthausen, G. (1995): Zahlenmauern im zweiten Schuljahr – ein substantielles Übungsformat. Grundschulunterricht, H. 10, S. 5-9.

Krauthausen, G. (1998): Lernen, Lehren, Lehren lernen. Zur mathematik-didaktischen Lehrerbildung am Beispiel der Primarstufe. Leipzig: Klett.

Kutzer, R. (Hrsg.) (1983): Mathematik entdecken und verstehen, Lehrerband 1. Frankfurt: Diesterweg.

Lorenz, J. H. (1992): Anschauung und Veranschaulichungsmittel im Mathematikunterricht. Mentales visuelles Operieren und Rechenleistung. Göttingen: Hogrefe.

Lorenz, J. H./Radatz, H. (1993): Handbuch des Förderns im Mathematikunterricht. Hannover: Schroedel.

Meyer, S. (1994): Was lehrt die Lernschwierigkeit „Dyskalkulie"? Vortrag im Mathematikdidaktischen Kolloquium der Universität Dortmund, 16.06.94.

Müller, G. N./Wittmann, E. Ch. (1990): Beschreiben und Begründen im Rahmen von Rechenübungen. – In: *Müller, K. P.* (Hrsg.), Beiträge zum Mathematikunterricht. Bad Salzdetfurth: Franzbecker, S. 197-200.

Radatz, H. (1991): Hilfreiche und weniger hilfreiche Arbeitsmittel im mathematischen Anfangsunterricht. Grundschule, H. 9, S. 46-49.

Radatz, H. (1995): Leistungsstarke Grundschüler im Mathematikunterricht fördern. – In: *Müller, K. P.* (Hrsg.), Beiträge zum Mathematikunterricht. Hildesheim: Franzbecker, S. 376-379.

Roik, R. (1997): Aufnahme- und Abgängererhebungen. Beispiele für Evaluationen in der Förderschule. Hamburg macht Schule, H. 6, S. 10-11.

Scherer, P. (1995): Entdeckendes Lernen im Mathematikunterricht der Schule für Lernbehinderte. Theoretische Grundlegung und evaluierte unterrichtspraktische Erprobung. Heidelberg: Edition Schindele.

Scherer, Petra (1997): Substantielle Aufgabenformate – jahrgangsübergreifende Beispiele für den Mathematikunterricht, Teil 1 – 3. Grundschulunterricht, H. 1, S. 34-38; H. 4, S. 36-38; H. 6, S. 54-56.

Scherer, P. (1999, im Druck): Produktives Lernen für Kinder mit Lernschwächen: Fördern durch Fordern. Leipzig: Klett.

Scherer, P./Selter, Ch. (1996): Zahlenketten – ein Unterrichtsbeispiel für natürliche Differenzierung. Mathematische Unterrichtspraxis, H. 2, S. 21-28.

Schipper, W. (1982): Stoffauswahl und Stoffanordnung im mathematischen Anfangsunterricht. Journal für Mathematikdidaktik, H. 2, S. 91-120.

Selter, Ch./Scherer, P. (1996): Zahlenketten – Ein Unterrichtsbeispiel für Grundschüler und Lehrerstudenten. mathematica didactica, H. 1, S. 54-66.

Steinbring, H. (1995): Zahlen sind nicht nur zum Rechnen da! – Wie Kinder im Arithmetikunterricht strategisch-strukturelle Vorgehensweisen entwickeln. – In: *Wittmann, E.Ch./Müller, G. N.* (Hrsg.), Mit Kindern rechnen. Frankfurt/M.: Arbeitskreis Grundschule, S. 225-239.

Stranz, G. (1966): Untersuchungen zur Schullaufbahn von Hilfsschulkindern. Zeitschrift für Heilpädagogik, H. 6, S. 265-277.

Winter, H. (1991): Entdeckendes Lernen im Mathematikunterricht: Einblicke in die Ideengeschichte und ihre Bedeutung für die Pädagogik. Braunschweig: Vieweg.

Wittmann, E. Ch./Müller, G. N. (1988): Wann ist ein Beweis eine Beweis? – In: *Bender, P.* (Hrsg.), Mathematikdidaktik: Theorie und Praxis. Berlin: Cornelsen, S. 237-257.

Wittmann, E. Ch. (1990): Wider die Flut der ‚bunten Hunde' und der ‚grauen Päckchen': Die Konzeption des aktiv-entdeckenden Lernens und des produktiven Übens. – In: *Wittmann, E. Ch./Müller, G. N.* (Hrsg.), Handbuch produktiver Rechenübungen. Band 1: Vom Einspluseins zum Einmaleins. Stuttgart: Klett, S. 152-166.

Wittmann, E. Ch. (1993): „Weniger ist mehr": Anschauungsmittel im Mathematikunterricht der Grundschule. – In: *Müller, K. P.* (Hrsg.), Beiträge zum Mathematikunterricht. Hildesheim: Franzbecker, S. 394-397.

Wittmann, E. Ch. (1994): Legen und Überlegen. Wendeplättchen im aktiv-entdeckenden Rechenunterricht. Grundschulzeitschrift, H. 72, S. 44-46.

Wittmann, E. Ch. (1995): Unterrichtsdesign und empirische Forschung. – In: *Müller, K. P.* (Hrsg.), Beiträge zum Mathematikunterricht. Hildesheim: Franzbecker, S. 528-531.

Wittmann, E. Ch./Müller, G. N. (1990): Handbuch produktiver Rechenübungen. Band 1: Vom Einspluseins zum Einmaleins. Stuttgart: Klett.

Wittoch, M. (1991): Diagnose von Störungen – Erfahrungen mit Lernarrangements bei Kindern, die eine Schule für Lernbehinderte besuchen. – In: *Lorenz, J. H.* (Hrsg.), Störungen beim Mathematiklernen. Köln: Aulis, S. 90-105.

Wilhelm Schipper

„Schulanfänger verfügen über hohe mathematische Kompetenzen."
Eine Auseinandersetzung mit einem Mythos

1. Einführung

Einige ältere und vor allem zahlreiche neuere Studien zu Vorkenntnissen von Schulanfängern vermitteln zwei zentrale Botschaften:

1. Schulanfänger verfügen über hohe mathematische Kompetenzen.

2. Die mathematischen Vorkenntnisse von Schulanfängern werden von Experten in der Regel unterschätzt.

Mit einer für deutsche mathematikdidaktische Forschungen ungewöhnlich hohen Anzahl von Probanden sind Anfang der 80er- und nun wieder seit etwa Mitte der 90er-Jahre Studien mit Schulanfängern durchgeführt worden, die einhellig diese Befunde zu bestätigen scheinen. Entsprechend scheint es nur konsequent zu sein, auf der Grundlage dieser Befunde den arithmetischen Anfangsunterricht in dem Sinne zu verändern, dass die bisherige behutsame Steigerung der Anforderungen, insbesondere die Orientierung an größer werdenden Zahlenräumen – zunächst bis 5 oder 6, dann bis 10, danach bis 20 – aufgehoben werden kann zugunsten eines „ganzheitlichen Anfangsunterrichts", in dem sofort die Zahlen bis 20 und darüber hinaus thematisiert werden: „Die sofortige Betrachtung des gesamten Zwanzigerraumes und darüber hinaus vom ersten Schultag an, die zu Beginn unseres Jahrhunderts nur auf die kühne didaktische Intuition einzelner Lehrer und Mitte des Jahrhunderts auf eng begrenzte wissenschaftliche Untersuchungen gegründet war, ist heute durch repräsentative Untersuchungen an Tausenden von Schulanfängern abgesichert. Die übergroße Mehrheit der Kinder verfügt bereits über so gute Zahlenkenntnisse im Zahlbereich bis 10 und darüber hinaus, dass es eine künstliche Einengung wäre, die Zahlen vom Fünferraum aus Schritt für Schritt ‚einzuführen'." (*Wittmann/Müller 1992*, S. 16) In der in diesem Zitat vorkommenden Fußnote 3 beziehen sich *Wittmann* und *Müller* auf die Studien von *Schmidt (1982)* – vgl. dazu die Ausführungen im Kap. 2 dieses Beitrags – und von *Schmidt/Weiser (1982)*.

Pointierter noch formulieren es Vertreter des *Arbeitskreises Grundschule e. V. – Der Grundschulverband*. In ihren Empfehlungen zur Neugestaltung der Primarstufe „Die Zukunft beginnt in der Grundschule" berichten sie in dem Abschnitt über den Mathematikunterricht zunächst über einzelne Ergebnisse von Studien zu Vorkenntnissen von Schulanfängern (im Wesentlichen aus den Studien von *Schmidt 1982* und

Hendrickson 1979), um dann zum großen Schlag gegen den aktuellen mathematischen Anfangsunterricht auszuholen: „Der derzeit übliche Mathematikanfangsunterricht beginnt dagegen mit der langwierigen Einzeleinführung der Zahlen von 1 bis 10 oder 12. Bis zur ersten «Klippe», der Addition und Subtraktion mit Zehnerüberschreitung, sind nach den üblichen Stoffverteilungsplänen bereits drei Viertel des ersten Schuljahres vergangen. Das heißt: Der Mathematikunterricht unterfordert die meisten Kinder erheblich, langweilt sie und zerstört ihre Motivation." (*Faust-Siehl u. a. 1996*, S. 90) Höhere Leistungsanforderungen an alle Schulanfänger vom ersten Schultag an scheinen demnach nicht nur gerechtfertigt, sondern sogar dringend notwendig zu sein, um Unterforderung und damit Verlust der Lernmotivation zu vermeiden.

Eine genauere Analyse der einschlägigen Studien zeigt jedoch, dass die o. g. Botschaften in dieser pauschalen Form nicht haltbar sind. Sie sind zu undifferenziert hinsichtlich der Art der Mathematik, die mit den gewählten Testitems untersucht worden ist, sie berücksichtigen nicht den curricularen Kontext insbesondere der Studien aus den 80er-Jahren und sie vernachlässigen einen für die Schulpraxis und damit insbesondere für die Gestaltung des Anfangsunterrichts wesentlichen Befund, der sehr viel stärker auch hinsichtlich der didaktischen Konsequenzen hätte beachtet werden müssen, nämlich den der großen Leistungsheterogenität der Schulanfänger. Die oben als Botschaften bezeichneten Aussagen von der hohen mathematischen Kompetenz der Schulanfänger und von deren Unterschätzung durch Experten sind nicht das gesicherte Ergebnis empirischer Studien, sondern tatsächlich nur bildungspolitische Botschaften mit einigen richtigen Teilwahrheiten. Sie haben damit den Status eines Mythos, einer – wie die Brockhaus-Enzyklopädie (1971) ausführt – „im engeren Sinne ... rational nicht beweisbare(n) Aussage über Göttliches, der doch ein Wahrheitsanspruch eigen ist". Eine kritische Auseinandersetzung mit diesem Mythos ist Ziel der folgenden Ausführungen.

2. Ältere und neuere Studien zu Vorkenntnissen von Schulanfängern, ihre Intentionen, Befunde und Botschaften

Die Idee, mit Hilfe von empirischen Studien mehr über die Vorkenntnisse von Schulanfängern erfahren zu wollen, ist schon recht alt. Bereits 1856 schrieb *Sigismund* ein flammendes Plädoyer für die Durchführung solcher Studien: „Über die Ursachen der frühern oder spätern Entfaltung der Geistesknospen bei einzelnen Kindern wissen wir noch gar nichts. Natürlich, da man sich noch nicht einmal bemüht hat, die so leicht auszuführenden statistischen Vorarbeiten zu veranstalten. Die Statistik hat in neuerer Zeit Ungemeines geleistet. So weist man nach, wie viel Pfund Fleisch ein Mensch durchschnittlich verzehrt in England oder in Preussen ... Wenn sie doch ihr forschendes Auge auch einmal der Entwickelung des Menschen schenkte!" (nach *Hartmann 1896*, S. 61).

Es hat dann aber doch noch 40 Jahre gedauert, bis nach einigen kleineren Studien zu

Vorkenntnissen von Schulanfängern im Jahre 1896 von *Hartmann* die erste größere empirische Untersuchung zu diesem Thema vorgelegt wurde. Sie trägt den ganz dem damaligen Zeitgeist verbundenen Titel: „Analyse des kindlichen Gedankenkreises als die naturgemässe Grundlage des ersten Schulunterrichts" (*Hartmann 1896*). Insgesamt 1312 Schulanfänger der Einschulungstermine Ostern 1880 bis 1884 waren an der Untersuchung beteiligt. Diesen Kindern im Alter von 5;9 bis 6;9 Jahren sind in Einzelinterviews in mehreren aufeinander folgenden Sitzungen insgesamt 100 Fragen gestellt worden, mit denen geprüft werden sollte, welches Sachwissen und welche Vorerfahrungen sie mit in die Schule bringen. Gefragt wurde u. a., ob die Kinder schon einmal einen im Freien laufenden Hasen gesehen haben, einen hüpfenden Frosch, ob sie schon einmal in einem Steinbruch waren u. v. a. m. Die mathematischen Vorkenntnisse wurden mit der Aufforderung, bis 10 zu zählen, und mit Fragen nach der Kenntnis geometrischer Körper und Grundformen wie Kreis, Kugel, Viereck usw. erhoben. Die auf diese Fragen bezogenen Befunde zeigt die folgende Tabelle.

Nr.	Objekt	Die betr. Vorstellung etc. hatten von			Angabe in Prozenten		
		660 Knaben	652 Mädchen	1312 Sa.	Knaben	Mädchen	Sa.
79	Dreieck	62	66	128	9	10	10
80	Viereck	101	90	191	15	14	15
81	Würfel	214	293	507	32	45	39
82	Kreis	280	284	564	42	43	43
83	Kugel	546	510	1056	83	78	80
84	Zählen 1 bis 10	456	405	861	69	62	66

Tab.1: Auszug aus der Annaberg-Untersuchung (*Hartmann 1896*, S. 82)

So wissen wir nun, dass 69 % aller damals eingeschulten „Knaben" aus Annaberg bis 10 zählen konnten, während nur 62 % der Mädchen dies vermochten.

Für historische Vergleiche (vgl. z. B. die Tabelle 2 dieses Beitrags mit den entsprechenden Befunden zum Aufsagen der Zahlwortreihe aus der Studie von *Schmidt 1982*) mögen diese Einzelergebnisse interessant sein und Anlass geben für Spekulationen über die Ursachen der heute höheren Leistungen. Wichtiger ist aber die Feststellung, dass schon in dieser ersten größeren Studie zwei Motive deutlich werden, die auch bei allen nachfolgenden Untersuchungen festzustellen sind, nämlich

1. das **Anknüpfungsmotiv**, das ist die Hoffnung, mit Hilfe einer genaueren Kenntnis der Vorkenntnisse von Schulanfängern einen Anfangsunterricht gestalten zu können, der an die Vorkenntnisse anknüpft und so einen reibungsloseren Übergang von der vorschulischen in die schulische Zeit gewährleistet und

2. das **Motiv der curricularen Innovation**, d. h. die Hoffnung, dass die gewonnenen Befunde eine hinreichend tragfähige Grundlage darstellen, auch andere davon zu überzeugen, dass das gegenwärtige Curriculum obsolet ist und dringend der Veränderung bedürfe, nach subjektiver Überzeugung natürlich dringend der Verbesserung im Sinne der eigenen didaktischen Grundposition.

Hinsichtlich des ersten Motivs stützt sich *Hartmann* auf Ausführungen von *Lange* aus dem Jahre 1879: „Weit entfernt davon, die Kindesseele als eine tabula rasa zu betrachten, wird daher der einsichtige Lehrer und Erzieher soviel als möglich an den vorhandenen Gedankenkreis, an die heimatlichen Anschauungen der Schüler seine Unterweisungen anknüpfen und durch sie dem Unterrichte Grund und Boden sichern. Weiß er doch, daß er auf Sand bauen würde, wollte er voraussetzungslos den Unterricht gleichsam von vorn anfangen lassen, oder in allzu optimistischer Weise alles Mögliche im Schüler voraussetzen und unbekümmert um die Mängel des kindlichen Erfahrungskreises tapfer darauf lehren." (*Hartmann 1896*, S. 65). Zum zweiten Motiv führt *Hartmann (1896*, S. 69) aus: „Die Erhebungen hatten sodann den ausgesprochenen Zweck, den Gedankenkreis der eintretenden Kleinen kennen zu lernen, um die natürlichen Grundlagen des Lehrplanes für das erste, beziehentlich zweite Schuljahr zu gewinnen."

Von diesen beiden Motiven, dem Anknüpfungsmotiv und dem Motiv der curricularen Innovation, wird auch die Untersuchung von *Schmidt (1982)* getragen. Die Auswahl der Aufgaben orientiert sich an der Frage, „welche Fähigkeiten im Umgang mit Zahlen die Kinder bei Schuleintritt besitzen" (*Schmidt 1982*, S. 1). Wichtig an dieser Leitidee ist der Aspekt des *Umgangs mit Zahlen* als Gegenentwurf zu dem damals weit verbreiteten Ansatz („Mengenlehre"), den arithmetischen Anfangsunterricht im Rahmen einer sog. pränumerischen Phase als einen *Kurs über Zahlen*, orientiert an der Fachsystematik des Kardinalzahlbegriffs, zu gestalten (vgl. auch *Schipper 1982*).

An der Untersuchung zu Beginn des Schuljahres 1981/82 nahmen insgesamt 1138 Kinder aus Hessen und Baden-Württemberg teil. Die Kinder wurden einzeln befragt. Die folgende Tabelle 2 beschreibt die ausgewählten Aufgabenstellungen und die Hauptergebnisse der Untersuchung.

Aufgabenstellung	Prozentsatz richtiger Lösungen
1. Verbal zählen: „Zähle, soweit du kannst!"	
- bis mindestens 5	99,4
- bis mindestens 10	96,8
- bis mindestens 20	70,0
- bis mindestens 30	44,7
- bis mindestens 50	28,2
- bis mindestens 100	15,1
2. Mächtigkeitsvergleich: „Wo sind mehr Plättchen, hier oder dort?"	
- 5 vs. 6 Plättchen	95,3
- 14 vs. 13 Plättchen	78,6
- 9 vs. 9 Plättchen	19,2
3. Zahlauffassung 1: Einer vorgegebenen Menge ein Zahlwort zuordnen: „Wie viele Plättchen sind es?"	
- 5 Plättchen	90,8
- 9 Plättchen	63,9
- 14 Plättchen	44,9
4. Zahldarstellung 1: Einem Zahlwort eine passende Plättchenmenge zuordnen: „Lege 4 Plättchen!"	
- 4 Plättchen	96,4
- 7 Plättchen	87,1
- 16 Plättchen	59,5
5. Ziffern schreiben: „Schreibe die Zahl 1 (3, 2, 4, 5, 6, 7, 9, 8, 0) auf!"	
- keine Ziffer richtig	4,5
- 5 Ziffern richtig	10,5
- alle 10 Ziffern richtig	8,6
6. Ziffern lesen: „Wie heißt die Zahl?"	
- keine Ziffer gelesen	1,3
- 5 Ziffern gelesen	1,1
- alle 10 Ziffern gelesen	78,0
7. Zahlauffassung 2: Einer vorgegebenen Plättchenmenge Ziffernkarten zuordnen: „Lege die richtige Zahl zu den Plättchen!"	
- 2 Plättchen	93,2
- 6 Plättchen	78,6
- 15 Plättchen	42,9
8. Zahldarstellung 2: Vorgegebenen Ziffern eine passende Plättchenmenge zuordnen: „Lege so viele Plättchen hinein, wie auf dem Schild steht!"	
- 5 Plättchen	92,0
- 8 Plättchen	82,5
- 13 Plättchen	63,1

Tab. 2: Aufgabenstellungen und Hauptergebnisse der *Schmidt*-Studie (1982)

In den „Folgerungen für den mathematischen Anfangsunterricht" werden die beiden o. g. Motive deutlich: „Die Ergebnisse der Untersuchung zeigen, dass die Kinder bei Schuleintritt bereits beachtliche Fähigkeiten im Umgang mit Zahlen besitzen. Diese betreffen das verbale Zählen, die (kardinale) Anwendung der Zahlen und den Gebrauch von Ziffern. Daran sollte der mathematische Anfangsunterricht anknüpfen, um auch die aus den Vorkenntnissen und dem Können resultierende ‚natürliche Motivation' zu nutzen." (*Schmidt 1982*, S. 64) – **das Anknüpfungsmotiv**. Weiter führt er aus: „Entgegen dem gegenwärtig in der Bundesrepublik häufig praktizierten Anfangsunterricht erscheint es daher nicht erforderlich, dem expliziten Umgang mit Zahlen eine ausgedehnte pränumerische Phase voranzustellen. Da die elementaren Zahlbegriffe in der Regel vor Schuleintritt erworben werden, ist insbesondere das paarweise Zuordnen als Instrument zur Zahlbegriffsbildung weitgehend entbehrlich. Vielmehr muß es darum gehen, die vorhandenen Zahlbegriffe durch Anwendung zu sichern, zu vertiefen und auszubauen." (ebd.) – **das Motiv der curricularen Innovation**. Tatsächlich ist es *Schmidt* dann ja auch gelungen, mit seinem Lehrwerk „Denken und Rechnen" ab Anfang der 80er-Jahre einen neuen Standard zu setzen, nämlich das an den Grundideen der sog. Mengenlehre orientierte Curriculum mit einer ausgedehnten pränumerischen Phase abzulösen und durch einen Lehrgang zu ersetzen, der die Kinder die Zahlen von Anfang an wieder in Gebrauch nehmen lässt.

Die weiteren differenzierten Ausführungen *Schmidts* hinsichtlich ausgewählter Inhaltsbereiche des Anfangsunterrichts belegen, dass der Autor weit davon entfernt ist, Schulanfängern pauschal hohe arithmetische Kompetenzen zuzusprechen. Vielmehr zieht er didaktische Konsequenzen im Sinne von möglichen Reduzierungen oder notwendigem Ausbau unterrichtlicher Bemühungen in Abhängigkeit von den jeweiligen Befunden und immer in Relation zum damaligen Curriculum mit seiner ausgeprägten pränumerischen Phase. Zudem betont er, dass zu weiteren Inhaltsbereichen des Anfangsunterrichts (ordinaler Gebrauch der Zahlen, Umgang mit Geld usw.) keine empirischen Befunde vorliegen, sodass auch hier keine Aussagen zu den Kompetenzen der Schulanfänger möglich sind. Damit kann die Studie von *Schmidt* nicht herangezogen werden zur Stützung der These von der hohen mathematischen Kompetenz von Schulanfängern und ebenso nicht zur Begründung eines ganzheitlichen arithmetischen Anfangsunterrichts „mit sofortige(r) Betrachtung des gesamten Zwanzigerraumes und darüber hinaus vom ersten Schultag an" (*Wittmann/Müller 1992*; s. o.). Eine genauere Betrachtung der Befunde zeigt vielmehr, dass die Überschreitung des Zahlraums bis 10 bei der Mehrzahl der einschlägigen Aufgabenstellungen der *Schmidt*-Studie (Nr. 3, 4, 7 und 8) mit einem deutlichen Rückgang der durchschnittlichen Lösungshäufigkeit verbunden ist und dass die Leistungen der Kinder bei den einzelnen Aufgaben und Aufgabengruppen in hohem Maße streuen (vgl. *Schmidt 1982*, S. 31 - 63) – ein erster Hinweis darauf, dass nicht die allgemein hohe mathematische Kompetenz, sondern die große Leistungsheterogenität der Schulanfänger das wesentliche Kennzeichen ist.

In den letzten Jahren ist eine neue Welle von Studien zu arithmetischen Vorkenntnissen von Schulanfängern zu verzeichnen. Alle diese neueren Studien haben ihren gleichen Ursprung, sind im Design und in der Auswahl der Testitems sehr homogen und unterscheiden sich gerade im Design und in der Auswahl der Testitems grundlegend von der

---

Zitate in alter Rechtschreibung

Schmidt-Untersuchung. Mit den älteren Studien haben diese neueren aber das Anküpfungsmotiv und das Motiv der curricularen Innovation gemeinsam; auch die neueren Studien haben das Ziel, den Anfangsunterricht bruchfreier zu gestalten und wollen zugleich curriculare Veränderungen herbeiführen – selbstverständlich im Sinne der eigenen didaktischen Konzeption.

Entwickelt wurde der neue Aufgabentyp von *van den Heuvel-Panhuizen* am Freudenthal-Institut in Utrecht, Niederlande (vgl. *van den Heuvel-Panhuizen 1990, 1995* und *van den Heuvel-Panhuizen/Gravemeijer 1991*). Dabei ließ sie sich von folgenden Grundsätzen leiten (*van den Heuvel-Panhuizen 1995*, S. 89):

- „Die Tests sollen es den Schülern ermöglichen, ihre Kompetenzen zu demonstrieren, und weniger darauf abzielen, ihre Defizite zu diagnostizieren (*positives Testen*).

- Die Testaufgaben sollen das Spektrum der Lernziele möglichst umfassend abdecken; die individuellen Lösungsstrategien der Schüler können dabei viel aufschlussreicher sein als lediglich die Ergebnisse ihrer Rechnungen.

- Die Testaufgaben sollten unbedingt von guter Qualität sein; die Objektivität der Testresultate ist dagegen ein nachgeordneter Anspruch.

- Die Tests müssen im Unterricht ohne großen Mehraufwand durchzuführen sein."

Auf der Basis dieser Leitideen wurden für die Studie zu den „arithmetischen Grundkompetenzen" von Schulanfängern (*van den Heuvel-Panhuizen 1995*, S. 103) insgesamt 24 Aufgaben entwickelt, je 4 Aufgaben zu 6 verschiedenen Aspekten des arithmetischen Anfangsunterrichts, nämlich zu

- Verhältnisbeziehungen (wir würden sagen: zu Größenvergleichen),
- Kenntnis von Zahlsymbolen,
- Beherrschen der Zahlwortreihe,
- Abzählen,
- Addition im Kontext und
- Subtraktion im Kontext.

Einige ausgewählte Testitems zeigt die folgende Abbildung.

Ziffernkenntnis: Kreuze das Fahrrad mit der Nr. 3 an.

Addition mit Abzählmöglichkeit: Wie viele Punkte sind das zusammen?

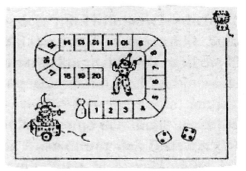

Subtraktion mit Abzählmöglichkeit: Wie viele Ballons wurden verkauft?

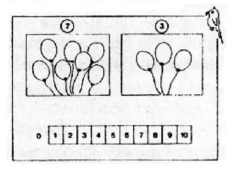

Addition ohne Abzählmöglichkeit: Wie viele Punkte zusammen?

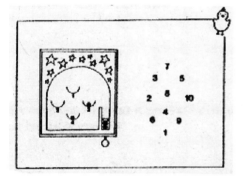

Abb. 1: Ausgewählte Aufgaben aus der Studie von *van den Heuvel-Panhuizen* (1995)

Das Besondere an der Durchführung der Untersuchung und ihrer Auswertung ist, dass *van den Heuvel-Panhuizen* nicht nur Kindern in der dritten Schulwoche solche Aufgaben vorgelegt hat, sondern zugleich vier verschiedene Expertengruppen „bestehend aus jeweils vier oder fünf Personen, die in den Niederlanden als Grundschullehrer, Schulräte oder in der Lehrerausbildung tätig waren" (ebd., S. 105) nach ihrer Einschätzung gefragt hat, wie viel Prozent der Schulanfänger diese Aufgaben wohl lösen können.

Die folgende Abbildung 2 zeigt für die o. g. 6 Aufgabengruppen mit den je 4 Aufgaben jeweils in der ersten Säule den Prozentsatz richtiger Lösungen der insgesamt 441 beteiligten Kinder, in den nachfolgenden 4 Säulen die Einschätzungen der verschiedenen Expertengruppen.

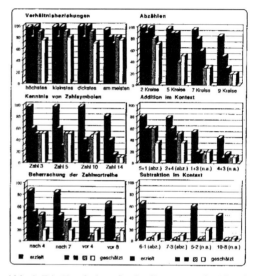

Abb. 2: Die Ergebnisse der Studie von *van den Heuvel-Panhuizen* (1995)

Aus diesen Daten leitet die niederländische Kollegin zwei zentrale Befunde ab, nämlich

1. „Die Auswertung des Tests hat zweifelsohne gezeigt, dass Kinder schon zum Schulanfang über zahlreiche arithmetische Kenntnisse und Fähigkeiten verfügen." (*van den Heuvel-Panhuizen 1995*, S. 107)

2. „Und offensichtlich werden ihre Kompetenzen sogar von Fachleuten unterschätzt." (ebd)

Diese erste Studie mit neuentwickelten, kontextgebundenen Aufgabenstellungen hat eine Welle von Nachfolgeuntersuchungen ausgelöst. So hat z. B. *Selter (1995)* aus den 24 Aufgaben 6 ausgewählt, je eine für jede der 6 Gruppen:

Aufgabe 1: Größenvergleich: Kreuze das höchste Haus an.

Aufgabe 2: Zahlwort-Ziffer-Zuordnung: Kreuze das Fahrrad mit der Nr. 5 an.

Aufgabe 3: Rückwärts zählen: Beim Raketenstart wird gezählt: 10, 9, 8 ... Welche Zahl kommt jetzt? Kreuze sie an.

Aufgabe 4: Zahldarstellung: Male neun Kreise aus.

Aufgabe 5: Addition im Kontext ohne direkte Abzählmöglichkeit: Ein Kind hat beim Wurfspiel einmal drei und einmal vier Punkte erzielt. Wie viele Punkte sind das zusammen?

Aufgabe 6: Subtraktion im Kontext ohne direkte Abzählmöglichkeit: Ein Kind hat 10 DM im Portemonnaie und kauft eine Brille für 8 DM. Wie viel DM bleiben übrig?

Wie bei *van den Heuvel-Panhuizen* wurden die Aufgaben in Bilderform mit begleitender verbaler Aufgabenformulierung präsentiert.

Abb. 3: Die von *Selter* (1995) ausgewählten Aufgaben

An der *Selter*-Studie waren insgesamt 881 Erstklässler in der zweiten bzw. dritten Schulwoche beteiligt. Darüber hinaus wurden insgesamt 426 Experten befragt, nämlich 245 Studierende des Lehramts Primarstufe, 130 Lehramtsanwärter und 51 praktizierende Lehrerinnen und Lehrer. Dies sind die Ergebnisse der *Selter*-Studie (*Selter 1995*, S. 14):

	Häuser	Fahrräder	Rakete	Kreise	Wurfspiel	Brille
Schüler	98 %	95 %	63 %	87 %	66 %	50 %
Lehrerinnen	95 %	82 %	58 %	70 %	48 %	42 %
Lehramtsanw.	84 %	65 %	33 %	46 %	27 %	17 %
Studierende	79 %	61 %	34 %	49 %	25 %	20 %

Tab. 3: Die Ergebnisse der *Selter*-Studie (1995)

Jeweils die erste Zeile zeigt, wie viel Prozent der Kinder die Aufgabe gelöst haben, die nachfolgenden Zeilen geben die Einschätzungen der Lehrerinnen, der Lehramtsanwärterinnen und der Lehramtsstudierenden wieder. Parallelitäten zur Untersuchung von *van den Heuvel-Panhuizen* sind offensichtlich.

Selter bestätigt die Ergebnisse der niederländischen Kollegin. So schreibt er (*Selter 1995*, S. 15) in der Diskussion seiner Befunde Folgendes: „Durch die vorliegende Arbeit ist – erneut – deutlich geworden, dass der Mathematikunterricht nicht am fiktiven ‚Punkte Null' beginnen kann. Kinder verfügen in der Regel über reichhaltige Vorerfahrungen zu Zahlen, zum Zählen und zum Rechnen. ... Der Unterricht sollte den Schülern möglichst viele Gelegenheiten bieten, ihr Vorwissen zu zeigen, einzusetzen und weiterzuentwickeln." – **das Anknüpfungsmotiv**. Und weiter: „Für den arithmetischen Anfangsunterricht erscheint eine durchgehend ganzheitliche Behandlung des Zwanzigerraumes als unbedingt erforderlich, die es den Schülern von Anfang an ermöglicht, ihre Vorkenntnisse über Zahlen und deren Beziehungsreichtum für weiterführende Lernprozesse zu nutzen und damit frühe Lernchancen nicht zu vergeben. Im ersten Band des Handbuchs produktiver Rechenübungen *(Wittmann/Müller 1990)* wird dieses Konzept entwickelt und durch eine Vielzahl reichhaltiger Aufgabenstellungen illustriert." – **das Motiv der curricularen Veränderung**.

3. Differenzierte Analyse

Inzwischen sind die Studien von *van den Heuvel-Panhuizen* und *Selter* vielfach repliziert worden, in der Schweiz von *Hengartner/Röthlisberger (1995)*, in Berlin/Brandenburg, der Tschechischen und Slowakischen Republik von *Grassmann u. a. (1995)* und in verschiedenen Teilen Deutschlands vom *Schroedel-Verlag (1996)*. Auf den ersten Blick scheinen auch diese Untersuchungen die bisherigen Befunde zu stützen: hohe Kompetenz von Schulanfängern bei gleichzeitiger Unterschätzung dieser Fähigkeiten durch Experten.

Bei genauerem Hinsehen zeigt sich jedoch, dass diese Botschaften zu pauschal sind, dass sie durch differenziertere Aussagen ersetzt werden müssen:

- Nahezu alle Studien leiden darunter, dass fast immer nur Prozentsätze richtiger Lösungen für die Gesamtstichprobe berichtet werden, darüber hinaus kaum Daten mitgeteilt werden, z. B. über die Streuung der Leistungen. Die von der Zahl der Probanden her größte Studie zu diesem Thema vom *Schroedel-Verlag* gibt dagegen auch darüber Auskunft. Auffälligstes Merkmal ist danach nicht mehr die hohe Kompetenz von Schulanfängern, sondern die extrem große Leistungsdifferenz selbst zwischen einzelnen Schulklassen.

- Die eingesetzten Tests sind nicht geeignet, mathematische Kompetenz in der ganzen Bandbreite des im arithmetischen Anfangsunterrichts zu erwerbenden Fähigkeitsspektrums zu prüfen. Alle Aufgaben sind kontextgebunden und können damit auch nur die Fähigkeit der Kinder prüfen, eine im Kontext vorgegebene Aufgabe mit kontextgebundenen, informellen Verfahren zu lösen. Diese Fähigkeit ist vor allem von *Carraher/Carraher/Schliemann (1985)* in zahlreichen Studien mit kindlichen und jugendlichen Straßenhändlern, die nie eine Schule besucht haben, untersucht worden. Dabei haben sie eine hohe „straßenmathematische Kompetenz" dieser Probanden ermittelt, aber auch feststellen müssen, dass die gleichen Kinder und Jugendlichen bei völlig analogen Fragestellungen in einer mehr „schulmathematischen" Formulierung scheitern. „Straßenmathematische" Fähigkeiten können ein wichtiger Anknüpfungspunkt für die Schulmathematik sein, sie sind jedoch nicht mit den Anforderungen der Schulmathematik gleichzusetzen. Die pauschale Botschaft von der hohen mathematischen Kompetenz von Schulanfängern ist durch die differenzierte von der hohen „straßenmathematischen" Kompetenz zu ersetzen.

- Schaut man sich unter dieser Perspektive die Einschätzungen von Experten an, dann wird deutlich, dass nur die „straßenmathematischen" Kompetenzen unterschätzt werden, die „schulmathematischen" dagegen eher überschätzt werden.

3.1 Große Leistungsheterogenität

Teile bzw. Varianten der ursprünglich von *van den Heuvel-Panhuizen* entwickelten Aufgaben sind bis heute weit mehr als 5000 Kindern vorgelegt worden, sodass wir eine gute Basis für Vergleiche haben. Von den 6 Aufgaben, die *Selter* ausgewählt hat, finden sich 5 in fast allen Studien. Der folgende Vergleich bezieht sich auf diese 5 Aufgaben. Nicht berücksichtigt wird die Aufgabe 1 zu Größenvergleichen.

Aufgabe 2: Zu einem gesprochenen Zahlwort die Ziffer markieren

Male ein Kreuz auf das Schild mit der Nr. 5. (*van den Heuvel-Panhuizen, Selter* u. a.)

Zahlix wohnt in der Höhle Nr. 7. Kreuze die Zahl an. (*Schroedel-Verlag*)

Autor	Jahr	Land	Probanden	Aufgabe	Prozent	Ø Max/Min
v.d. Heuvel-Panhuizen	1995	NL	n = 441	Nr. 5	98	
Selter	1995	NRW	n = 893	Nr. 5	95	
Hengartner/ Röthlisberger	1995	CH	n = 198	Nr. 3	96	
Grassmann	1995	BB	n = 845	Nr. 5	96	
		CZ	n = 664	Nr. 5	98	
		SK	n = 325	Nr. 5	92	
Schroedel-Verlag	1996	D	n = 2.013	Nr. 7	88	100%/63%
				Nr. 13	62	93%/26%

Tab. 4: Vergleich der Schülerleistungen bei Aufgabe 2

Hinweise:
„Prozent" steht für Prozentsatz richtiger Lösungen in der jeweiligen Gesamtpopulation.
„Ø Max/Min" bedeutet maximale bzw. minimale Lösungshäufigkeit in (mindestens) einer der beteiligten Klassen.

In fünf der sieben Studien liegt die Lösungshäufigkeit, gemessen jeweils für die Gesamtpopulation, mit Werten zwischen 94 % und 99 % sehr eng beieinander. Der etwas niedrigere Wert in der Slowakischen Republik kann kulturelle Ursachen haben, die Abweichung in der *Schroedel*-Studie mag an der veränderten Zahl (Nr. 7 bzw. 13 statt Nr. 5 ankreuzen) liegen. Nur die Schroedel-Studie gibt zusätzliche Informationen über die Streuung der Leistungen. Die Auswertung der Daten dieser Studie ist so erfolgt, dass zunächst für die einzelnen Klassen und dann für die Gesamtstichprobe die durchschnittlichen Lösungshäufigkeiten in Prozent berechnet wurden. Außerdem sind auf der Grundlage der Prozentsätze richtiger Lösungen der insgesamt 76 Klassen Boxplots (vgl. das Beispiel zur folgenden Aufgabe 3) berechnet worden. Sie geben Auskunft über den Median, über oberes und unteres Quartil, sodass erkennbar wird, in welchem Bereich 50 % aller Werte liegen, und über maximale und minimale Werte. In der o. a. Tabelle 4 sind diese maximalen und minimalen Werte wiedergegeben worden. Sie geben Auskunft über den höchsten bzw. niedrigsten Prozentsatz richtiger Lösungen in einer bzw. in einigen Klassen. Die Werte beziehen sich also auf Leistungen einzelner Schulklassen, nicht auf die Leistungen einzelner Kinder.

Deutlich wird bei dieser Aufgabe, dass es Schulklassen gibt, in denen alle Kinder die Ziffer 7 identifizieren können, daneben aber auch Klassen, in denen nur 63 % der Kinder bzw. bei der Zahl 13 nur 26 % der Kinder dazu in der Lage sind. Dies ist ein Hinweis auf Lösungsunterschiede in Abhängigkeit von der Größe der Zahlen, vor allem aber ein Hinweis auf große Leistungsunterschiede zwischen ganzen Schulklassen.

Diese Leistungsheterogenität zeigt sich auch bei den anderen Aufgaben.

Aufgabe 3: Rückwärtszählen im Kontext eines Raketenstarts: Kreuze die nächste Zahl an.

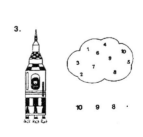

Autor	Jahr	Land	Probanden	Aufgabe	Prozent	Ø Max/Min
v.d. Heuvel-Panhuizen	1990/1995	NL	n = 441	7	66	
Selter	1995	NRW	n = 893	7	63	
Hengartner/ Röthlisberger	1995	CH	n = 198	7	68	
Grassmann	1995	BB	n = 845	7	68	
		CZ	n = 664	7	44	
		SK	n = 325	7	41	
Schroedel-Verlag	1996	D	n = 2.013	6	63	95%/22%

Tab. 5: Vergleich der Schülerleistungen bei Aufgabe 3

Etwa ein Drittel aller Schulanfänger kann im Zahlenraum bis 10, bezogen auf diesen Aufgabentyp, der ja zugleich auch die Identifikation der entsprechenden Ziffer fordert, nicht rückwärts zählen. Extrem große Leistungsunterschiede werden aus dem zugehörigen Boxplot ersichtlich.

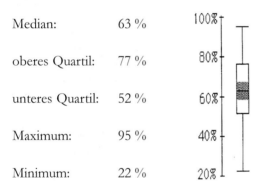

Median:	63 %
oberes Quartil:	77 %
unteres Quartil:	52 %
Maximum:	95 %
Minimum:	22 %

Für jede der 76 Klassen der *Schroedel*-Studie wurde der durchschnittliche Prozentsatz richtiger Lösungen ermittelt. Deren Median liegt, wie der Mittelwert über die Gesamtstichprobe, bei 63 %. Im Bereich von 77 % bis 52 % richtiger Lösungen liegen 50 % der beteiligten Klassen, die restlichen 38 Klassen streuen in ihren durchschnittlichen Leistungen im oberen Bereich von 78 % bis 95 %, im unteren Bereich von 51 % bis 22 %. Diese große Leistungsheterogenität, die bei allen Aufgaben zu beobachten ist, ist ein wesentlicher empirischer Befund, der nicht einfach durch die bloße Bekanntgabe der Durchschnittsleistung über die Gesamtstichprobe verschwiegen werden darf.

Aufgabe 4: Zahldarstellung: 9 Kreise (Luftballons) ausmalen.

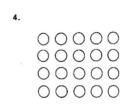

Autor	Jahr	Land	Probanden	Aufgabe	Prozent	Ø Max/Min
v.d. Heuvel-Panhuizen	1990/1995	NL	n = 441	9	83	
Selter	1995	NRW	n = 893	9	87	
Hengartner/ Röthlisberger	1995	CH	n = 198	9	--	
Grassmann	1995	BB	n = 845	9	84	
		CZ	n = 664	9	88	
		SK	n = 325	9	81	
Schroedel-Verlag	1996	D	n = 2.013	9	80	100%/36%

Tab. 6: Vergleich der Schülerleistungen bei Aufgabe 4

80 bis 87 % aller Kinder können die Aufgabe zur Darstellung der Zahl 9 lösen, indem sie 9 Luftballons bzw. Kreise ausmalen. Aber auch bei dieser Aufgabe gibt es Schulklassen, in denen alle Kinder diese Aufgabe lösen können gegenüber anderen Klassen, in denen im Durchschnitt nur jedes dritte Kind dazu in der Lage ist.

Aufgabe 5: Addition im Kontext: Wie viele zusammen?

Aufgabe 6: Subtraktion im Kontext: Wie viel DM bleiben übrig?

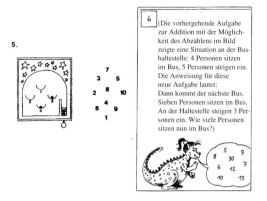

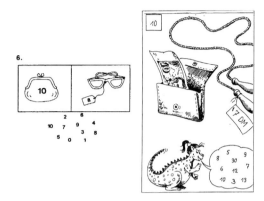

Autor	Jahr	Land	Probanden	Aufgabe	Prozent	Ø Max/Min
v.d. Heuvel-Panhuizen	1990/1995	NL	n = 441	3+4	42	
Selter	1995	NRW	n = 893	3+4	66	
Hengartner/Röthlisberger	1995	CH	n = 198	3+4	52	
Grassmann	1995	BB	n = 845	3+4	54	
		CZ	n = 664	3+4	59	
		SK	n = 325	3+4	54	
Schroedel-Verlag	1996	D	n = 2.013	7+3	54	93%/0%

Tab. 7: Vergleich der Schülerleistungen bei Aufgabe 5

Autor	Jahr	Land	Probanden	Aufgabe	Prozent	Ø Max/Min
v.d. Heuvel-Panhuizen	1990/1995	NL	n = 441	10-8	42	
Selter	1995	NRW	n = 893	10-8	50	
Hengartner/Röthlisberger	1995	CH	n = 198	10-8	44	
Grassmann	1995	BB	n = 845	10-8	34	
		CZ	n = 664	10-8	48	
		SK	n = 325	10-8	53	
Schroedel-Verlag	1996	D	n = 2.013	10-7	29	77%/0%

Tab. 8: Vergleich der Schülerleistungen bei Aufgabe 6

Im Durchschnitt löst etwa jedes zweite Kind die Aufgabe 3 + 4 bzw. 7 + 3 in einem Sachkontext, der keine Möglichkeit des direkten Abzählens eröffnet, aber zählende Lösungen, z. B. an den eigenen Fingern, auch nicht verhindern kann. Trotzdem gibt es mindestens eine ganze Schulklasse, in der nicht ein einziges Kind diese Aufgabe lösen konnte gegenüber mindestens einer anderen Schulklasse mit 93 % richtigen Lösungen.

Zwischen etwa 30 % und 50 % aller Kinder können die Aufgabe 10 – 8 bzw. 10 – 7 im Kontext von Einkaufen, Bezahlen und Geld-Zurückgeben lösen. Es gibt aber auch hier wieder die eine oder andere Schulklasse, in denen niemand das kann.

Erhebliche Leistungsunterschiede sind auch schon in anderen Studien beobachtet worden. So berichten *Grassmann u. a. (1995, S. 316f)* von einer großen Leistungsheterogenität zwischen den beteiligten Schulen, ein Effekt, der wegen anzunehmender Unterschiede bei den Einzugsbereichen noch recht leicht nachvollziehbar ist, aber auch von großen Leistungsunterschieden zwischen einzelnen Klassen der gleichen Schule. Über alle Klassen ihrer Untersuchung streuen die Leistungen folgendermaßen (nach *Grassmann u. a. 1995*, ergänzt durch eine persönliche Mitteilung):

Aufgabe 1:   90 % - 100 %
Aufgabe 2:   73 % - 100 %
Aufgabe 3:   26 % - 100 %
Aufgabe 4:   56 % - 100 %
Aufgabe 5:   17 % - 100 %
Aufgabe 6:   0 % - 77 %

Auch *Selter* konzidiert in einer neueren Publikation (*Selter 1998*) große Leistungsunterschiede in den einschlägigen Studien zu Vorkenntnissen von Schulanfängern: „Es wäre allerdings verfehlt, in eine Kompetenzeuphorie zu verfallen und überall kleine mathematische Genies zu vermuten. ... Die Lerngruppe, in der ein Kind sicher im Hunderterraum rechnet, während dessen Nachbar Schwierigkeiten dabei hat, bis 10 zu zählen, ist keine Fiktion." (*Selter 1998*, S. 84)

Ebenso konstatieren *Hengartner/Röthlisberger (1995*, S. 73) große Leistungsunterschiede zwischen den an ihrer Studie beteiligten Klassen: „Ein Ergebnis, das uns sehr überrascht hat, sind die teils enormen Unterschiede zwischen den Klassen. Wir hatten sie in diesem Ausmass lediglich zwischen den Kindern einer Klasse, nicht aber zwischen den Klassen selbst erwartet."

Typisch für die einseitige Sichweise ist, dass die Interpretation dieser Befunde nur im Sinne einer möglichen Gefahr der Unterforderung der Kinder erfolgt. So halten *Hengartner/Röthlisberger (1995*, S. 75) diese Ergebnisse deshalb für „beunruhigend", weil die Gefahr besteht, dass Lehrerinnen und Lehrer die Vorkenntnisse unterschätzen könnten: „Wenn nun eine Klasse mit hohem Leistungsniveau einer Lehrerin gegenübersteht, deren Erwartungen u. U. noch weit unter den durchschnittlichen Werten liegen, kann dies verhängnisvolle Wirkungen haben: Falls sie ihre Einschätzungen nicht verändert, werden vorhandene Fähigkeiten vieler Kinder gehemmt und zurückgebunden auf das Niveau der Erwartungen; der Unterricht wird nivellierend statt förderlich sein." Dass selbstverständlich auch die Gefahr der Überforderung besteht, wenn Lehrerinnen und Lehrer – nicht zuletzt auch unter dem Einfluss der weitverbreiteten Botschaften von der hohen mathematischen Kompetenz von Schulanfängern – von einem hohen Niveau mathematischer Vorkenntnisse ihrer Kinder ausgehen, ihre Klasse dagegen eher am unteren Leistungsniveau liegt, wird schlicht verschwiegen. Leistungsunterschiede werden hier zwar als empirischer Befund berichtet, bei der Erörterung didaktischer Konsequenzen jedoch nicht ernsthaft in Betracht gezogen. Die eigene kompetenzorientierte Sichtweise und die Grundüberzeugung von der Notwendigkeit eines ganzheitlich ausgerichteten arithmetischen Anfangsunterrichts wirken wie Scheuklappen, die einen offenen Blick auf Leistungsdifferenzen und die notwendigen didaktischen Konsequenzen verhindern. Der Mythos von der hohen mathematischen Kompetenz von Schulanfängern und die Utopie einer neuen Unterrichtskonzeption trüben den Blick für die Realitäten.

3.2 Straßen- und Schulmathematik

In ihrer Studie zur semantischen Struktur einfacher Rechengeschichten hat *Stern (1992, 1994)* den ca. 180 an der Studie beteiligten Erstklässlern u. a. die beiden folgenden Aufgaben gestellt:

(1) Maria hat 5 Murmeln. Hans hat 8 Murmeln. Wie viele Murmeln hat Hans mehr als Maria?

(2) Maria hat 5 Murmeln. Hans hat 8 Murmeln. Wie viele Murmeln muss Maria noch bekommen, damit sie genau so viele Murmeln hat wie Hans?

Diese beiden Aufgaben von gleicher syntaktischer Struktur (5 + □ = 8) werden von den Kindern auffallend unterschiedlich häufig gelöst. Dabei sind die Rahmenbedingungen (u. a. Möglichkeit der Lösung mit Hilfe von Material) selbstverständlich gleich. Die Aufgabe (1) wird von 28 % der Kinder richtig gelöst, die Aufgabe (2) von 96 %. Die Aufgabe (2) mit der sprachlich komplizierter erscheinenden Frage wird von fast allen Kindern, die Aufgabe (1) mit der sprachlich doch scheinbar sehr viel klarer strukturierten Frage nur noch von gut jedem vierten Kind gemeistert. Die Komplexität der sprachlichen Struktur der Aufgabe kann in diesem Fall also nicht ausschlaggebend für die Lösungshäufigkeit sein.

Der Schlüssel für das Verständnis dieser Unterschiede liegt auf einer anderen Ebene. Entscheidend ist, ob die Fragestellung den Kindern einen Hinweis darauf gibt, wie sie den in der Rechengeschichte vorgestellten Sachverhalt simulieren, also in konkrete Handlungen mit Material übersetzen können. Die Frage „Wie viele Murmeln muss Maria noch bekommen ...?" gibt Kindern einen solchen Hinweis auf die Handlung des Dazulegens als Möglichkeit der konkreten Simulation der Sachsituation; die Frage „Wie viele Murmeln hat Hans mehr als Maria?" enthält dagegen einen solchen Hinweis auf konkrete Handlungen nicht.

Ausgehend von diesem Erklärungsansatz werden auch frühere Befunde vergleichbarer Art von *Hendrickson (1979)* (vgl. dazu auch *Schipper 1982*) verständlicher: Alle Aufgaben in seiner Untersuchung enthalten deutliche Hinweise auf konkrete Handlungen zur Simulation der Rechengeschichte. Die Kinder werden sogar angehalten, die Aufgabe mit konkretem Material zu lösen, wenn sie sagen, sie könnten die Frage nicht beantworten. Die Möglichkeit der konkreten Simulation der Rechengeschichte mit Material macht die untersuchten Kinder so erfolgreich. Fehlt diese Möglichkeit, dann sinkt bei gleicher syntaktischer Struktur der Aufgabe die Lösungshäufigkeit drastisch.

Die Botschaft von der hohen mathematischen Kompetenz von Schulanfängern muss daher als undifferenziert, in dieser generalisierenden Form sogar als falsch, nämlich als übergeneralisierend, angesehen werden. Viele Kinder zeigen hohe Kompetenzen, wenn die Aufgabenstellungen in einen solchen Kontext eingebunden sind, der den Kindern vertraut ist, und der ihnen zugleich einen Hinweis gibt, mit welchen konkreten Handlungen die Aufgabe gelöst werden kann.

In Anlehnung an den Sprachgebrauch von *Carraher/Carraher/Schliemann (1985)* ist die Botschaft von der hohen mathematischen Kompetenz durch die folgende – hier ebenfalls bewusst plakativ formulierte – These zu ersetzen:

Viele Schulanfänger sind gute „Straßenmathematiker", jedoch noch keine guten „Schulmathematiker".

Lehrerinnen und Lehrer sind sich dieses Unterschieds möglicherweise nicht bewusst, und die pauschalen Botschaften der neueren Studien sind nicht geeignet, ein differenziertes Verständnis dafür zu entwickeln. Dieser Unterschied ist aber für das weitere Lernen von Mathematik ganz entscheidend. Wir dürfen nicht zufrieden sein, wenn Kinder auf Dauer solche Aufgaben irgendwie, z. B. mit Materialien oder mit Verfahren des Alles-Zählens oder Weiterzählens an den Fingern lösen. Ziel ist vielmehr, dass die Kinder – durchaus zunächst auf der Grundlage ihrer eigenen Verfahren – nach und nach immer leistungsfähigere Strategien des Rechnens unter Ausnutzen operativer Beziehungen entwickeln, über Halbieren oder Verdoppeln, über Zerlegen und Zusammensetzten, vielleicht sogar über gleich- bzw. gegensinniges Verändern, kurz: mit Verfahren, die sich auf Einsicht in Zahlbeziehungen gründen. Dieses auf Verständnis gegründete, flexible Umgehen mit Zahlen und Rechenoperationen – ein wesentliches Ziel des Arithmetikunterrichts der Grundschule – ist gemeint, wenn hier von „Schulmathematik" im Gegensatz zur „Straßenmathematik" mit ihren informellen Verfahren die Rede ist, nicht etwa das Zerrbild von „Schulmathematik" im Sinne von Einpauken und unverstandenem Auswendiglernen.

Die Zuschreibung hoher mathematischer Kompetenz ohne Beachtung des Verfahrens, wie Kinder solche Aufgaben lösen, stellt letztlich einen Verstoß gegen den Bildungsauftrag der Schule dar, den Kindern bei der Entwicklung zunehmend allgemeingültiger und leistungsfähiger, damit aber auch durchaus abstrakterer Verfahren zu helfen. Ein Zufriedensein mit beliebigen Lösungsverfahren der Kinder verschüttet deren Entwicklungsmöglichkeiten.

3.3 Die Einschätzungen der Experten

Der Unterschied zwischen der formellen Schulmathematik mit anspruchsvolleren Lösungsverfahren (z. B. heuristische Strategien und Auswendigwissen auf einer Verständnisgrundlage) und der informellen, kontextgebundenen Mathematik kleiner Kinder ist auch der Ansatz zur Interpretation der Expertenschätzungen. Lehrerinnen und Lehrer unterschätzen die informellen und überschätzen die formellen Fähigkeiten von Kindern.

Für die Beurteilung der Qualität kindlicher Leistungen mit Blick auf die Ziele der Grundschulmathematik ist es von entscheidender Bedeutung, mit welchen Mitteln die Kinder die Aufgabe lösen. Zu den Mitteln der „Straßenmathematik" gehört zählendes Rechnen, zu den Mitteln der Schulmathematik Rechnen mit Hilfe von geschickten Zerlegungen und Zusammensetzungen von

Zahlen. Ein zentrales Ziel, wenn nicht *das* zentrale Ziel des Mathematikunterrichts in den Klassen 1 und 2 ist es, die Kinder von diesen zählenden Verfahren wegzuführen. Hohe Kompetenzen können wir nicht in erster Linie an der Tatsache der Lösung einer Aufgabe festmachen, sondern vor allem an der Art und Weise der Lösung.

Auf dem Hintergrund dieser Interpretation lassen sich nun auch die Ursachen für die festgestellte große Leistungsheterogenität von Schulanfängern präziser beschreiben.

Ein erstes Ursachenfeld für Leistungsheterogenität im arithmetischen Anfangsunterricht ist in den unterschiedlichen Möglichkeiten der einzelnen Kinder zu sehen, in der vorschulischen Zeit kontext- und handlungsgebundene informelle Fähigkeiten zu entwickeln, also zunächst einmal die Basis für „straßenmathematische" Kompetenzen zu schaffen. Wenn die Pädagogen mit den Schlagwörtern von der „veränderten Kindheit" und dem „Lernen aus zweiter Hand" Recht haben, dann ist in diesem Bereich der fehlenden Primärerfahrungen beim handlungsgebundenen Mathematisieren von Ernst- und Spielsituationen eine Ursache dafür zu sehen, dass einige Kinder sich schulischen Mathematiklernprozessen hartnäckig widersetzen. Ihnen fehlt die Möglichkeit, die in Sachsituationen enthaltenen rechnerischen Anforderungen durch konkrete Manipulationen mit Material zu simulieren. Wenn sie in diesem Bereich bisher keine Erfahrungen haben sammeln können, dann fehlt Ihnen die Ausgangsbasis für mathematische Lernprozesse überhaupt. Hier wird Schule kompensatorisch tätig werden müssen, indem sie Kindern die Gelegenheit gibt, mathematisierbare Situationen konkret durchzuspielen.

In diesem Kontext macht die Forderung, den arithmetischen Anfangsunterricht ganzheitlicher auszurichten, durchaus Sinn, wenn damit ein differenziertes Verständnis von Ganzheitlichkeit gemeint ist, nicht nur das schlichte Auflösen der bisherigen Zahlenraumgrenzen. Nach unserem Verständnis geht es beim ganzheitlichen Lernen nicht nur um Zahlenräume; für Kinder mit fehlenden Erfahrungen in der konkret-handelnden Umsetzung von Sachsituationen muss vielmehr zunächst einmal die Möglichkeit geschaffen werden, diese Erfahrungen nachzuholen, um so die Basis zu schaffen für weitere, aufbauende Lernprozesse.

Die Interpretation von „Ganzheitlichkeit" nur in dem Sinne, von Anfang an die Zahlenraumgrenzen zu überschreiten, greift also zu kurz. Ganzheitliches Lernen meint vielmehr, dass das Kind mit allen Sinnen, mit Verstand und Gefühl, mit „Kopf, Herz und Hand" bzw. besser wohl in der Reihenfolge „mit Herz, Hand und Kopf" lernt. Ganzheitliches Lernen ist multisensorisches Lernen unter Beteiligung von Verstand und Gefühl. Deshalb ist es wichtig, dass die sogenannten ganzheitlichen Aufgaben für die Kinder subjektiv bedeutsam sind. Nur dann, wenn sie auch für die Kinder einen Sinn machen, gelingen erfolgreiche Lernprozesse. Konkret bedeutet dies für den Anfangsunterricht z. B., dass Kinder nicht nur Gelegenheit haben müssen, Repräsentanten von Zahlen zu sehen; sie müssen sie auch in die Hand nehmen können, sie müssen Zahlen hören, tasten, fühlen, sehen können, also multisensorische Erfahrungen zu Zahlen machen können.

Aber auch hier gilt wieder, dass wir im Unterricht nicht auf dieser Ebene verweilen dürfen. Wir müssen Kinder herausfordern, um aufbauende Lernprozesse in Gang zu setzen. Wie aber geht das? Welche unterrichtlichen Maßnahmen sind geeignet, um „Straßenmathematiker" sich zu „Schulmathematikern" entwickeln zu lassen? Wie gelangt ein Kind von der konkret handelnden Lösung einer Rechengeschichte hin zu der Erkenntnis, dass die gegebene Aufgabe eine von vielen möglichen Anwendungen der Gleichung „3 + 4 = 7" ist? Denn in diesem zweiten Bereich, in dem unterschiedlich weit entwickelten Prozess der Loslösung von der Situations- und Handlungsgebundenheit und der Entwicklung abstrakter und generalisierbarer Erkenntnisse ist die zweite große Ursache für Leistungsheterogenität im mathematischen Anfangsunterricht zu sehen. Nicht in dem Zustandebringen einer Lösung unterscheiden sich unsere Kinder, sondern weit gravierender sind die Unterschiede bei den Lösungsverfahren. Langsame und schnelle Lerner unterscheiden sich in aller Regel in der Art und Weise, wie sie eine Aufgabe lösen; Unterschiede in den Lösungen selbst sind, mindestens im 1. Schuljahr, häufig nicht so gravierend, wenn man den Zeitfaktor unberücksichtigt lässt.

Wie können wir langsamen Lernern mit unangemessenen Lösungsverfahren dabei helfen, anspruchsvollere Lösungsverfahren unter flexibler Nutzung von Zahlbeziehungen zu verwenden? Anders formuliert: Wie entwickeln sich aus konkreten Handlungen generalisierbare kognitive Schemata, sogenannte mentale Vorstellungen, die es ermöglichen, auf die konkreten Handlungen zu verzichten, sie sich nur noch vorzustellen oder gar gleich zu erkennen, dass die Aufgabe zu „3 + 4 = 7" passt?

Oehl (1962) war mit seinem Prinzip von der Herauslösung von Mathematik aus Sachsituationen durchaus auf dem richtigen Weg, obgleich die konkrete Umsetzung in der Praxis, auch in der Praxis vieler Schulbücher, zu kurz gegriffen hat. Dieser Prozess der Herauslösung von Mathematik aus Sachkontexten ist nämlich weder ein Prozess, der in einem Schritt vollzogen werden kann, noch reicht eine einmalige Durchführung eines solchen Schritts aus. Es gibt nicht nur konkret handelnde Lösungen auf der einen Seite und abstrakte mathematische auf der anderen, es gibt vielmehr ein großes Spektrum unterschiedlicher Lösungen zunehmend abstrakterer Natur.

Auf diese Zwischenschritte und ihre unterrichtliche Nutzung haben uns vor allem die Mitarbeiter des Freudenthal-Instituts in Utrecht aufmerksam gemacht und für den Lernweg von konkreten Handlungen hin zu abstrakten Lösungen den Begriff der *fortschreitenden Schematisierung* geprägt (z. B. *Treffers 1991*). Dieses Konzept soll an einem Beispiel verdeutlicht werden, das *Treffers* nachempfunden ist (vgl. auch *Radatz u. a. 1998*, S. 22):

Gegeben wird eine herausfordernde Aufgabe, z. B.: Zum Elternabend kommen 26 Eltern. Immer 4 Eltern können an einem Tisch sitzen.

Diese Aufgabe lässt sich auf unterschiedlich abstraktem Niveau lösen; einige Möglichkeiten zeigt die folgende Abbildung.

Ein Beispiel für eine herausfordernde Aufgabe und für Lösungen auf unterschiedlich abstraktem Niveau (nach *Treffers 1991*)

> Zum Elternabend kommen 26 Eltern.
> Immer 4 Eltern können an einem Tisch sitzen.

- Lösung durch konkretes Durchspielen mit den Kindern der Klasse
- Zeichnerische Lösungen

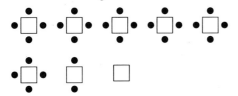

- zeichnerisch-symbolische Lösung

| 4 | 4 | 4 | 4 | 4 | 4 | 2 |

- symbolische Lösungen

4, 4, 4, 4, 4, 4, 2

4, 8, 12, 16, 20, 24, 26

5 · 4 = 20, 24, 26

6 · 4 + 2 = 26

26 : 4 = 6 Rest 2 bzw. 26 : 4 = 6 + 2:4

Abb. 4: Fortschreitende Schematisierung nach *Treffers*; aus: *Radatz* u. a. 1998, S. 22

Wichtig ist nun, diese unterschiedlichen Lösungen von Kindern zunächst einmal, aber nicht auf Dauer, zu akzeptieren; bei einem Akzeptieren auf Dauer würden wir den Kindern kaum Chancen für Lernfortschritte einräumen. Analog zu den Schreibkonferenzen im Deutschunterricht sollten dann Strategiekonferenzen im Mathematikunterricht durchgeführt werden. Dabei geht es darum, die in der Klasse vorhandene Leistungsheterogenität, die sich in unterschiedlich abstrakten Lösungen zeigt, dadurch positiv zu nutzen, dass die verschiedenen Lösungen im Unterrichtsgespräch thematisiert und die Vorteile günstiger Verfahren herausgearbeitet werden. Verschiedene Lösungen der gleichen Aufgabe werden als Repräsentanten von Schematisierungen auf unterschiedlichem Niveau also nicht nur zeitlich befristet akzeptiert, sie werden vielmehr bewusst als Ausgangspunkt für Unterrichtsgespräche genutzt. „Wie hast du die Aufgabe gelöst?" – „Erkläre deinen Lösungsweg!" – „Warum hat Ina das wohl so gemacht?" – „Wer hat noch einen anderen Lösungsweg?" – „Worin unterscheiden sich Jörgs und Werners Verfahren?" „Wer hat seine Lösung wohl schneller gefunden?" „Bei welcher Rechenart muss man sich weniger merken?" – dies sind Fragen und Aufforderungen, die einen solchen Unterricht leiten. Im Mittelpunkt der Aufmerksamkeit stehen nicht die Rechenergebnisse, sondern der Prozess der Entwicklung von handelnden, zeichnerischen und rechnerischen Lösungsmodellen, von zunehmend abstrakteren Schematisierungen der Lösung einschließlich ihrer symbolischen Notation. Unser Unterricht hat sich von der gegenwärtig weit verbreiteten Produktorientierung mit einer übermäßigen Konzentration der unterrichtlichen Maßnahmen auf die Ergebnisse von Aufgaben zu wandeln hin zu einem Unterricht, der sehr viel stärker die Lernprozesse der Kinder in den Mittelpunkt der Betrachtung rückt – auch in der mathematikdidaktischen Forschung. Das ist die wohl wichtigste Veränderung des Mathematikunterrichts in der Grundschule in der nächsten Zukunft.

4. Zusammenfassung

Die weitverbreitete Botschaft von der hohen mathematischen Kompetenz von Schulanfängern ist aus den vorliegenden empirischen Studien nicht ableitbar. Die eingesetzten Tests mit kontextgebundenen Aufgabenstellungen erfassen nur einen kleinen Ausschnitt derjenigen arithmetischen Fähigkeiten, die Kinder im Anfangsunterricht erwerben sollen. Die in den Studien beobachtete, teilweise gut ausgeprägte Fähigkeit vieler Kinder zur Lösung solcher kontextgebundenen Aufgaben mit informellen, zumeist wohl zählenden Verfahren kann ein guter Anknüpfungspunkt für unterrichtliche Maßnahmen sein, die Kinder im Sinne von fortschreitender Schematisierung zu befähigen, solche Aufgaben auch auf abstraktere „schulmathematische" Weise zu lösen. Die pauschale Botschaft von der hohen mathematischen Kompetenz von Schulanfängern ist jedoch nicht geeignet, Lehrerinnen und Lehrer für diese Unterschiede zu sensibilisieren.

Genauere Analysen der vorliegenden Studien machen vor allem auf die extrem große Leistungsheterogenität und damit auf das alte Differenzierungsproblem aufmerksam. Die Auflösung der in der Vergangenheit sicher viel zu starr eingehaltenen Zahlenraumgrenzen – zunächst bis 5 oder 6, dann bis 10, dann bis 20 – löst diese Problematik aber nicht. Weitaus wichtiger als rein auf stoffliche Veränderungen zielende didaktische Konsequenzen sind die aus der großen Leistungsheterogenität abzuleitenden Folgerungen hinsichtlich des Lern-, Lösungs- und Unterrichtsprozesses. Die Qualität der kindlichen Leistung ist nämlich nicht in erster Linie daran zu messen, dass die Aufgabe gelöst wurde. Mit Blick auf das weitere Lernen ist vielmehr der Lösungsprozess selbst die entscheidende Qualitätsvariable. Entsprechend ist der Lern- und Lösungsprozess der Kinder sehr viel stärker als bisher in den Mittelpunkt der Beachtung zu rücken. Unterrichtsgespräche über Lösungswege bzw. sog. Strategiekonferenzen im Rahmen unterrichtlicher Bemühungen zur Entwicklung „fortschreitender Schematisierungen" sind dafür geeignete Unterrichtsmaßnahmen.

Literatur

Carraher, T. N./Carraher, D. W./Schliemann, A. D. (1985): Mathematics in street and school. British Journal of Development Psychology, H. 3, S. 21-29.

Faust-Siehl, G. u. a. (1996): Die Zukunft beginnt in der Grundschule. Empfehlungen zur Neugestaltung der Primarstufe. Reinbek: Rowohlt.

Grassmann, M. u. a. (1995): Arithmetische Kompetenz von Schulanfängern. Schlussfolgerungen für die Gestaltung des Anfangsunterrichtes. Sachunterricht und Mathematik in der Primarstufe, H. 7, S. 302-321.

Grassmann, M./Mierwald, E. (1997): Hohe mathematische Kompetenzen von Schulanfängern – Was nun? Grundschulunterricht, H. 5, S. 33-35.

Hartmann, B. (1896): Die Analyse des kindlichen Gedankenkreises als die naturgemäße Grundlage des ersten Schulunterrichts. Leipzig: Kesselringsche Hofbuchhandlung.

Hendrickson, A. D. (1979): An inventory of mathematical thinking done by incoming first-grade children. Journal for Research in Mathematics Education, Jg. 10, S. 7-23.

Hengartner, E./Röthlisberger, H. (1995): Rechenfähigkeit von Schulanfängern. – In: Brügelmann, H./Balhorn, H./Füssenich, L. (Hrsg.), Am Rande der Schrift. Lengwil: Libelle Verlag, S. 66-86.

Heuvel-Panhuizen, M. van den (1990): Realistic arithmetik/mathematic instruction and test. – In: Gravemeijer, K. P./van den Heuvel-Panhuizen, M./Streefland, L. (Hrsg.), Contexts, free productions, tests and geometry in realistic mathematics education. Utrecht: OW&OC, S. 53-78.

Heuvel-Panhuizen, M. van den (1995): Leistungsmessung im aktiv-entdeckenden Mathematikunterricht. – In: Brügelmann, H./Balhorn, H./Füssenich, L. (Hrsg.), Am Rande der Schrift. Lengwil: Libelle Verlag, S. 87-107.

Heuvel-Panhuizen, M. van den/Gravemeijer, K. P. (1991): Tests are not so bad. – In: Streefland, L. (Hrsg.), Realistic mathematics education in primary school. Utrecht: Freudenthal Institute, S. 139-155.

Oehl, W. (1962): Der Rechenunterricht in der Grundschule. Hannover: Schroedel.

Radatz, H./Schipper, W./Dröge, R./Ebeling, A. (1998): Handbuch für den Mathematikunterricht – 2. Schuljahr. Hannover: Schroedel.

Schipper, W. (1982): Stoffauswahl und Stoffanordnung im arithmetischen Anfangsunterricht. Journal für Mathematikdidaktik H. 2, S. 91-120.

Schipper, W. (1996): Kompetenz und Heterogenität im arithmetischen Anfangsunterricht. Grundschulzeitschrift, H. 96, S. 10-15.

Schmidt, R. (1982): Zahlenkenntnisse von Schulanfängern. Ergebnisse einer zu Beginn des Schuljahres 1981/82 durchgeführten Untersuchung. Wiesbaden: Hessisches Institut für Bildungsplanung und Schulentwicklung.

Schmidt, S./Weiser, R. (1982): Zählen und Zahlverständnis bei Schulanfängern. Journal für Mathematikdidaktik, Heft 3/4, S. 227-263.

Schroedel-Verlag (1996): Arithmetische Fähigkeiten bei Schulanfängern – Eingangstest zum Schuljahresbeginn 1996/97; vgl. auch http://www.schroedel.de

Selter, Ch. (1995): Zur Fiktivität der ‚Stunde Null' im arithmetischen Anfangsunterricht. Mathematische Unterrichtspraxis, H. 2, S. 11-19.

Selter, Ch. (1998): Ein Überblick über grundschulrelevante mathematikdidaktische Forschung. In: Brügelmann, H./Fölling-Albers,

M./Richter, S. (Hrsg.), Jahrbuch Grundschule. Seelze: Friedrich-Verlag, S. 80-111.

Stern, E. (1992): Warum werden Kapitänsaufgaben „gelöst"? Das Verstehen von Textaufgaben aus psychologischer Sicht. Mathematikunterricht, H. 5, S. 7-29.

Stern, E. (1994): Die Erweiterung des mathematischen Verständnisses mit Hilfe von Textaufgaben. Grundschule, H. 3, S. 23-25.

Treffers, A. (1991): Didactical background of a mathematics program for primary education. – In: Streefland, L. (Hrsg.): Realistic mathematics education in primary school. Utrecht: Freudenthal Institute, S. 21-56.

Wittmann, E. Ch./Müller, G. N. (1992): Handbuch produktiver Rechenübungen, Band 1. Stuttgart: Klett.

Hermann Maier

Zur Interpretation textlicher Eigenproduktionen von Schülern

In zunehmendem Maße wird in der Mathematikdidaktik die Forderung erhoben, Schüler[1] sollten im Unterricht über Mathematik schreiben, indem sie selbst entwickelte Gedanken in selbst gefundener sprachlicher Darstellung schriftlich niederlegen. Von einer solchen Schüleraktivität – hier in Anlehnung an *Selter* (1994) textliche Eigenproduktion genannt – wird zum einen eine positive Wirkung auf den Lernprozess erwartet. Zum anderen sollten die entstehenden Texte einen genaueren und tieferen Einblick in individuelle Lernerfolge ermöglichen. Dies setzt freilich voraus, dass es gelingt, die Texte in angemessener Weise zu interpretieren. Nachfolgend sollen zuerst textliche Eigenproduktionen selbst und dann ihre Interpretation und Deutung bzw. Analyse behandelt werden.

1. Textliche Eigenproduktionen

Im folgenden ersten Teil wird versucht, den Begriff der textlichen Eigenproduktion etwas genauer zu fassen und verschiedene Formen solcher Eigenproduktionen zu unterscheiden (1.1). Anschließend werden Fragen der unterrichtlichen Realisierung besprochen (1.2) und Argumente zum didaktischen Wert der textlichen Eigenproduktion zusammengetragen (1.3).

1.1 Zu Formen textlicher Eigenproduktionen

Schüler schreiben gewöhnlich im Mathematikunterricht ziemlich viel. Doch bleibt der Großteil ihrer Textproduktion auf das Notieren von Lösungsschritten und Ergebnissen für arithmetische oder algebraische Aufgaben zur Termwertberechnung, zur Termumformung und zum Gleichungslösen beschränkt. Diese formalisierten Lösungsprotokolle folgen nahezu ausschließlich festgelegten algorithmischen gedanklichen Prozeduren und normierten Darstellungsmustern und können daher noch nicht als Eigenproduktionen gelten. Sie lassen sich aber zu solchen erweitern, wenn die Schüler unter Verwendung aller ihnen aktiv verfügbaren Sprachmittel, auch alltagssprachlicher Formulierungen, die Problemstellung bzw. das Lösungsziel, die Lösungsschritte sowie das Ergebnis ausführlich beschreiben sowie Lösungsschritte erläutern und begründen (siehe *Powell/Ramnauth* 1992).

Nun muss sich die Eigenproduktion keineswegs auf kommentierte Problemlöseprotokolle beschränken. Es scheint sinnvoll, neben den kommentierten Lösungsprotokollen für mathematische Aufgaben und

---

[1] In diesem Artikel verwende ich die Begriffe „Schüler" bzw. „Lehrer" als Kurzform für „Schülerin und Schüler" bzw. „Lehrerin und Lehrer".

Probleme folgende Typen von textlichen Eigenproduktionen zu unterscheiden (siehe *Maier/Schweiger*, im Druck):

– *Untersuchungsberichte*

Den Schülern wird – einzeln oder in Kleingruppen – eine mathematische „Untersuchung" (englisch: ‚investigation') aufgegeben, und sie verfassen einen Text, in welchem sie die Untersuchungsziele, die ihnen gestellt wurden oder die sie sich selbst gesteckt haben, die Beobachtungen, die sie gemacht haben, sowie die Einsichten und die Ergebnisse, zu denen sie gekommen sind, ausführlich darstellen. Zum Beispiel untersuchen die Schüler folgendes Problem:

In einem Betrieb sollen zylinderförmige Dosen mit vorgegebenem Durchmesser (d) in Kisten mit quadratischer Grundfläche einschichtig eingepackt werden. Zu diesem Zweck sind Kisten mit möglichst kleiner Grundfläche herzustellen, in denen man n = 2, 3, 4 ... dieser Dosen unterbringen kann. Welche Kantenmaße müssen die Grundflächen dieser Kisten haben?

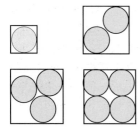

– *Begriffs- und Verfahrensbeschreibung*

Die Schüler sind gefordert, einen oder einige zusammengehörige, im Unterricht besprochene mathematische Begriffe (z. B. Pyramide oder irrationale Zahlen) bzw. ein erlerntes Verfahren (z. B. Konstruktion einer Winkelhalbierenden oder euklidischer Algorithmus zur Bestimmung des ggT) in einem zusammenhängenden Text ausführlich zu beschreiben bzw. zu erläutern.

– *Kommunikationsanlässe*

Es werden Situationen geschaffen, in denen Schüler aufgrund eines kommunikativen Anlasses zu ausführlicher textlicher Eigenproduktion angeregt werden. Beispiel: Schüler beschreiben eine komplexere geometrische Figur so, dass andere Schüler diese allein mit Hilfe eines dabei entstehenden Textes reproduzieren können.

– *Definieren, Hypothesen formulieren, Argumentieren und Beweisen*

Anspruchsvolle Formen der textlichen Eigenproduktion von Schülern sind

- das selbstständige Formulieren von Definitionen für mathematische Begriffe, etwa für geometrische Figuren im Anschluss an Aktivitäten des Klassifizierens, des Beschreibens und des Hierarchisierens,

- das selbstständige Formulieren von Vermutungen als Hypothesen für Lehrsätze oder Gesetzen auf der Grundlage von vergleichendem Beobachten, Aufdecken von Beziehungen und generalisierender Betrachtung,

- das ausführliche Begründen von geometrischen Konstruktionen,

- das Sammeln von Argumenten für die Gültigkeit oder Allgemeingültigkeit eines Lehrsatzes bzw. eines Gesetzes und deren eventuelles Ordnen, bis hin

- zum Finden eines Beweises mit der Formulierung von Voraussetzungen, Beweisschritten und Beweisergebnis.

Die textliche Eigenproduktion kann nur gelegentlich in den Mathematikunterricht eingestreut werden, aber auch als regelmäßige Aktivität vorgesehen sein. *Waywood* (1992) berichtet über das Führen von Berichtsheften (sog. ‚journals'). *Miller* (1992) ließ im Rahmen eines Projekts mit drei Lehrern in 9. bis 12. Klassen die Schüler in jeder Mathematikstunde für jeweils fünf Minuten einen improvisierten Text zu einer algebraischen Aufgabe schreiben. *Gallin/Ruf* (1993) nennen die Texte, die sie ihre Schüler regelmäßig produzieren lassen, Einträge in ein ‚Reisetagebuch'. Schüler schreiben zu sogenannten ‚Kernideen', d. h. zu Fragestellungen, die „dem produktiven Menschen Antrieb und Richtung" geben (S. 10). Der Mathematiklehrer bittet die Schüler, über in ihnen wirksame Kernideen nachzudenken, und er regt sie an, „Kernideen zu generieren, die eine fachliche Auseinandersetzung ermöglichen" (ebd.). *Kasper/Lipowsky* (1997) ließen die Schüler im Rahmen eines Projekts Lerntagebücher schreiben, in denen sie u. a. zu folgenden Fragestellung nehmen sollten: Welches der Aufgabenangebote hat dir gefallen und warum? Welches hat dir nicht so gefallen und warum? Was hast du Neues erfahren? Was weißt du nun, das du vorher noch nicht wusstest? Hattest du auch Schwierigkeiten und Probleme? Wie hast du dir geholfen?

1.2 Zur Realisierung der textlichen Eigenproduktion

Die textliche Eigenproduktion ist keineswegs eine unterrichtsmethodische Selbstverständlichkeit. Schüler, denen diese Form von Eigenaktivität erstmals abverlangt wird, können ihr zunächst sehr reserviert begegnen und erhebliche Schwierigkeiten mit ihr haben. Dies vor allem dann, wenn die Erstbegegnung in höheren Jahrgangsstufen erfolgt, wenn sich schon eine feste Vorstellung davon entwickelt hat, was Mathematiklernen bedeutet, was man in diesem Fach zu gewärtigen hat. Da kann das Ausbrechen aus dem Schema des permanenten Lösens von Aufgaben, zu deren Bearbeitung man feste Verfahrens- und Darstellungsnormen kennt, eine erheblich motivationale Hürde darstellen.

Aus diesem Grund sollte die textliche Eigenproduktion im Mathematikunterricht sehr bald – spätestens in der zweiten Grundschulklasse – einsetzen und zu einer immer wieder geübten Aktivität gemacht werden. Als Hilfen bieten sich an:

– Beim Erlernen neuer Rechenverfahren und anderen mathematischen Wissens erfolgt die Einführung in die Kurzsprache der fachlichen Symbolik zu einem späteren Zeitpunkt, sodass die Schüler für einige Zeit mit ausführlicheren Texten arbeiten müssen.

– Die Eigenproduktion beginnt mit kleinen und kurzen Texten; Länge und Komplexität der Texte werden erst nach und nach gesteigert. Dies gilt nicht zuletzt für den Fall eines in der Schullaufbahn verspäteten Einstiegs in die Aktivität. *Swinson* (1992) weist auf die Möglichkeit hin, die Schüler zunächst angefangene Sätze fortsetzen (*Beschreibe in eigenen Worten, warum ...* oder *Erkläre den Prozess, mit dessen Hilfe du ...*) und kurze Darstellungen von wenigen Zeilen (sog. ‚prompts') schreiben zu lassen.

— Die Eigenproduktion wird mündlich vorbereitet.

— Die Eigenproduktion wird durch eine geeignet motivierende Instruktion angeregt. Beispielsweise kann man vor allem in den unteren Klassen, anstatt Begriffserklärungen trocken formulieren zu lassen, Begriffe ‚personalisieren' und den Text als Drehbuch eines Rollenspiels oder als ein Streitgespräch auffassen. Themenbeispiele: „Pyramide und Prisma streiten über ihren Körperbau", „Gewöhnliche Brüche und Dezimalbrüche legen ihre Vorzüge dar".

Um eine explikative und aussagekräftige Darstellung zu erreichen, sollten die Schüler ihre Texte nicht so sehr an einen Experten (den Lehrer) richten, dem der Inhalt bereits bekannt ist und dem man nur zu zeigen braucht, dass man fähig ist, die von ihm erwarteten Lösungsschritte korrekt auszuführen. Vielmehr müssten sie sich als Adressaten einen ‚Unwissenden' vorstellen, für den die Problemlösung oder der geschilderte Sachverhalt neu ist und der daher explizit, ausführlich und in verständlicher Sprache informiert werden muss. Dazu kann es vor allem anfangs hilfreich sein, für die textliche Eigenproduktion Anlässe folgender Art zu finden: Man schreibt einen Brief an einen erkrankten Schüler, der mit seiner Hilfe versäumten Stoff nachholen kann, oder an imaginäre Bewohner eines Landes oder Sterns, in dem Mathematik im Allgemeinen oder ein spezielles Thema im Besonderen unbekannt sind. Man gestaltet ein Poster für eine Ausstellung oder formuliert einen Artikel für ein Lexikon.

Wichtig erscheint, dass die Schüler zu ihren Eigenproduktionen eine geeignete Rückmeldung erhalten. Diese kann verschieden organisiert werden. Eine Möglichkeit besteht darin, dass der Lehrer nach seiner Analyse die Ergebnisse dem Verfasser in mündlicher oder in schriftlicher Form (als Kommentar zum Text) übermittelt oder, noch besser, mit ihm diskutiert. Oder der Text der Eigenproduktion wird einer Schülergruppe oder der gesamten Klasse vorgelegt und gemeinsam mit dem Lehrer (vielleicht auch ohne dessen Beteiligung) interpretiert. Der Verfasser kann bei einer solchen Interpretation direkt beteiligt sein, sie nur zur Kenntnis nehmen oder sie anschließend kommentieren und mit den Analysierenden diskutieren. Auch hier dürfte es hilfreich sein, wenn die Schüler Gelegenheit haben, verschiedene entstandene Schülertexte miteinander zu vergleichen. Das Klassengespräch über Texte gibt dem Lehrer Gelegenheit, z. B. häufig auftretende Fehler beim Definieren, Ungenauigkeiten beim Formulieren von Sätzen sowie Lücken in Argumentationen, Schlussketten oder Beweisen mit allen Schülern zu erörtern und sich gemeinsam mit ihnen um ihre Korrektur zu bemühen.

1.3 Zur didaktischen Begründung der textlichen Eigenproduktion

Die Notwendigkeit, mathematische Sachverhalte sprachlich, vor allem schriftlich darzustellen, regt dazu an, sich diese in besonderer Weise bewusst zu machen, sie zu analysieren und verstehend zu durchdringen. Dies gilt für sprachliche Darstellung allgemein, für die textliche Eigenproduktion im Besonderen. Denn sie gibt den Schülern die Möglichkeit, ihr Denken und die Entwicklung ihrer Ideen zu dokumentieren (s. *Pimm* 1987, S. 115). Das Schreiben, meint *Pimm*, verleihe dem Denken einen noch fasslicheren Ausdruck als das Sprechen, da eine genauere Darstellung der Ideen verlangt wird. Es fördert die Reflexion mathematischer Begriffe und Sachverhalte, lässt die Schüler neue Verknüpfungen herstellen und führt damit zur verstehenden Konstruktion neuen Wissens. *Swinson* (1992) zitiert *Borns*, nach deren Meinung das Schreiben die Schüler dazu befähige, ihr Denken und Verstehen zu erklären, zu klären, zu bestätigen und auszuweiten, sowie *Hoffmann/Powell,* denen zufolge die Mathematik für die Schüler mittels der Reflexion auf ihr Verstehen von Begriffen und Prozessen Bedeutung gewinne. Das selbstständige Formulieren von Geschriebenem verlangsamt gleichsam den Prozess der sprachlichen Äußerung und lässt den Schülern Zeit, ihre Beobachtungen zu strukturieren, ihre Gedanken zu sammeln und zu ordnen sowie sorgfältig und überlegt darzustellen. Weit mehr als die mündliche Äußerung gibt ihnen die Textproduktion Gelegenheit, ihre Sprachmittel bewusst auszuwählen und auch den Gebrauch fachsprachlicher Mittel zu erproben, die gleichsam erst auf dem Weg von ihrem passiven in ihren aktiven Sprachschatz sind. So kann die textliche Eigenproduktion auch die fachsprachliche Kompetenz fördern und entwickeln helfen.

Die Fixierung eines herzeigbaren und überprüfbaren Textes erlegt dem Verfasser eine besondere Verantwortung für das von ihm Geschriebene auf. Die Eigenproduktion setzt sein Verstehen und seine Argumente der Bewährung aus und schafft Anlässe, sie gegebenenfalls zu überprüfen und zu modifizieren. Die Rückmeldungen können in diesem Fall zwar oft erst mit deutlicher zeitlicher Verzögerung erfolgen, dafür aber gründlicher und sorgfältiger auf die Darstellung eingehen.

Die ausführliche, explikative und eigensprachliche Darstellung verschafft dem Lehrer die Möglichkeit, sich gründlicher als sonst möglich über das Wissen und Verstehen seiner Schüler zu informieren. *Swinson* (1992) weist daher dem Schreiben fachlicher Texte durch Schüler im Mathematikunterricht eine wichtige Kontrollfunktion zu. Es sei geeignet, das Vorverständnis der Schüler zu mathematischen Begriffen und Sachverhalten aufzudecken und etwaige Fehlbegriffe zu korrigieren bzw. zu modifizieren, ehe neues mathematisches Wissen auf deren Basis konstruiert wird. Anderseits versetze eine sprachliche Wiederholung durch die Schüler im Anschluss an die Wissensvermittlung den Lehrer in die Lage zu erkennen, wie diese das zu vermittelnde Wissen aufgefasst haben, und eventuelle Fehlauffassungen zu beseitigen. Dies gelingt um so besser, je gründlicher ein Lehrer Eigenproduktionen zu interpretieren und zu analysieren vermag.

2. Zur Interpretation von textlichen Eigenproduktionen

Im Rahmen eines kleinen Projekts wurde in mehreren 6. bis 9. bayerischen Hauptschulklassen den Schülern folgende Instruktion vorgelegt, zu der sie textliche Eigenproduktionen verfassen sollten: *„Stelle dir vor, du bist ein Vater (für Mädchen: eine Mutter) ... Ein siebenjähriges Kind hat erfahren, dass jedes Dreieck drei Höhen hat und es fragt dich: ‚Papa (Mama), was heißt das?' Nichts ist schlimmer, als die Fragen kleiner Kinder nicht zu beantworten; also entschließt du dich zu folgender Antwort ..."*

Fünf der Schüler verfassten beispielsweise folgende Texte:

(1) „Ein Dreieck hat eine Grundlinie und eine Höhe, mit der ich die Fläche und Umfang ausrechnen kann. Von der dritten Höhe weiß ich nichts."

(2) „Ein Dreieck hat immer nur eine Höhe und die ist immer von der Grundlinie zu dem Punkt C. Die Höhe geht immer senkrecht von der Grundlinie aus auf den Punkt C."

(3) „Ich habe hier ein Dreieck aufgezeichnet. Und wenn ich jetzt von dem grünen Eck aus einen Strich nach unten ziehe zu der geraden Linie, heißt das Höhe. Wenn ich jetzt von der orangen Ecke einen Strich nach oben ziehe und von der grünen Ecke einen Strich auf die Seite ziehe, heißt die Linie nach oben auch Höhe. Wenn ich das Gleiche jetzt auch von der lila Ecke und von der grünen Ecke mache, heißt die Linie nach oben auch wieder Höhe."

(4) „Ein Dreieck ist eine Flächenfigur, dieses Dreieck hat 1 Höhe und weil man das Dreieck wenden kann, hat es also 3 Höhen."

(5) „Die erste Höhe geht durch die Spitze C. Sie steht gerade auf der gegenüberliegenden Strecke. Die zweite Höhe geht durch die Spitze B. Sie steht gerade auf der gegenüberliegenden Strecke. Die dritte Höhe geht durch die Spitze A. Sie steht gerade auf der gegenüberliegenden Strecke."

Eine Auswahl der in ihrer Klasse geschriebenen Texte wurden den jeweiligen Lehrern in anonymisierter Form (Computerabschrift) mit der Bitte um eingehende Interpretation übergeben, und an einem der folgenden Tage trugen sie dem Versuchsleiter ihre Ergebnisse vor. Es zeigte sich, dass den Lehrern nahezu ausnahmslos eine angemessene Analyse der Eigenproduktionen schwer fiel. Zu den obigen fünf Eigenproduktionen lauteten die Analysen beispielsweise so:

(1) „Ich glaube, der kann die Planskizze, die wir an der Tafel zum Dreieck gemacht haben, nicht ganz vollständig umsetzen. Normal arbeiten wir immer nur mit einer Höhe, also wir zeichnen halt eine Höhe ein, und es ist wirklich äußerst selten, dass alle drei Höhen eingezeichnet sind; und dazu hat der vielleicht auch gesagt,

dass er von einer dritten Höhe nichts weiß. Ja, da würde ich auf einen mittleren Schüler tendieren, vielleicht der Johann W. oder die Patrizia J." Als dem Lehrer der richtige Name gesagt wurde, meinte er: „Ja, der ist auch so im Dreierbereich."

(2) „Diese Antwort hat vielleicht schon ein bisschen was mit dem Pythagoras zu tun. Weil wir damit schon angefangen haben, und darum kann das sein, dass das bei der Antwort eine Rolle spielt. Mit der Senkrechten, wo wir dann zum Teil die Grundlinie ausgerechnet haben. Das ist schon möglich, da sind wir speziell von der Ecke C aus runtergegangen. Das würde ich einem recht guten Schüler zuordnen." Nach Nennung des Namens: „Ja, der Stefan hat einen Zweier."

(3) „Das könnte von der Formulierung her Johann B. gewesen sein. Der steht auch so zwischen Zwei und Drei, macht aber gerne Leichtsinnsfehler. Er formuliert das komplett aus, ich bin damit schon einverstanden, weil ich selbst viel mit Farbkreide an der Tafel arbeite. Die Zeichnungen werden auch viel verständlicher, man sieht die Zusammenhänge besser. Doch, das gefällt mir ganz gut." Nach Nennung eines anderen Namens: „Die (Cornelia) habe ich noch nicht lange, die ist von der Realschule zurückgekommen. Ja, auf die Art erfahre ich gleich etwas über sie."

(4) *„Weil man das Dreieck wenden kann....* Naja, ich meine, er hat es wahrscheinlich schon irgendwie richtig gemeint, weil das mit dem Drehen ist ja schon der richtige Ansatz."

(5) „Ich glaube, dass er diese Aufgaben mit den Höhen schon verstanden hat. Er legt genau die Höhe durch Spitze C zur gegenüberliegenden Seite fest, die anderen beiden auch. Ja, er sagt halt nicht, dass sie senkrecht darauf stehen müssen auf der Grundlinie. Die Antwort ist gar nicht so schlecht."

Analysen dieser Art darf man wohl kaum als ausreichend betrachten, wenn der Einsatz der textlichen Eigenproduktion den unter 1.3 formulierten Erwartungen entsprechen soll. Die Unzufriedenheit gab Anlass zu der Frage, wie angemessene Interpretationen hätten aussehen können und was generell von der Analyse textlicher Eigenproduktionen zu verlangen ist. Nachfolgend soll versucht werden, am Beispiel der oben wiedergegebenen fünf Eigenproduktionen Kriterien herauszuarbeiten, denen die Interpretation genügen müsste. Es sind die folgenden:

a) Die Interpretation sollte deskriptiv sein

Bei interpretierenden Lehrern zeigt sich eine deutliche Neigung, an die Eigenproduktion eines Schülers mit ganz bestimmten Erwartungen heranzugehen. Sie messen diese gleichsam an ihrer Einschätzung dessen, was mathematisch richtig und korrekt bzw. falsch oder unerlaubt ist, oder daran, wie sie den betreffenden Sachverhalt den Schülern im vorausgehenden Unterricht vorgestellt haben. Eine solche normative, im Wesentlichen an den Kriterien „vollständig" oder „unvollständig" bzw. „richtig" und „falsch" orientierte Interpretation verstellt den Blick dafür, welche Art von Wissen und Verstehen der einzelne Schüler tatsächlich konstruiert hat. Das Bewusstsein, dass diese Konstruktion bei jedem Schüler individuell unterschiedlich und in spezifischer Weise erfolgt, muss das Interesse dafür wecken, wie der jeweilige Verfasser der Eigenproduktion tatsächlich denkt, welche Begriffs- und Verfahrensvorstellungen er sich zurechtgelegt hat, ob er sein Wissen auf reale Modelle bezieht und in welcher Weise er dies tut, wie er es akzentuiert und strukturiert. Und dies unabhängig davon, wie weit sich das alles mit mathematischen Normen und Konventionen, mit Intentionen des Lehrers bzw. seiner unterrichtlichen Darstellung und Bearbeitung deckt. Versuchen wir es an drei Textbeispielen:

— Der Schüler, der Text (1) produziert hat, sieht offenbar Linien im Dreieck nicht als eigenständige (geometrische) Objekte. Die Bezeichnungen „Grundlinie" und „Höhe" repräsentieren für ihn nur Größen, die zur Berechnung des Dreiecks (seines Flächeninhalts oder seines Umfangs) gebraucht werden. Das heißt, er deutet sie funktionell unter elaborativem Aspekt. Das Dreieck „hat" die Grundlinie und die Höhe gleichsam zu diesem und nur zu diesem Zweck. So gesehen muss es dann als konsequent angesehen werden, dass er zwischen beiden weiter keinen Unterschied zu machen versucht. Da beide in der Berechnung die gleiche Funktion haben, ist eine Differenzierung zwischen ihnen nicht nötig. Das geht so weit, dass der Schüler offenbar die Bezeichnungen „Grundlinie" und „Höhe" synonym verwendet, die Grundlinie als zweite Höhe auffasst und von der „dritten Höhe" spricht, obwohl er bis dahin nur von einer gesprochen hat. Eine solche wird in der Tat auch bei der Inhaltsberechnung gar nicht gebraucht. (Und diese scheint der Schüler mehr im Auge zu haben als die ebenfalls erwähnte Umfangsberechnung.) Die Instruktion hat im Schüler offenbar nicht geometrische, sondern algebraische Vorstellungen geweckt. Und er beschränkt sich in der modalen Verstehensdimension auch ganz und gar auf eine sprachliche Darstellung. Sogar das Wort „Dreieck" gebraucht er weniger als Bezeichnung für ein geometrisches Objekt, denn als Reiz für die Auswahl eines bestimmten algebraischen Verfahrens.

— Dies stellt sich im Fall des Textes (4) völlig anders dar. Seine Verfasserin bezeichnet, in einem ausdrücklich konzeptuellen Denkansatz, das Dreieck als „Flächenfigur"; das heißt sie ordnet es begrifflich in die Kategorie ebener geometrischer Figuren (genauer vermutlich der Polygone) ein. Die Schülerin zeigt auch eine ganz klare implizit intermodale begriffliche Vorstellung von Höhe; das ist nämlich für sie eine Linie, die es eigentlich nur in einem Dreieck gibt, dessen eine Seite waagrecht, d. h. parallel zum oberen und unteren Blattrand gezeichnet ist. Die Höhenlinie muss nämlich lotrecht, d. h. parallel zum rechten und linken Blattrand, verlaufen. Trotz dieses engen Konzepts von Höhe gelingt der Verfasserin der Eigenproduktion jedoch eine Begründung dafür, dass ein Dreieck drei Höhen hat. Und zwar stellt sie sich vor, dass man das Dreieck so in der Ebene dreht, dass nacheinander jede der drei Seiten einmal waagrecht liegt. Es hat dann zu jeder dieser Seiten eine zugehörige Höhe, also insgesamt drei Höhen. Es erscheint interessant, dass hier eine Linie im Dreieck ihre Eigenschaft Höhe zu sein, verlieren kann, wenn dieses seine Lage verändert. In der Sprache *Piagets*: Der Höhenbegriff ist nicht invariant gegenüber Lageveränderung in der Ebene. Andererseits kann die Linie diese Eigenschaft jederzeit wieder annehmen, wenn die spezielle Lage wieder hergestellt wird. All dies reicht aus, um die Existenz von drei Höhen argumentativ zu sichern. (Für den Verfasser des Textes (5) ist im Gegensatz dazu die Höhe eine Senkrechte von einer Ecke des Dreiecks auf die gegenüberliegende Seite, und zwar unabhängig von ihrer Lage in der Ebene, nur dass er die Senkrechtbeziehung mit dem Wort „gerade" ausdrückt.)

Wie deutlich geworden sein dürfte, wurde als hermeneutische Hilfe zu einer möglichst vollständigen Beschreibung des in einer Eigenproduktion zu Tage tretenden mathematischen Verstehens ein deskriptives Verstehensmodell verwendet (siehe z. B. *Maier/Steinbring,* im Druck). Ihm zufolge bezieht ein vollständiges Verstehen eines mathematischen Begriffs, Verfahrens, Satzes, Beweises usw. verschiedene Aspekte ein, die sich anschaulich als Felder einer zweidimensionalen Matrix über die modalen und die mentalen Aspekte darstellen:

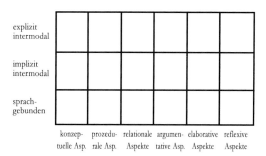

Bei der Analyse überlege ich, welche dieser Felder im Text angesprochen werden und in welcher Weise dies geschieht.

b) Die Interpretation kann auch komplementär sein

Wer Transkripte von gesprochenem Schülerwort, etwa aus einer unterrichtlichen Interaktion oder einem Einzelinterview, interpretiert, sollte bekanntlich strikt der Regel folgen: Keine Schlussfolgerungen aus nicht Gesagtem, oder: Zu jeder Deutung muss es im Text einen Indikator geben. Der Grund: Für den raschen Fluss von Gesprächsbeiträgen lässt sich praktisch niemals entscheiden, ob ein Schüler das, was er nicht sagte, tatsächlich nicht zu sagen vermochte (weil er es nicht wusste oder nicht ausdrücken konnte), oder ob er es einfach nicht sagte, weil er keine Gelegenheit dazu hatte oder es nicht für nötig erachtete. Im Fall von textlichen Eigenproduktionen kann man das etwas anders sehen. Zum einen sollte eine gut formulierte Instruktion eigentlich zu vollständiger Darlegung all dessen anregen, was man zu einem Sachverhalt weiß und zu sagen hat. Zum anderen haben die Schüler in diesem Fall auch wesentlich mehr Zeit, ihre Gedanken zu sammeln, zu ordnen, auf Vollständigkeit hin zu überprüfen und im Fall festgestellter Lücken zu ergänzen. Insofern darf man im Fall solcher Texte von Auslassungen wohl eher auf Lücken im Wissen und Verstehen des Schülers schließen oder, anders gesagt, in einer Art komplementären Interpretation unbesetzte Felder im oben skizzierten Verstehensmodell als Indikator für Defizite ansehen. Doch muss das mit der nötigen Vorsicht und Behutsamkeit geschehen, weil ja auch im Fall der schriftlichen Podution keineswegs sicher ist, dass die Schüler eine Instruktion so auffassen, wie sie vom Lehrer gemeint ist. Das Problem sei an folgenden Beispielen aufgezeigt:

— Dass im Text (1) nichts zu finden ist zur begrifflichen Klärung von „Höhe" (konzeptueller Aspekt), zur Konstruktion von Höhen in einem Dreieck (prozeduraler Aspekt), über Beziehungen zwischen Höhen und Seiten bzw. Eckpunkten im Dreieck (relationaler Aspekt) und zu einer auch nur ansatzweisen Begründung der Dreizahl von Höhen (argumentativer Aspekt), dass jede Bezugnahme zu einem konkreten oder zeichnerischen Modell fehlt und sich die Darstellung ausschließlich auf die sprachliche Ebene beschränkt, wird man vorsichtig als Wissens- und Verstehensdefizit zu deuten wagen. Die Beschränkung der Textaussagen auf einen elaborativen Aspekt in symbolgebundener Darstellung dürfte als eine entsprechende Verengung des konstruierten mathematischen Wissens schließen lassen.

— Die Eigenproduktion (5) entwickelt sehr klare Vorstellungen zum Begriff „Höhe" sowie zu Beziehungen zwischen Höhen und Seiten bzw. Ecken im Dreieck. Was aber fehlt, ist jede Art einer expliziten Argumentation etwa der Art „Weil Höhen als von Ecken ausgehende Linien definiert sind und jedes Dreieck drei Ecken hat, gibt es in ihm auch drei Höhen". Gleichwohl ist man kaum geneigt, dem Schüler die Fähigkeit zu einer solchen Argumentation abzusprechen. Hat er doch mit seiner Aufzählung „erste Höhe", „zweite Höhe" und „dritte Höhe" das Argument wenn nicht implizit geliefert, so zumindest recht gut vorbereitet. Daher neigt man dazu, den Verzicht auf seine Explikation damit zu „entschuldigen", der Schüler habe diese nicht mehr für nötig erachtet; er habe sie also nicht niederschreiben wollen, obwohl er dazu in der Lage gewesen wäre.

— Keiner der fünf Beispieltexte lässt erkennen, dass sich die Verfasser, wie in der Instruktion verlangt, ein kleines Kind als Adressaten ihres Textes vorstellten. Nicht zuletzt die Ich-Form, in der sie meistens ihr Wissen vorbringen, zeigt die Schüler mehr in der Rolle eines Geprüften, der für einen bewertenden Lehrer schreibt, als in die Rolle eines erklärenden Vaters bzw. einer erklärenden Mutter. In der Terminologie des o. g. Modells zur Verstehensbeschreibung vermisst man also den reflexiven Aspekt ausnahmslos. Darf man hieraus schließen, dass die fünf Schüler in der Tat nicht in der Lage waren, eine so geartete Metasicht auf den Gegenstand einzunehmen? Sicher ist nur, dass sie, aus welchen Gründen auch immer, die Instruktion anders aufgefasst haben als sie gemeint war.

Es sei ausdrücklich betont, dass es bei der hier gemeinten komplementären Interpretation nicht darum geht, die deskriptive Deutung zugunsten einer normativen zu verlassen. Am Beispieltext (4) lässt sich erkennen, dass hier konzeptionelles Verstehen nicht etwa als defizitär betrachtet wird, obwohl das vom Verfasser zugrunde gelegte Begriffskonzept von Höhe natürlich der üblichen mathematischen Definition nicht (voll) gerecht wird.

c) Die Interpretation sollte vollständig und detailliert sein

Die Interpretation muss der Gefahr zu entgehen versuchen, aus dem Text eines Schülers einzelne Äußerungen herauszugreifen und sie zum alleinigen Gegenstand der Analyse zu machen. Alle Textteile müssen als bedeutsam angesehen und in die Interpretation einbezogen werden. Der Interpret darf sich dann aber nicht auf eine globale Sichtung und gesamthafte Deutung beschränken. Vielmehr gilt es, die Eigenproduktion Stück für Stück, Spracheinheit für Spracheinheit detailliert und gründlich zu analysieren. Dazu zwei Beispiele:

— Im Text (1) ist zu beachten, dass außer von „Dreieck" und „Höhe" auch von „Grundlinie", „Fläche" und „Umfang" und von „ausrechnen" die Rede ist. Auch muss auffallen, dass der Schüler von „einer Grundlinie" und „einer Höhe" spricht und eine „dritte Höhe" erwähnt, obwohl er bis dahin nur von einer einzigen gesprochen hatte. Schließlich darf man nicht übersehen, dass der Verfasser angibt, dass er von dieser dritten Höhe nichts wisse.

— Auch die Eigenproduktion (3) ist in der Ich-Form formuliert. Im Gegensatz zu (1) nimmt sie explizit Bezug auf eine beigegebene Zeichnung, in der die Eckpunkte des Dreiecks farbig markiert sind. Der Schüler spricht von Zeichenhandlungen, bei denen Linien gewisse Richtungen zugewiesen werden: „nach unten", „nach oben", „auf die Seite", „zu der geraden Linie". Und er bildet Wenn-dann-Sätze: „Wenn ich ... ziehe, heißt die Linie nach oben Höhe". Schließlich macht er von der Möglichkeit Gebrauch, Erklärungen bei Wiederholung zu vereinfachen: „Wenn ich das Gleiche ..."

d) Die Interpretation sollte offen sein

Es lässt sich nicht verschweigen, dass viele als Eigenproduktionen formulierte Texte oder Textpassagen unterschiedliche, auch einander widersprechende Deutungen zulassen. Die Analyse sollte, bei allem Bemühen um das Auffinden einer schlüssigen Deutung, Eindeutigkeit nicht zu erzwingen versuchen. Vielmehr sollten konkurrierende Interpretationen in den Fällen nebeneinander bestehen dürfen, in denen sich zwischen ihnen keine Entscheidung herbeiführen lässt. Auch hierzu einige Beispiele:

– Im Fall des Textes (1) dürften über die oben vorgenommenen Deutungen kaum Zweifel bestehen. Eine eindeutige Interpretation erscheint hier möglich.

– Ganz anders im Fall des Textes (3). Zwar scheint die Höhe, die von der „grünen" Ecke zur „geraden Linie" (gemeint ist wohl eine „waagerecht" gezeichnete Grundseite) verläuft, noch recht klar identifizierbar. Wie aber soll man folgenden Satz deuten: „Wenn ich jetzt von der orangen Ecke einen Strich nach oben ziehe und von der grünen Ecke einen Strich auf die Seite ziehe, heißt die Linie nach oben auch Höhe." Es gibt mindestens zwei Lesarten, die als ziemlich gleich wahrscheinliche gelten dürfen; sie sollen durch folgende Zeichnungen verdeutlicht werden:

Der Schüler stellt sich eine Höhenlinie vor, die außerhalb des Dreiecks verläuft und (senkrecht?) auf eine Verlängerung der gegenüberliegenden Seite trifft.

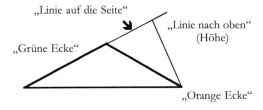

Der Schüler hat eine Höhenlinie im Auge, die parallel zum rechten und linken Blattrand auf eine Parallele zur („waagerechten") Grundlinie durch die „grüne Ecke" trifft.

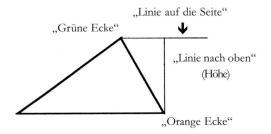

Gegen die zuerst genannte Deutung spricht, dass der Schüler in diesem Fall eigentlich die „Linie auf die Seite" zuerst hätte ansprechen müssen und dann erst die auf sie (senkrecht?) zulaufende „Linie nach oben", also die Höhe. Bei der zweiten Deutung wäre das von geringerer Bedeutung, wenn mit „Linie nach oben" einfach eine Linie parallel zum rechten und linken Blattrand und mit „Linie auf die Seite" eine Linie parallel zum oberen und unteren Blattrand bzw. zur Grundlinie gemeint ist. Dann wäre der Richtungsverlauf jeder Linie nicht durch einen Bezug zu einer anderen bestimmt, sondern aus sich selbst heraus. Gleichwohl dürfte dieses Argument nicht ausreichen, um der zweiten Deutung gegenüber der ersten eine deutliche Priorität einzuräumen. Vielleicht lassen sich auch noch weitere Deutungen ähnlich hoher oder sogar höherer Plausibilität finden.

Ohne Frage ist eine Interpretation von Eigenproduktionen nach den genannten vier Kriterien eine aufwändige und mühevolle Aufgabe. Sie dürfte jedoch eine wichtige Voraussetzung dafür sein, dass der Einsatz dieser Schüleraktivität im Mathematikunterricht die daran geknüpften Erwartungen erfüllen kann. Die vollständige und detaillierte, nicht nur selektive oder globale Interpretation stellt sicher, dass sich wenigstens ein Großteil eventueller Fehlvorstellungen einzelner Schüler aufdecken lässt. Die komplementäre, nicht nur positive Interpretation öffnet den Blick auch für Wissens- und Verstehensdefizite. Der deskriptive, nicht vorrangig normative Ansatz führt über die Feststellung der Existenz eventueller Wissens- und Verstehensdefizite bzw. Fehlvorstellungen hinaus und ermöglicht Aussagen darüber, von welcher Art diese sind. Die offene, nicht auf Eindeutigkeit festgelegte Interpretation begegnet der Gefahr, dass das Wissen und Verstehen eines Schülers unzutreffend oder fehlerhaft eingeschätzt werden. Allein eine solche Art der Analyse kann dem einzelnen Schüler durch geeignete Rückmeldung angemessene Gelegenheiten anbieten, seine Wissens- und Verstehenskonstruktionen der Bewährung auszusetzen, sie zu überprüfen und eventuell zu korrigieren. Lehrer sollten daher nach und nach so etwas wie eine interpretative Kompetenz aufbauen, die sie zu einer Analyse von Eigenproduktionen gemäß den oben genannten Kriterien befähigt. Dabei kann die Analyse verschiedener Texte zu gleicher Instruktion eine wertvolle Hilfe sein. Zwar bezieht sich die Interpretation grundsätzlich auf einzelne Eigenproduktionen eines bestimmten Schülers, jedoch wird der Blick auf diese deutlich geschärft, wenn man mehrere, vor allem verschiedenartige Texte vergleichend zueinander in Beziehung bringt. Unterschiede lassen Einzelheiten deutlicher hervortreten und machen auf bestimmte Deutungsmöglichkeiten u. U. erst aufmerksam.

Literatur

Gallin, P./Ruf, U. (1993): Sprache und Mathematik in der Schule. Ein Bericht aus der Praxis. Journal für Didaktik der Mathematik, H. 1, S. 3-33.

Kasper, H./Lipowsky, F. (1997): Das Lerntagebuch als schülerbezogene Evaluationsform in einem aktiv-entdeckenden Grundschulunterricht. Beispiel aus einem Geometrie-Projekt. – In: *Schönbeck, J.* (Hrsg.): Facetten der Mathematikdidaktik. Weinheim: Deutscher Studienverlag, S. 83-103.

Maier, H./Schweiger, F. (im Druck): Mathematik und Sprache. Zum Verstehen und Verwenden der Fachsprache im Mathematikunterricht.

Maier, H./Steinbring, H. (1998, im Druck): Begriffsbildung im alltäglichen Mathematikunterricht. Vergleich zweier Theorieansätze zur Analyse von Verstehensprozessen (erscheint in: Journal für Mathematikdidaktik).

Miller, L. D. (1992): Teacher benefits from using impromptu writing prompts in algebra classes. Journal for Research in Mathematics Education, H. 4, S. 329-340.

Pimm, D. (1987): Speaking mathematically. Communication in mathematics classrooms. London: Routledge/Kegan Paul.

Powell, A. B./Ramnauth, M. (1992): Beyond questions and answers: Prompting reflections and deepening understandings of mathematics using multiple-entry logs. For the Learning of Mathematics, H. 2, S. 12-18.

Selter, Ch. (1994): Eigenproduktionen im Arithmetikunterricht der Primarstufe. Wiesbaden: Deutscher Universitätsverlag.

Swinson, K. (1992): Writing activities as strategies for knowledge construction and the identification of misconceptions in mathematics. Journal of Science and Mathematics Education in Southeast Asia, H. 2, S. 7-14.

Waywood, A. (1992): Journal writing and learning mathematics. For the Learning of Mathematics, H. 2, S. 34-43.

Bernd Wollring

Robert zeichnet und baut

Mein Name beschließt die alphabetische Liste der Beitragenden, mein Beitrag beschließt daher diesen Band. So sage ich Dank für die Zeit, die ich zusammen mit Peter Sorger in Münster hatte. Seine Fähigkeit zum Teilen von Verantwortung gab nicht nur meiner Arbeit in Münster den intellektuellen und logistischen Freiraum. Auch die Studierenden haben diesen Raum nutzen können und so den in der Beteiligung an der Forschung gewonnenen Teil an didaktischer Verantwortung für ihr späteres Tun – welches auch immer – mitgenommen. Hier sei Peter Sorger die folgende kleine Fallstudie gewidmet, die *Jutta Giersiepen*, eine unserer vielen ausgezeichneten Studierenden, in meinem Projekt durchführte und die zeigt, dass es zum Schluss nicht immer leicht fällt, die in der Wissenschaft geforderte neutrale Distanz zu wahren.

1. Meine fachdidaktische Position

Meine Position zur Programmatik fachdidaktischer Forschung und Ausbildung insbesondere für den Bereich der Grundschule ist gut mit den Kategorien meines Kasseler Kollegen *Kay Spreckelsen* zu kennzeichnen: Sie setze angehende Lehrerinnen und Lehrer instand, bei ihren Schülern Sorge zu tragen für intellektuelle Autonomie, soziale Sensibilität und emotionale Stabilität.

Dies beinhaltet für mich die Forderung, Studierende in einem fachbezogenen didaktischen Studium heranzuführen an die Auseinandersetzung mit Eigenproduktionen von Grundschulkindern in mathematischen Problemsituationen und die Mathematik nicht nur wie die Gesetzestafeln am Sinai darzustellen (vgl. *Selter* 1994). Einen besonders geeigneten Rahmen dazu sehe ich in Fallstudien, dabei ist die für lernende Studierende und ergebnisorientierte Forscher gleichermaßen ertragreiche Organisationsform das klinische Interview, das Studierende als Beteiligte an fachdidaktischen Forschungsprojekten mit Grundschulkindern führen (vgl. *Wittmann* 1985; *Sorger* u. a. 1993, 1994). Es liefert zugleich nutzbare Befunde für die Forschenden und für die Studierenden sowohl Information als auch wertvolle Selbsterfahrung. Die kleine folgende Fallstudie entstand im Rahmen des von mir im Arbeitsbereich von *Peter Sorger* geleiteten Forschungsprojektes „Raumvorstellung in Kinderzeichnungen", das Interview führte unsere Studentin *Jutta Giersiepen* (siehe *Giersiepen* 1997).

Der Titel des Forschungsprojektes weist einen Schwerpunkt meines gegenständlichen Interesses aus: Das Befassen mit der Geometrie – insbesondere mit der räumlichen Geometrie – im Mathematikunterricht der Grundschule ist eines der Hauptopfer des Vollzugsdefizits, das de facto gegenüber den

Intentionen der Grundschullehrpläne und gegenüber objektiven Notwendigkeiten im Mathematikunterricht besteht (vgl. *Bauersfeld* 1992). Eine darauf zielende lamentatio könnte leicht den gesamten vorliegenden Band füllen, ich unterlasse sie hier. Einer meiner Versuche, hier Einfluss zu nehmen, besteht darin, im Rahmen eines Forschungsprojektes, das sich mit geometrischen Eigenproduktionen von Grundschulkindern befasst, durch Beteiligen von Studierenden deren Interesse auf diese Eigenproduktionen und ihr mathematisches Potenzial zu lenken, bei ihnen eine Art informierte Irritation zu schaffen, gepaart mit etwas Optimismus, und sie damit in das Mathematiktreiben mit Kindern zu entlassen in der Hoffnung, dass sie etwas wagen und etwas ändern.

2. Eigenproduktionen und Rekonstruktionsversuche

Mathematikunterricht in der Primarstufe sollte nach meiner Auffassung ausbalanciert sein zwischen Invention und Konvention und daher nicht nur aber auch Unterrichtssituationen aufweisen, in denen Kinder Mittel zur formalen und quantifizierenden Beschreibung oder Bewältigung einer Arbeitssituation im gegenseitigen Austausch sozial lernend entwickeln. Denn hat ein Kind die Effizienz einer selbst erfundenen formalen und quantifizierenden Sachbeschreibung oder Problemlösung in einer Arbeitssituation gemeinsam mit anderen erlebt, ist es eher offen für die Auseinandersetzung mit bestehenden mathematischen Verfahren und Konventionen. Daher hilft der Grundschullehrerin/dem Grundschullehrer eine fachbezogene diagnostische Ausbildung zur fachlichen Ausbildung, die „kleinen mathematischen Inventionen", die mathematikhaltigen Ansätze zur Begriffsbildung und zur Argumentation in den Äußerungen der Kinder zu erkennen und in geeigneten Arbeitsumgebungen zu entfalten. Sie ist wesentliche Voraussetzung für eine fachspezifische Diagnostik von kindlichen *Eigenproduktionen* (vgl. *Selter* 1994 und *Wollring* 1998).

Eigenproduktionen sind Botschaften. Sie zeigen, welche Informiertheit das Kind bei seinem angenommenen Adressaten unterstellt und wie es dessen Informationsbedarf modelliert. Sie stehen in einer Lerngeschichte und in einem sozialen Kontext. Daher finde ich es sinnvoll, zweckbestimmte Eigenproduktionen und freie zu unterscheiden. Bei ersteren weiß das Kind, zu welchem sachlichen Zweck die Eigenproduktion dienen soll, etwa als Beitrag für eine Rechenkonferenz oder als Bauanleitung für ein Würfelbauwerk. Kein sachlicher Zweck in diesem Sinne ist die Darstellung zu Prüfungs- oder Testzwecken. Ferner unterscheide ich adressatenbestimmte Eigenproduktionen und andere. Bei ersteren weiß das Kind, für wen die Eigenproduktion gedacht ist und kann ggf. bereits bestehende Vereinbarungen ausnutzen.

Ich unterscheide drei qualitative empirische Forschungsansätze zur Analyse mathematischer Eigenproduktionen von Grundschulkindern: In *Explorationen* von Eigenproduktionen zu bestimmten Aufgabenstellungen beschreiben Forschende deren Muster oder Strukturen. Mit ihnen ist etwa zu klären, ob eine Zweckbestimmung die Ausprägung von Eigenproduktionen beeinflusst. *Erkennungsversuche* erschließen, wie Grundschulkinder die Eigenproduktionen anderer Grundschulkinder deuten.

Wird die Versuchsumgebung zusätzlich mit einer die Eigenproduktionen betreffenden *Feedback-Option* versehen, so entstehen *Rekonstruktionsepisoden*: Ein Partner, der „Geber", erstellt als Eigenproduktion ein zweck- und adressatenbestimmtes „Dokument" für seinen Partner, den „Nehmer". Der Nehmer versucht damit, den Aufgabenzweck zu erfüllen. Anschließend wird sein Werk mit der „richtigen Lösung" verglichen und bei Abweichen wird das Passen des eigenproduzierten Dokuments diskutiert. Mehrere Rekonstruktionsepisoden, bei denen Geber und Nehmer die Rollen abwechselnd tauschen, bilden einen *Rekonstruktionsversuch*. Damit lassen sich Serien aufeinander folgender zweck- und adressatenspezifischer Eigenproduktionen analysieren, die meist Aufschluss über einen Lernprozess liefern.

Arbeitsumgebungen als Rekonstruktionsversuche zu organisieren ist ein basales effizientes Muster sowohl zur empirischen Erforschung von Eigenproduktionen als auch zur Organisation von Arbeitsumgebungen im Unterricht, wenn man beabsichtigt, Eigenproduktionen einzubinden. Dies gilt für die Arithmetik, für das Sachrechnen und insbesondere für die Geometrie.

Unsere Fallstudie betrifft einen *räumlichen Rekonstruktionsversuch*. Aufgabenzweck ist das Rekonstruieren von Bauwerken aus bis zu vier „Fröbel-Steinen". Das sind Bauklötze in Form von Würfeln, Quadern und Zylindern, deren Maße kleine Vielfache einer Einheit sind. Sie sind vielen Kindern bekannt, als Sortiment in Kästen oder Wägelchen sind sie ein gängiges Spielzeug. Die eigenproduzierten Dokumente sind Freihandzeichnungen der Kinder. Gefragt ist, wie die Kinder die räumliche Situation in ihren Zeichnungen encodieren und decodieren, und wie sich dies mit Konzepten zur Raumvorstellung beschreiben lässt.

Für den hier betrachteten Versuch habe ich gemeinsam mit Frau *Giersiepen* die in Bild 1 dargestellte Sequenz von sechs Bauwerken aus Fröbel-Steinen konzipiert.

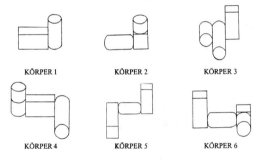

Bild 1: Die sechs zu rekonstruierenden Bauwerke aus Fröbel-Steinen

Die Versuchspersonen Robert und Pascal, Grundschüler des dritten Jahrgangs einer Schule in Westfalen, arbeiten mit diesen Bauwerken in sechs Rekonstruktionsepisoden: Ein Kind, *Geber* genannt, zeichnet jeweils das gegebene Bauwerk, wissend, dass es anhand dieser Zeichnung vom Partner nachgebaut werden soll. Das andere Kind, *Nehmer* genannt, versucht, dieses Bauwerk allein anhand der Zeichnung des Gebers nachzubauen. Anschließend werden der Nachbau und das Original verglichen und diskutiert, ob die Zeichnung verständlich war. Der Geber kann seine alte Zeichnung optimieren, der Nehmer eine neue optimierte Zeichnung vorschlagen, bevor die nächste Episode folgt. Gefragt ist, wie die Kinder ihre Zeichnungen konzipieren und wie sie diese aufgrund der mehr oder weniger gelungenen Rekonstruktionen im Laufe der Versuchsserien verändern oder verbessern.

Der Versuch wurde als videodokumentiertes klinisches Interview von Frau *Giersiepen* durchgeführt und moderiert. Aus dem Videodokument entstanden Episodenplan und Transkripte des Sprechtextes ausgewählter Passagen sowie Bildentwicklungspläne und Körperentwicklungspläne als Basis einer sequentiellen interpretativen Analy-

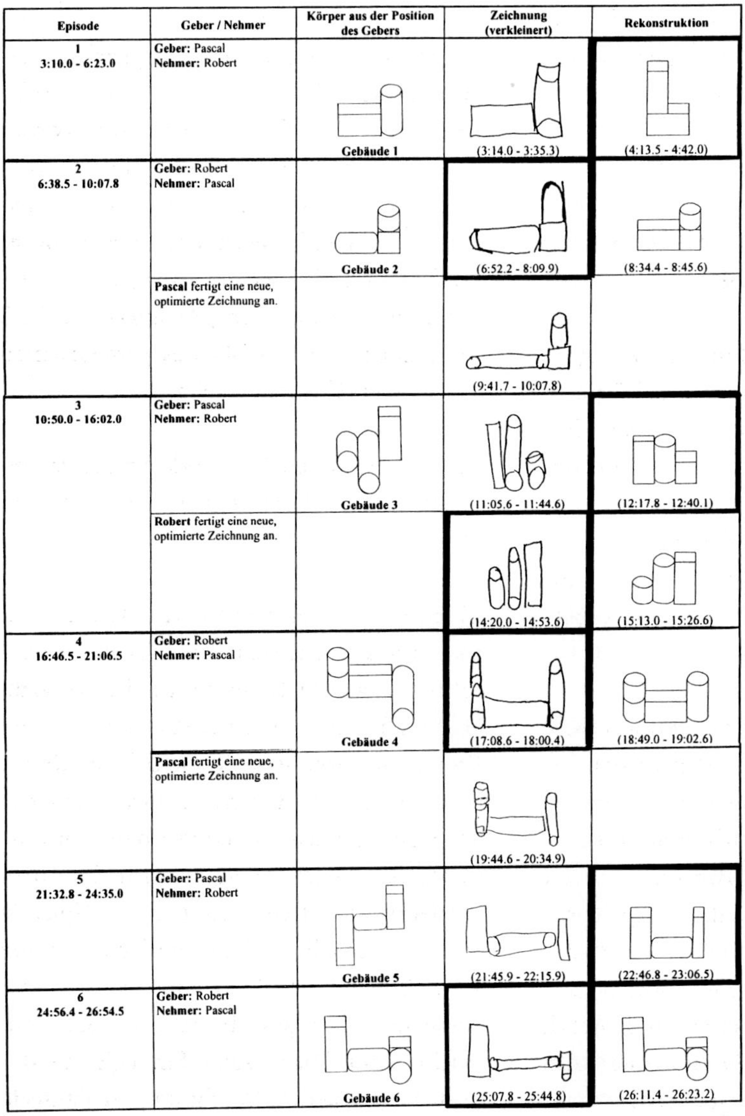

Episode	Geber / Nehmer	Körper aus der Position des Gebers	Zeichnung (verkleinert)	Rekonstruktion
1 3:10.0 - 6:23.0	**Geber:** Pascal **Nehmer:** Robert	Gebäude 1	(3:14.0 - 3:35.3)	(4:13.5 - 4:42.0)
2 6:38.5 - 10:07.8	**Geber:** Robert **Nehmer:** Pascal	Gebäude 2	(6:52.2 - 8:09.9)	(8:34.4 - 8:45.6)
	Pascal fertigt eine neue, optimierte Zeichnung an.		(9:41.7 - 10:07.8)	
3 10:50.0 - 16:02.0	**Geber:** Pascal **Nehmer:** Robert	Gebäude 3	(11:05.6 - 11:44.6)	(12:17.8 - 12:40.1)
	Robert fertigt eine neue, optimierte Zeichnung an.		(14:20.0 - 14:53.6)	(15:13.0 - 15:26.6)
4 16:46.5 - 21:06.5	**Geber:** Robert **Nehmer:** Pascal	Gebäude 4	(17:08.6 - 18:00.4)	(18:49.0 - 19:02.6)
	Pascal fertigt eine neue, optimierte Zeichnung an.		(19:44.6 - 20:34.9)	
5 21:32.8 - 24:35.0	**Geber:** Pascal **Nehmer:** Robert	Gebäude 5	(21:45.9 - 22:15.9)	(22:46.8 - 23:06.5)
6 24:56.4 - 26:54.5	**Geber:** Robert **Nehmer:** Pascal	Gebäude 6	(25:07.8 - 25:44.8)	(26:11.4 - 26:23.2)

Bild 2: Episodenplan zum Interview mit Robert und Pascal

se, von der hier nur ein zusammenfassender Befund wiederzugeben ist. Die Deutung erfolgte systematisch extensional und basierte auf Kategorien zur Morphologie von Kinderzeichnungen zu Würfeln und Zylindern nach *Mitchelmore* (1978), *Woodrow* (1991) und *Favrat* (1994). Bild 2 zeigt den Episodenplan des Interviews. Er umfasst jeweils links das gegebene Bauwerk, in der Mitte die Zeichnung des Gebers, teilweise ergänzt durch Optimierungen und rechts die darauf basierende Rekonstruktion. Der Rekonstruktionserfolg wurde in einem Punktesystem beschrieben.

3. Robert zeichnet und baut gemeinsam mit Pascal

Im Episodenplan sind Roberts Beiträge – Zeichnungen wie rekonstruierte Körper – durch Einrahmen markiert. Sie zeigen nicht nur, wie Robert zeichnet und baut, sondern auch wie er sich gemeinsam mit Pascal auf effiziente Codierungen einigt: Er lernt, Pascals gezeichnete Botschaften zu lesen und macht seine Botschaften für Pascal zunehmend deutbarer.

Wertet man nur den Rekonstruktionserfolg, so ist festzuhalten, dass es den beiden mit wachsendem Erfolg gelingt, die Art der Bausteine zutreffend zu identifizieren und auch deren Lage zueinander anzugeben. Nur die „Verschraubung", die Lage der Hauptachsen einzelner Klötze rechtwinklig zueinander, bewältigen sie erst im letzten Schritt, und noch ist nicht sicher, ob das sich andeutende Schema stabil ist. Dies wäre nur mit weiteren Versuchen zu belegen gewesen.

Bild 3: Roberts Zeichnung und Pascals Rekonstruktion in der sechsten Episode

Welche Encodierungsleistung Robert mit seiner an Pascal adressierten Zeichnung in der sechsten Episode erbringt, und welche Decodierungsleistung Pascal zeigt, mögen Leserinnen und Leser mit dem gleichen Versuch prüfen, den wir auch stets verwendeten: Man gebe allein den sechsten Körper zwei Kindern im dritten Schuljahr unvorbereitet zu einer Rekonstruktionsepisode und prüfe, ob sie erfolgreich sind. In allen unseren bisherigen Versuchen gelang dies nie, wir nannten sie schließlich „Absturzversuche". Sie belegen den Erfolg des gemeinsamen Lernens im Gesamtversuch.

Lassen wir die analysierende Studentin mit ihrem Gesamtbefund zu Wort kommen (*Giersiepen* 1997):

„Zunächst einmal fällt auf, dass Quader immer nur als Rechtecke und Würfel immer nur als Quadrate dargestellt werden, weshalb die Zeichnungen nach *Mitchelmore* alle den ersten Musterbildern für die beiden Körper zugeordnet werden können. Diese Form der Darstellung reicht vollkommen aus, um die Klötze und deren unterschiedliche Lagen zu verdeutlichen. Eventuell wäre in Episode vier die Darstellung der Frontfläche für eine korrekte Rekonstruktion hilfreich gewesen, nötig war diese jedoch nicht. Es hätte gereicht, wenn Pascal seine Strategie aus der neuen optimierten Zeichnung zu Episode drei deutlicher und vor allem lauter geäußert hätte, sodass Robert sie hören und verstehen musste. Vermutlich hat er Pascals Äußerung entweder nicht gehört oder nicht verstanden. Auf jeden Fall war diese Strategie tauglich, wonach die Episode vier hätte gelingen können.

Es fällt weiter auf, dass Robert beim Nachbauen Schwierigkeiten mit der Unterscheidung von schmalen und breiten Quadern hat. Pascal zeichnet dies oft nicht eindeutig, geht nicht auf Roberts Probleme ein und ändert seine Zeichnungen nicht wegen eines nicht geglückten Nachbaus.

Etwas anders ist die Strategieentwicklung beim Zylinder verlaufen: In seiner ersten Zeichnung kennzeichnet Pascal den Zylinder durch zwei Ellipsen, was Robert in der Rekonstruktion eindeutig nicht verstanden hat. In der neuen optimierten Zeichnung zur ersten Episode übernimmt er diese trotzdem. Ebenso zeichnet er eine sehr schmale Ellipse in den liegenden Zylinder in Episode zwei, was allerdings von Pascal nicht verstanden wird. Dies kann eigentlich nur daran liegen, dass Robert die Ellipse nicht eindeutig gezeichnet hat und Pascal sie als Korrektur des rechten Striches versteht. In der neuen optimierten Zeichnung zur zweiten Episode zeichnet Pascal jedenfalls selbst ganze Kreise als Kennzeichnung eines Zylinders ein. Vielleicht hat er gemerkt, dass die Ellipsen von Robert nicht erkannt und auch nicht richtig angewendet werden.

Die dritte Zeichnung fertigt wieder Pascal an. Der große Zylinder wird eindeutig richtig von Robert erkannt, nur hat er Probleme mit dem kleinen Zylinder. Wahrscheinlich irritiert ihn der waagerechte Strich durch den Kreis so sehr, dass er den Zylinder nicht mehr erkennt. In der neuen, optimierten Zeichnung zur dritten Episode zeigt Robert Pascal noch einmal ganz deutlich, wie er die Zylinder gezeichnet haben möchte, damit er sie versteht, und von da an erkennen beide Jungen immer die Zylinder in den Zeichnungen des jeweils anderen.

Robert hat beim Zeichnen der Zylinder einen nicht unbedeutenden Lernprozess durchlaufen. Zuerst hat er den Zylinder nur oval gezeichnet (Typ 1 nach *Favrat*) und die Ellipsen bzw. Kreise, die Pascal als Kennzeichnung einfügt, nicht verstanden. Dieser zeigt ihm in seinen Zeichnungen immer wieder das Unterscheidungsmerkmal, bis Robert es versteht und ebenfalls anwendet, woraufhin seine Zylinderdarstellungen ebenso wie die von Pascal den Stadien sechs oder sieben der für den Zylinder S2 von *Favrat* entwickelten Darstellungstypen entsprechen.

Eine weitere Besonderheit ist beim Zeichnen der Zylinder zu beobachten: Robert führt die Strategie ein, dass kleine Zylinder immer nur durch einen Kreis zu kennzeichnen sind und große durch zwei. Dies hat lange Bestand und wird auch von Pascal angewendet, bis Robert in Episode vier diese Strategie selbst wieder verwirft und auch in die kleinen Zylinder jeweils zwei Kreise einzeichnet. Die Unterscheidung zwischen großen und kleinen Klötzen in den Rekonstruktionen gelingt trotzdem. Die Jungen haben sich im Laufe des Interviews auf die Strategie geeinigt, die Zylinder immer durch Kreise kenntlich zu machen; ansonsten übernehmen beide Jungen je nach Situation etwas voneinander.

Eine weitere Schwierigkeit tritt auf, als die nach vorne ragenden Klötze gezeichnet und wiedererkannt werden müssen. Pascal muss dies in Episode drei als erster zeichnen, und der Nachbau gelingt aufgrund der nicht eindeutigen Zeichnung nicht. Die neue optimierte Zeichnung von Robert reicht ebensowenig aus, um den Sachverhalt zu klären. Da Robert in Episode vier noch nicht weiß, wie er das zeichnen soll, gelingt auch dieser Nachbau von Pascal nicht. In seiner neuen, optimierten Zeichnung hat er dann die entscheidende Idee, indem er den Klotz, der nach vorne zeigt, versetzt zeichnet. Er erklärt dies und wendet es in Episode fünf auch sofort an, nur hat Robert bei Pascals Erklärungen nicht richtig zugehört oder sie nicht verstanden, jedenfalls stellt er den Quader in dieser Episode wieder hin, statt ihn hinzulegen. Noch einmal erklärt Pascal seine Strategie, und Robert versteht sie nun auch, was daran zu erkennen ist, dass ihm keine andere Möglichkeit der Darstellung mehr einfällt. Er versteht und akzeptiert Pascals Strategie, und gäbe es noch ein Gebäude, in dem diese Schwierigkeit auftritt, so würde die Rekonstruktion sehr wahrscheinlich korrekt sein. Leider ist dies nur eine Hypothese, die sich nicht mehr beweisen lässt.

Allgemein lässt sich Folgendes festhalten: Robert ist das schwächere Kind, das im Laufe des Interviews viel von Pascal lernt. Seine Zeichnungen werden laufend besser. Er übernimmt die Strategien, die ihm Pascal vorgibt, auch wenn es meistens mehr als einer Zeichnung bedarf, um ihm die Strategien zu verdeutlichen.

Pascal orientiert sich sehr an Robert. Er optimiert seine Zeichnungen laufend, um Robert einen korrekten Nachbau zu ermöglichen. Dabei wird er nicht ungeduldig oder setzt Robert unter Druck, sondern bleibt ganz ruhig bei seinen Erklärungen.

Dass das letzte Gebäude von Pascal richtig nachgebaut wird, ist nicht weiter verwunderlich. Der kleine Zylinder ist von Robert eindeutig unterhalb der Basislinie angebracht worden. Damit verfolgt er die Strategie, die Pascal ihm mit seinen Zeichnungen vorher zu verdeutlichen versucht hat. Er hat die Klötze immer nach unten versetzt, was Robert hier in etwas abgewandelter Form auch macht.

Außerdem hat Robert in dieser Zeichnung die gute Idee, die eventuell auch die Lösung für die anderen Zeichnungen gewesen wäre: Er zeichnet in den kleinen liegenden Zylinder nur einen Kreis ein, und zwar den unteren, den er auch wirklich sehen kann. Vielleicht ist auch dies mit ein Grund dafür, warum der Nachbau richtig erfolgt.

Die Anzahl der erfolgreich abgeschlossenen Episoden sowie die erzielten Teilleistungen werden nach dem vorgestellten Punktesystem in der folgenden Tabelle zusammengefasst:"

Räumlicher Rekonstruktionsversuch mit Robert und Pascal				
Episode	erste Zeichnung des Gebers		Rekonstruktion des Nehmers	
	erreichte Punktzahl	erreichbare Punktzahl	erreichte Punktzahl	erreichbare Punktzahl
1	4	4	3	4
2	5	6	5	6
3	4	6+1	2	6+1
4	7	8+1	7	8+1
5	5	6	4	6
6	8+1	8+1	8+1	8+1

Soweit das Zitat aus der Arbeit von Frau *Giersiepen*, das ich bei aller Subjektivität der Deutung als Beleg für die Ausbildungseffizienz klinischer Interviews und interaktionspraktischer Studien bewerte. Natürlich kann man Einzelnes aus diesem Befund infrage stellen oder Ergänzungen anführen. Hier sei nur festgehalten, dass diese beiden Kinder ebenso wie die überwiegende Zahl unserer Probanden in ähnlichen Versuchen ihre Zeichnungen innerhalb des Versuchsablaufs nicht zunehmend visuell realistisch organisieren, sondern symbolische Elemente in die Zeichnungen einführen, deren Bedeutung verabredet ist. Dies genau ist die Arbeitsweise von Mathematikern, die sich mittels Formeln verständigen (vgl. *Wollring* 1998).

4. Zum Schluss

An dieser Stelle könnte sich Optimismus ausbreiten. Robert liegt mit seinen Encodierungs- und Decodierungsperformanzen gemeinsam mit Pascal im Vergleich mit unseren sonstigen Probanden in der oberen Hälfte. Aber: Robert *besucht inzwischen die Sonderschule*.

Über seine schulischen mathematischen Leistungen und seinen Mathematikunterricht wissen wir nichts, und ein Urteil steht uns nicht zu. Hätte Robert vielleicht in geeigneten Lernumgebungen eine Chance? Gab oder gibt es eine Möglichkeit, seine mathematischen Eigenproduktionen zu beobachten, zu beachten und den Versuch, sie in sozialem Lernen zu entfalten? Robert ist ein besonderes Kind, nach unserer Einschätzung mit spezifischem aber realisierbarem Förderungsbedarf.

Kinder wie Robert brauchen die Chancen, die diagnostisch ausgebildete Lehrerinnen und Lehrer vielleicht rechtzeitig geben können. Ich glaube, das gegenständliche Wissen zur Mathematik stellt für Lehrerinnen und Lehrer in der Grundschule ein nicht so großes Problem dar wie das, gerade in diesem Fach auf der Basis eines fachdidaktischen diagnostischen Wissens im Stande zu sein, den Kindern einerseits Entfaltungsräume und andererseits gezielte Unterstützung zu geben.

Literatur

Bauersfeld, H.(1992): Drei Gründe, geometrisches Denken in der Grundschule zu fördern. – In: *Müller, K. P.* (Hrsg.), Beiträge zum Mathematikunterricht. Bad Salzdetfurth: Franzbecker, S. 7-33.

Favrat, J.-F. (1994): Comment les elèves dessinent-ils les cylindres? Les solides et les surfaces cylindriques a l'école élémentaire, troisieme partie. – In: Grand N,

No. 55, Université J. Fourier, Grenoble, S. 61-88.

Giersiepen, J. (1997): Qualitative empirische Untersuchungen zur Rekonstruktion einer gegebenen Sequenz von Bauwerken aus Quadern und Zylindern anhand zweckgebundener Kinderzeichnungen. Unveröffentlichte Hausarbeit zum Ersten Staatsexamen, Westfälische Wilhelms-Universität Münster, Institut für Didaktik der Mathematik.

Mitchelmore, M. (1978): Developmental stages in children's representation of regular solid figures. Journal of Genetic Psychology H. 133, S. 229-239.

Selter, Ch. (1994): Eigenproduktionen im Arithmetikunterricht der Primarstufe. Wiesbaden: Deutscher Universitätsverlag.

Sorger, P./Wildt, M. (1993): „Qualifiziertes Beobachten" – Studenten beteiligen sich an einem interpretativen Forschungsvorhaben. – In: *Knoche, N./Schwirtz, W.* (Hrsg.): Beiträge zur Didaktik der Mathematik, Schriftenreihe des FB Mathematik/Informatik der Universität GH Essen, H. 2, S. 62-75.

Sorger, P./Wiechmann, B./Wollring, B. (1994): Qualitative empirische Studien – Evaluation eines von Studierenden mitgetragenen Forschungsprojektes. – In: *Müller, K. P.* (Hrsg.), Beiträge zum Mathematikunterricht, Hildesheim: Franzbecker, S. 358-361.

Wittmann, E. Ch. (1985): Clinical interviews embedded in the 'Philosophy of Teaching Units'. – In: *Christiansen, B.* (Hrsg.), Systematic cooperation between theory and practice. Kopenhagen: Royal Danish School of Educational Studies, S. 18-31.

Wollring, B. (1995): Zur Darstellung räumlicher Objekte und Situationen in Kinderzeichnungen. Sachunterricht und Mathematik in der Primarstufe, H. 11, S. 508-513; H. 12, S. 558-563.

Wollring, B. (1993): Beispiele zu raumgeometrischen Eigenproduktionen in Zeichnungen von Grundschulkindern – Bemerkungen zur Mathematikdidaktik für die Grundschule. – In: *Becher, H. R./Bennack, J.* (Hrsg.), Taschenbuch Grundschule. Baltmannsweiler: Schneider Verlag Hohengehren, S. 126-141.

Wollring, B. (1998): Eigenproduktionen von Grundschülern zur Raumgeometrie. Positionen zur Mathematikdidaktik für die Grundschule. – In: *Müller, K. P.* (Hrsg.), Beiträge zum Mathematikunterricht. Hildesheim: Franzbecker, S. 58-66.

Woodrow, D. (1991): Children drawing cubes. Mathematics Teaching, H. 9, S. 30-33.

Die vorgestellten empirischen Untersuchungen werden von der Deutschen Forschungsgemeinschaft unterstützt.

Autorenverzeichnis

Prof. Dr. Peter Bardy
Institut für Grundschulpädagogik
Martin-Luther-Universität Halle-Wittenberg
Franckeplatz 1, Haus 31
06110 Halle

Dr. Joachim Hrzán
Institut für Grundschulpädagogik
Martin-Luther-Universität Halle-Wittenberg
Franckeplatz 1, Haus 31
06110 Halle

PD Dr. Friedhelm Käpnick
Institut für Grundschulpädagogik
Pädagogische Hochschule Erfurt
Postfach 307
99089 Erfurt

Prof. Dr. Jens Holger Lorenz
Institut für Mathematik und Informatik
Pädagogische Hochschule Ludwigsburg
Postfach 220
71602 Ludwigsburg

Prof. Dr. Hermann Maier
Naturwiss. Fakultät I – Mathematik
Universität Regensburg
93040 Regensburg

Dr. Andrea Peter-Koop
Institut für Didaktik der Mathematik
Westfälische Wilhelms-Universität
Einsteinstr. 62
48149 Münster

Prof. Dr. Petra Scherer
Fakultät für Mathematik
Universität Bielefeld
Postfach 10 01 31
33501 Bielefeld

Prof. Dr. Wilhem Schipper
Institut für Didaktik der Mathematik
Universität Bielefeld
Postfach 10 01 31
33501 Bielefeld

Dr. Andrea Schulz
PAETEC Institut für Therapie
Bouchéstr. 12, Haus 11
12435 Berlin

Hans Wielpütz
Schulamt für die Stadt Köln
Deutz-Kalker-Str. 18-26
50679 Köln

Prof. Dr. Bernd Wollring
FB 17 Mathematik – Informatik
Universität GH Kassel
Heinrich-Plett-Str. 40
34132 Kassel